高等院校经济管理类专业应用型系列教材

管理会计实践与案例分析

Management Accounting Practices and case studies

李朝芳 等 编著

中国财经出版传媒集团
经济科学出版社
Economic Science Press

图书在版编目（CIP）数据

管理会计实践与案例分析/李朝芳等编著. —北京：经济科学出版社，2022.1
高等院校经济管理类专业应用型系列教材
ISBN 978-7-5218-3213-6

Ⅰ.①管… Ⅱ.①李… Ⅲ.①管理会计－高等学校－教材 Ⅳ.①F234.3

中国版本图书馆 CIP 数据核字（2021）第 251399 号

责任编辑：杜　鹏　刘　悦
责任校对：王肖楠
责任印制：邱　天

管理会计实践与案例分析
李朝芳　等　编著
经济科学出版社出版、发行　新华书店经销
社址：北京市海淀区阜成路甲 28 号　邮编：100142
编辑部电话：010-88191441　发行部电话：010-88191522
网址：www.esp.com.cn
电子邮箱：esp_bj@163.com
天猫网店：经济科学出版社旗舰店
网址：http://jjkxcbs.tmall.com
固安华明印业有限公司印装
787×1092　16 开　16.5 印张　350000 字
2022 年 6 月第 1 版　2022 年 6 月第 1 次印刷
ISBN 978-7-5218-3213-6　定价：42.00 元
（图书出现印装问题，本社负责调换。电话：010-88191510）
（版权所有　侵权必究　打击盗版　举报热线：010-88191661
QQ：2242791300　营销中心电话：010-88191537
电子邮箱：dbts@esp.com.cn）

前 言
INTRODUCTION

　　似乎从来没有一个社会发展阶段像现代信息技术一样如此快速地引起社会各个方面的变革，即便是工业革命时代，其对社会经济各领域的影响，相对于现代信息技术的冲击，也是缓慢的。信息技术对会计的冲击尤为明显，有人说"会计要消亡了"，也有会计名家表示"会计永远不会消失"，不管怎样，会计面临着又一次巨大的变革。未来的会计将何去何从，如何回归会计本质，重塑会计理论，这是整个会计理论界和实务界都在探索的，会计不仅仅是核算和监督，那么快速发展的社会经济，需要怎样的会计职能和方法呢？

　　自从有了资本市场，会计理论和实务发展似乎越来越偏离其管理的一面，偏向于财务会计的价值反映和决策信息有用，围绕财务会计准则制定与实施的会计信息盈余管理、盈余操作等研究成为20世纪70年代以来会计理论与实践发展的主题。与此同时，现代管理会计理论与方法在企业实务界则得到更为广泛的应用和重视，自2007~2008年全球金融危机爆发以来，企业尤为重视预算管理、成本管控、风险管理等价值创造内核。资本市场资金融通的本质决定了其对反映价值的财务会计的需求，而企业盈利的本质决定其更需要创造价值的管理会计。

　　会计学科隶属于经济管理大类，而所有的经济管理理论都不是"闭门造车"可以形成的。"从实践中来，到实践中去"是探索变革时代经济管理理论与实务发展的唯一途径。对于会计学而言，在快速变化的社会经济环境下，会计理论界和教育界早已落后于会计实践。深入企业经营管理实践中，与会计实务界精英一起总结和凝练管理会计实践中不断发展和完善的工具方法，是本书编撰的初衷和目的所在，本书的写作思路和特点主要体现在以下四个方面。

　　（1）全书的编撰凸显了"变"。不管是管理会计实践中不断发展和完善的现代管理会计工具方法，还是案例撰写中企业管理会计工具方法的具体应用，实践中没有一成不变的会计方法。审时度势，根据企业内外部环境变化，选择应用、整合和创新发展不同的管理会计工具与方法，是管理会计发展的必由之路。

　　（2）具体案例的编撰过程中，注重我国管理会计指引体系的应用。2013年以来，财政部在推进中国管理会计体系建设方面做了大量的工作，在前期总结和凝练优秀企业管理会计实践的基础上，自2016年开始陆续发布《管理会计基本指引》和30余项管理会计应用指引，并初步完成管理会计案例库建设，用以引导我国企业管理会计实践。在本书案例编撰过程中，注重管理会计指引体系中相关原则与具体案例应用的结合，彰显了管理会计方法体系应用的个性特征。

（3）具体案例的编写和开发，部分采用了校企合作开发的形式，践行会计理论和方法从实践中来的导向原则，向会计实务界精英"取经"，共同提炼企业实践中形成的管理会计工具方法应用经验。

（4）具体案例的编写，遵循"个体企业管理会计工具方法的选择和应用，要受内外部环境影响"的总体思路。齐默尔曼（Zimmerman，2012）指出，技术革新、市场竞争等环境因素改变了组织的经营策略，为了实施新策略，组织必须调整其包括管理会计在内的组织架构。[①] 我国《管理会计基本指引》也指出，包括内外部环境的管理会计应用环境是单位应用管理会计的基础。

企业的管理问题是一个系统工程，既分散在各个管理领域，又通过企业的组织形式系统地结合在一起，只有掌握了管理会计的核心价值理念，才能有针对性地解析案例，才有可能实现从首席财务官（CFO）到首席执行官（CEO）的转变。[②] 在进行具体案例企业管理会计实践应用的综合分析时，分析者应能基于对管理会计核心价值理念的认识，掌握案例企业管理会计应用主线，围绕企业组织战略的制定与执行，通过相关会计信息分析，合理地配置企业的软资源（即组织设计、流程再造、激励文化和公司文化）与硬资源（即各种资产安排），实现软硬资源的有效结合。另外，案例分析者应能认识到，每个企业面临的环境不同，从而适用不同的管理会计系统，企业不需要将管理会计最新变化和发展作为企业组织管理会计系统的改进方向，"适合的才是需要的"，企业需要做的是不断地评价并改进其管理会计系统，以应对外部社会经济环境变化以及相应内部组织结构变革带来的挑战。例如，作业成本法只适合某些特定类型的组织，因为作为一个成本系统，作业成本法是为帮助改善企业决策而不是为实施管理控制而制定的。

基于以上编撰思路，本书共包括两编11个章节8个综合案例，具体编撰框架如下。

第一编是管理会计实践发展，包括第1、第2、第3章，从管理会计实践发展的历史角度介绍了管理会计工具方法产生和不断发展的过程，随着管理会计实践发展而不断产生的对管理会计师的职业能力需求，以及我国现行的管理会计制度框架。

第1章通过对国内外企业管理会计实践发展的描述串连起历史长河中管理会计工具方法的产生和发展变革，明确管理会计工具方法是一个随环境而不断发展的体系。经济越发展，会计越重要；经济越发展，会计的管理职能越凸显；经济越发展，决策与控制会计工具方法越复杂。

第2章是关于国内外管理会计职业组织及管理会计能力素质框架的描述。管理会计实践的发展，以及现代管理会计工具方法的不断完善，离不开会计职业团体和管理会计师的努力。本章梳理了国内外重要职业会计机构在成本会计实务到管理会计实务的演变

---

① [美]杰罗尔德·L. 齐默尔曼. 决策与控制会计（第六版）[M]. 陈辉丽，刘峰译，校. 大连：东北财经大学出版社，2012.
② [美]罗伯特·S. 卡普兰，安东尼·A. 阿特金森. 高级管理会计（第3版）[M]. 吕长江，主译. 大连：东北财经大学出版社，2012.

和发展进程中，不断总结和提炼的对管理会计师日益增长的职业能力和素养要求。

第3章描述了我国自2013年以来在财政部的推动下逐渐形成的管理会计制度框架，这些制度框架起源于我国优秀企业的管理会计实践，从个体到一般，继而指导个体管理会计实践中的管理会计工具方法应用。

第二编是管理会计工具方法应用案例，包括第4、第5、6、第7、第8、第9、10、第11章，共8章8个案例，从不同角度描述和分析了相关管理会计工具方法在企业中的具体应用，这些企业分属不同的行业领域，行业背景和企业组织结构在不同程度上影响企业管理会计工具方法的选择、应用、整合和创新发展。其中第5章、第7章和第8章是校企合作开发案例。

第4章描述和分析了我国改革开放以来成本管理的典范——邯郸钢铁总厂的邯钢经验，并进一步描述了新时代邯钢公司自"邯钢经验"发展为"邯钢管理"的管理会计实践发展历程。

第5章是关于安阳钢铁股份有限公司的管理会计实践，本章案例为校企合作开发案例，安钢集团王志勇与河南财政金融学院李朝芳一起合作开发并编撰本章案例。本章基于我国新时代钢铁行业产业转型升级、供给侧结构性改革和"三去一降一补"的大背景，描述和分析现代大型联合钢铁企业中成本管理领域、绩效管理领域与预算管理领域不断发展完善的现代管理会计工具方法的整合应用。

第6章是从营运管理看瑞幸咖啡的经营策略，本章使用管理会计基本方法之一——本量利分析，解析瑞幸咖啡的盈利模式和经营策略变化，并基于本量利分析深入探讨了咖啡行业下游消费端激烈竞争下的瑞幸咖啡商业模式和盈利模式在中国是否可行以及数据造假下的单店模型是否能够盈利等一系列争议性问题。

第7章是关于郑州安图生物工程股份有限公司的管理会计实践，本章案例为校企合作开发案例，安图生物公司的冯超姐、杨玉红、王冬冬和河南财政金融学院李朝芳一起合作开发并编撰本章案例。本章描述和解析了作为医疗器械行业的领军企业，注重研发和服务的安图生物公司管理会计工具方法的应用特征和发展特点。

第8章是关于航空工业民品制造业K公司的管理会计实践，本章案例为校企合作开发案例，中国空空导弹研究院范锋、杨笑峰和河南财政金融学院李朝芳一起合作开发并编撰本章案例。本章解析了军民融合行业发展背景和中央企业压控"两金"背景下，民品制造业K公司以风险管理为主线，将"两金"管理工作前移，创新应用风险"两金"理念的"两金"管理实践。

第9章是关于北京华胜天成科技股份有限公司的激励管理问题，本章试图探析作为管理会计绩效管理领域的股权激励工具在应用过程中的限制性问题。通过跟踪华胜天成长达近10年的三期管理层股权激励计划公告和实施过程中的公司业绩变化情况，深入探索了不恰当的激励管理中业绩指标和标准设置可能带来的盈余管理问题，印证了"管理控制工具必须能够对员工行为产生积极影响，当消极地使用管理控制工具并因之对员工构成威胁，会促使员工拒绝或破坏这种管理控制技术的使用"的理论观点，并进一步引出信息技术（IT）服务业的股权激励计划适用范围问题。

第10章是关于美的集团股份有限公司的股权激励问题。美的集团在激烈的家电行业竞争中，逐步形成自己的核心发展战略，并相应进行事业部制组织机构变革。本章案例基于美的集团的发展战略和组织机构特点，描述和分析了美的集团分层股权激励制度的形成过程和存在的不足，延展了第9章关于股权激励工具应用的分析。

第11章是关于海尔集团的管理会计创新发展实践问题。海尔集团在实践中采取了与美的集团等家电龙头不一样的核心发展战略，其不断发展和完善的"人单合一"模式，不仅是创新的商业经营模式、组织结构模式，也是一种创新的管理会计工具方法。本章案例主要研究和分析了海尔集团"人单合一"模式下的管理会计工具方法创新应用实践，以及管理会计报告的创新形式——海尔"共赢增值表"。本章以一个还在探索发展中尚未形成一致定论的实践创新，作为本书的结尾，旨在强调管理会计工具方法体系是一个不断发展、不断完善的开放性体系，实践中没有完全一成不变的最优方法。

深入企业实践，与企业会计实务工作者一起开发管理会计案例，基于企业实践深入研究管理会计在现代信息技术冲击下的发展和创新，是笔者近年来一直想做的事情。出于种种原因，直到2021年才得以在暑假期间完成这项管理会计工具方法应用的案例开发与编撰工作，但由于相关内容涉及面广，并且管理会计的跨学科特征在实践中尤为明显，限于笔者的知识水平，书中难免会存在一些问题和疏漏，敬请广大读者批评指正！

李朝芳
2022年3月于
河南财政金融学院

目 录
CONTENTS

第一编　管理会计实践发展

第 1 章　国内外管理会计实践发展概述 ················· 3
1.1　西方管理会计实践发展概述 ················· 3
1.2　我国管理会计实践发展概述 ················· 11
参考文献 ················· 18
讨论与思考 ················· 18

第 2 章　国内外管理会计职业组织和管理会计能力素质框架 ················· 19
2.1　国外管理会计职业组织及其管理会计能力素质框架 ················· 19
2.2　中国总会计师协会及其管理会计职业能力框架 ················· 26
2.3　关于管理会计师能力的进一步思考 ················· 28
本章附录：21 世纪以来国内外职业组织对会计人才能力框架的研究结果 ················· 31
参考文献 ················· 34
讨论与思考 ················· 35

第 3 章　我国现行管理会计指引体系的发展与构成 ················· 36
3.1　2013 年以来我国管理会计体系建设历程 ················· 36
3.2　关于全面推进管理会计体系建设的指导意见 ················· 37
3.3　管理会计基本指引 ················· 39
3.4　管理会计应用指引 ················· 42
3.5　管理会计案例库建设 ················· 47
参考文献 ················· 47
讨论与思考 ················· 47

第二编　管理会计工具方法应用案例

第 4 章　邯钢经验：我国 20 世纪 90 年代成本管理实践的典范 ⋯⋯⋯⋯⋯ 51
4.1　案例背景 ⋯⋯⋯⋯⋯⋯⋯⋯⋯⋯⋯⋯⋯⋯⋯⋯⋯⋯⋯⋯⋯⋯⋯⋯⋯⋯ 52
4.2　案例公司简介及邯钢经验描述 ⋯⋯⋯⋯⋯⋯⋯⋯⋯⋯⋯⋯⋯⋯⋯⋯ 55
4.3　邯钢经验：20 世纪 90 年代的成本管理方法实践 ⋯⋯⋯⋯⋯⋯⋯⋯ 59
4.4　从邯钢经验到邯钢管理 ⋯⋯⋯⋯⋯⋯⋯⋯⋯⋯⋯⋯⋯⋯⋯⋯⋯⋯⋯ 67
4.5　本章小结 ⋯⋯⋯⋯⋯⋯⋯⋯⋯⋯⋯⋯⋯⋯⋯⋯⋯⋯⋯⋯⋯⋯⋯⋯⋯ 71
参考文献 ⋯⋯⋯⋯⋯⋯⋯⋯⋯⋯⋯⋯⋯⋯⋯⋯⋯⋯⋯⋯⋯⋯⋯⋯⋯⋯ 72
讨论与思考 ⋯⋯⋯⋯⋯⋯⋯⋯⋯⋯⋯⋯⋯⋯⋯⋯⋯⋯⋯⋯⋯⋯⋯⋯⋯ 72

第 5 章　安阳钢铁：管理会计控制工具方法应用 ⋯⋯⋯⋯⋯⋯⋯⋯⋯⋯⋯ 73
5.1　案例背景 ⋯⋯⋯⋯⋯⋯⋯⋯⋯⋯⋯⋯⋯⋯⋯⋯⋯⋯⋯⋯⋯⋯⋯⋯⋯ 74
5.2　案例公司简介、组织结构及发展战略 ⋯⋯⋯⋯⋯⋯⋯⋯⋯⋯⋯⋯⋯ 78
5.3　安阳钢铁成本管理会计工具方法应用特色 ⋯⋯⋯⋯⋯⋯⋯⋯⋯⋯⋯ 81
5.4　安阳钢铁管理会计工具方法应用主线：全面预算管理体系
　　 和绩效考核评价体系 ⋯⋯⋯⋯⋯⋯⋯⋯⋯⋯⋯⋯⋯⋯⋯⋯⋯⋯⋯⋯ 88
5.5　安阳钢铁管理会计控制系统优化的绩效表现 ⋯⋯⋯⋯⋯⋯⋯⋯⋯⋯ 94
5.6　本章小结 ⋯⋯⋯⋯⋯⋯⋯⋯⋯⋯⋯⋯⋯⋯⋯⋯⋯⋯⋯⋯⋯⋯⋯⋯⋯ 97
参考文献 ⋯⋯⋯⋯⋯⋯⋯⋯⋯⋯⋯⋯⋯⋯⋯⋯⋯⋯⋯⋯⋯⋯⋯⋯⋯⋯ 98
讨论与思考 ⋯⋯⋯⋯⋯⋯⋯⋯⋯⋯⋯⋯⋯⋯⋯⋯⋯⋯⋯⋯⋯⋯⋯⋯⋯ 98

第 6 章　瑞幸咖啡：从营运管理和本量利分析看经营策略 ⋯⋯⋯⋯⋯⋯⋯ 99
6.1　案例背景 ⋯⋯⋯⋯⋯⋯⋯⋯⋯⋯⋯⋯⋯⋯⋯⋯⋯⋯⋯⋯⋯⋯⋯⋯⋯ 99
6.2　案例公司简介 ⋯⋯⋯⋯⋯⋯⋯⋯⋯⋯⋯⋯⋯⋯⋯⋯⋯⋯⋯⋯⋯⋯⋯ 103
6.3　瑞幸咖啡盈利模式之惑 ⋯⋯⋯⋯⋯⋯⋯⋯⋯⋯⋯⋯⋯⋯⋯⋯⋯⋯⋯ 107
6.4　从营运管理和本量利分析看瑞幸咖啡商业模式的可行性 ⋯⋯⋯⋯⋯ 113
6.5　2020 年瑞幸咖啡退市后的战略调整 ⋯⋯⋯⋯⋯⋯⋯⋯⋯⋯⋯⋯⋯⋯ 117
6.6　本章小结 ⋯⋯⋯⋯⋯⋯⋯⋯⋯⋯⋯⋯⋯⋯⋯⋯⋯⋯⋯⋯⋯⋯⋯⋯⋯ 122
参考文献 ⋯⋯⋯⋯⋯⋯⋯⋯⋯⋯⋯⋯⋯⋯⋯⋯⋯⋯⋯⋯⋯⋯⋯⋯⋯⋯ 123
讨论与思考 ⋯⋯⋯⋯⋯⋯⋯⋯⋯⋯⋯⋯⋯⋯⋯⋯⋯⋯⋯⋯⋯⋯⋯⋯⋯ 123

第 7 章　安图生物：医疗器械企业管理会计工具方法应用与整合 ⋯⋯⋯⋯ 124
7.1　案例背景 ⋯⋯⋯⋯⋯⋯⋯⋯⋯⋯⋯⋯⋯⋯⋯⋯⋯⋯⋯⋯⋯⋯⋯⋯⋯ 124
7.2　案例公司简介及其业务特征 ⋯⋯⋯⋯⋯⋯⋯⋯⋯⋯⋯⋯⋯⋯⋯⋯⋯ 129

7.3　安图生物的现代管理会计工具方法应用描述 …………………………… 135
7.4　安图生物现代管理会计工具方法整合应用特征 ……………………… 143
7.5　本章小结 ………………………………………………………………… 150
　　参考文献 …………………………………………………………………… 151
　　讨论与思考 ………………………………………………………………… 152

第8章　航空工业民品制造业K公司：基于风险内控管理体系的"两金"管理实践 …………………………………………………………………… 153

8.1　案例背景 ………………………………………………………………… 154
8.2　案例公司简介、集团公司"两金"管控要求 ………………………… 157
8.3　K公司的"两金"管理理念和基于风险内控管理体系的"两金"管理方法 …………………………………………………………………… 160
8.4　K公司基于风险内控管理体系的"两金"管理实践 ………………… 163
8.5　K公司基于风险内控管理体系的"两金"管理实践效果和启示 …… 168
8.6　本章小结 ………………………………………………………………… 170
　　参考文献 …………………………………………………………………… 171
　　讨论与思考 ………………………………………………………………… 171

第9章　华胜天成：股权激励计划的激励效应与盈余管理 ………………… 172

9.1　案例背景 ………………………………………………………………… 173
9.2　案例公司简介、组织结构变革及股权激励计划 ……………………… 178
9.3　华胜天成三期股权激励计划的激励效应 ……………………………… 181
9.4　华胜天成三期股权激励计划解锁业绩指标设置变化、盈余管理与激励效应 ………………………………………………………………… 184
9.5　华胜天成股权激励工具应用的思考与启示：论股权激励考核业绩指标设置 ………………………………………………………………… 188
9.6　本章小结 ………………………………………………………………… 191
　　参考文献 …………………………………………………………………… 192
　　讨论与思考 ………………………………………………………………… 194

第10章　美的集团：公司战略与组织结构下的股权激励模式选择 ……… 195

10.1　案例背景 ……………………………………………………………… 196
10.2　案例公司简介、公司治理模式及组织结构特征 …………………… 202
10.3　美的集团分层股权激励制度及其激励效应 ………………………… 206
10.4　美的集团分层股权激励实践的主要启示 …………………………… 211
10.5　分层股权激励制度下业绩考核指标分层设置的思考与建议 ……… 216

10.6	本章小结	219
	参考文献	220
	讨论与思考	223

第11章　海尔集团：人单合一模式下管理会计工具创新实践 … 224

11.1	案例时代背景	225
11.2	案例公司简介、组织结构变迁和"人单合一"模式	226
11.3	"人单合一"模式下SBU的发展创新：自主经营体制度	233
11.4	"人单合一"模式下的绩效管理和管理会计报告创新	236
11.5	海尔管理会计工具创新：共赢增值表	243
11.6	物联网时代海尔"人单合一"创新发展绩效	249
11.7	本章小结	252
	参考文献	253
	讨论与思考	253

第一编

管理会计实践发展

第1章 国内外管理会计实践发展概述

管理会计在企事业单位的业务运营和组织管理中具有信息提供、规划决策、计划预算、管理控制以及业绩评价等功能，能够激励单位创新实践，在促进单位提升价值、创造能力方面具有显著作用。在不同的社会经济发展背景以及不同的企业组织结构下，成本会计与管理的应用与发展广度和深度都存在差别，这种差别反映了社会经济管理体制的不同（刘小明等，1998），有鉴于此，国内外企业管理会计实践及其应用的工具方法发展路径也存在极大差异。

1.1 西方管理会计实践发展概述

管理会计的演变是基于组织特性的（齐默尔曼，2012），企业外部社会经济的变革引发企业寻找可以有效改善生产效率、降低成本和提高顾客满意度的管理创新，成功的管理创新变革引发对企业组织架构变革的需求，继而引起管理会计工具方法的改革与创新。在传统工业经济时代，企业组织结构简单，主要依靠扩大生产规模以及提高原材料利用率、设备利用率和劳动生产率来提高经济效益，在这样的技术经济环境下，产生了以标准成本制度、变动成本法、责任会计、本量利分析等为主要内容的管理会计基本方法；随着传统工业经济时代向信息化服务经济时代的变迁，企业经营战略和策略随之变革，并最终导致企业组织结构由金字塔型、事业部制转变为扁平型，决策权分配、绩效评价系统和奖惩系统随之发生变化，目标成本法、改善成本、质量成本、精益生产、作业成本管理以及平衡计分卡等现代管理会计方法在企业实践中应运而生，这些管理会计工具方法能够通过组织架构对企业等组织实施控制、提供与决策有关的信息，现代管理会计也因而被认为包括执行性会计（或称控制性会计）和决策性会计两大模块。

1.1.1 1925 年以前的管理会计——成本计算和管理

虽然早在中世纪，英格兰的同业公会就建议同业会员详细地记录原材料和劳动力的成本信息，保罗·加纳（Paul Garner，2014）认为，当前大多数管理会计基本方法是随着 1825～1925 年大型企业组织的成长而发展起来的。

1.1.1.1 19世纪之前的管理会计——财务会计系统

19世纪之前的企业，规模较小且组织结构简单，与其他独立经济主体所进行的各种交易活动都是在制造过程中进行的，大量的交易活动发生在企业外部。此时，财务会计系统提供的交易记录信息完全可以满足对企业经营效率和获利能力进行评估的需要。

1.1.1.2 19世纪的管理会计——成本会计的起源：内部经营效率指标

现代管理会计的起源可以追溯到19世纪初出现的可控的、多层次企业，例如军工企业、纺织企业等制造企业，这些企业均具有单一经济组织特征，制造过程则具有多步骤性。一方面，企业利用资金密集型生产的规模优势，雇用大量工人从事生产；另一方面，制造企业的设备或工厂一般位于可利用能源的附近，而总厂作为管理核心一般设置在城区。为此，企业不仅需要反映厂区内部生产经营的各步骤生产效率信息，而且总厂需要建立一个信息系统以激励和评价边远厂区管理者和工人的工作效率。以纺织企业为例，19世纪早期，纺织工厂通过联合不同制衣程序（如纺线、染色、织布）工厂的方式扩大企业组织规模，随着企业组织规模的扩大，需要在组织内部各自独立的梳理、纺织、编织、漂白等生产过程中建立起一种可以反映内部经营效率的评价指标，由此发明了按照每码成本或每磅成本计量独立生产过程单位成本的成本体系。例如，1855年，新英格兰的利曼（Lyman）纺织厂以复式簿记为基础首创的成本会计制度，其所提供的成本会计信息，能有效反映产品成本、工厂布置变化影响以及对原棉收发的控制情况。

19世纪50～70年代，铁路业的产生和迅速发展形成当时人类可以创建的规模最大、经营最复杂的企业组织——铁路公司，伴随着简易电报的出现，具有创新精神的铁路业管理者发明了粗放经营下铁路经济业务的计量指标方法，建立了报告每吨·英里成本、每吨·顾客英里成本[1]、每美元收入经营费用（即经营比率，经营成本与收入的比率）的成本系统，在极大程度上促进管理者提高经营效率，帮助管理者评估其经营业绩。

铁路业的许多管理会计新方法被随后发展起来的钢铁业应用和进一步发展，20世纪初期，卡内基（Andrew Carnegie）钢铁公司（美国钢铁公司 United States Steel 前身）设计出一个以日和周为基础，报告具体的单位材料和人工成本数据

---

[1] 19世纪70年代铁路行业的每吨·英里成本指标的技术过程类似于现代管理会计方法中的作业成本法，运输成本账户被分成四组：铁轨维护费与一般管理支出、站台费用、运输费用、资本投资利息。四组成本根据三个成本动因对外分配：第一组和第四组采用"每年每英里铁路的平均运输吨位"；第二组采用"运输里程"；第三组采用"每列火车的平均运输吨位"。可见，铁路运输费用类似于作业成本法中的单位成本，站台费用类似于批量成本，铁路维护费用类似于产品线成本，资本投资利息是为了维持整个系统而支付的。

的成本系统。① 这个系统不仅可以作为基本成本控制工具，帮助高层管理者有效控制生产经营，而且可以用来评价部门管理者、工作负责人和员工的业绩；此外，高层管理者还能以其提供的准确、及时的边际成本信息用于定价决策，尤其是非标准项目的定价，通过检查原材料质量和组合以评价生产过程和产品改进，并做出新产品开发决策。

19 世纪末 20 世纪初，一些大型商业企业例如西尔斯—罗巴克（Sears-Roebuck）、马歇尔·菲尔德（Marshall Field）、伍尔沃思（Woolworth）等也发展出与制造业截然不同的计量指标，以评价商业企业内部经营效率，例如用毛利（销售收入减去购买成本及经营成本）和存货周转率（销售与存货之比）等指标来计量和评价业绩。

1.1.1.3　19 世纪的管理会计——成本会计的起源：标准成本法

如前所述，19 世纪的大型企业，不管是纺织业、铁路业、钢铁业，还是商业企业，均已成功建立起可用于激励和评价企业内部经营效率的计量指标，但由于这些企业所生产产品类型的单一和集中，使这些企业可以使用简单的产出汇总指标，例如纺织品码数、运输货物总吨英里量、产出钢材吨数、商业产出收入总量等，故这些类型的企业仅关注同类产品的生产效率，很少关注不同类型产品的成本计量以及企业的周期性利润。

而于 19 世纪中叶与铁路业一起出现的金属制造业，由于其金属制造和切割车间生产的是大量不同类别的完工产品，各种产品耗用的资本、劳动力和辅助资源也不相同，上述纺织业、铁路业等制造业用于单一产品的每磅成本等指标，难以真实反映和评价金属制造业企业的生产经营业绩，金属制造业的管理会计实践开始探索多品种、多步骤产品的管理会计工具方法。

以弗雷德里克·泰勒（Frederick Taylor）为代表的金属制造业的一群机械工程师，关注组织工作效率，发起了科学管理运动。通过深入了解企业组织生产过程特点，重新设计原材料和加工流程，建立详细、准确的原材料和劳动力使用数量标准，并与会计人员一起将数量标准扩展为每小时劳动力成本、单位产品原材料等具体指标，按产品生产流程建立原材料和劳动力成本标准，由此产生了标准成本法。②

另一项金属制造业的成本计算难题是，金属制造业产品种类多样导致间接费用（辅助成本）较高，其实，采用简单的间接费用和辅助成本分配方法，例如直接人工小时分配率、直接人工工资分配率等，将这些源于一个世纪以前劳动力密集型企业生产过程的成本分配方法应用于资本密集型企业肯定是不合适的。与

---

　　① 卡内基要求：每个部门都要列示在每一个生产步骤所耗用的原材料、劳动力的成本和数量，甚至要求提供每日生产 1 吨铁轨所耗用的矿石料、石灰石、煤、焦炭、生铁、铸模、耐火材料、修补工作、燃料和劳动力成本等。

　　② 泰勒的科学管理理论同样促进了预算管理的产生和发展，其标准成本和差异分析均成为后来预算管理中常用的方法之一。

泰勒同时代的工程师甘特（H. L. Gantt）提出了一种以多种成本动因替代现行生产过程间接费用分配的思想，他还进一步认为，已经记录在企业产量账上的间接费用所反映的分配率，应该与企业正常产量水平下所发生的正常生产能力耗用的间接费用所对应的分配率一致。可惜该见解并没有在当时的管理会计实践中得到重视和应用。

1.1.1.4　20世纪初期的管理会计——综合性企业的管控：投资评价指标

20世纪初从事多种经营的综合性企业的发展，例如美国杜邦公司（DuPont）和通用汽车公司（General Motors Company）这样纵向一体多元化公司组织形式的出现，促进了20世纪初管理会计实践的创新发展。

1903年，多个各自独立的单一经营公司合并创立杜邦公司，作为一个决定进行多元化经营的企业，杜邦公司不再仅仅关注产品的生产规模和效率问题，它需要面对的是如何协调垂直式综合性企业的多元化经营、市场组织以及资本投向等问题。杜邦公司设计了多个重要的经营和预算指标[①]，其中，最重要的管理会计工具方法即投资报酬率（ROI）指标，解决了如何将资本分配到最获利部门的问题，源自杜邦公司财务主管唐纳森·布朗（Donaldson Brown）的杜邦综合分析体系，通过将投资报酬率分解为销售净利率和资产周转率，并进而分解为利润、费用、资产和负债，从而得以有联系、系统、全面地反映分权经营管理者的责任履行情况。

20世纪20年代，随着杜邦公司、通用汽车公司等多部门纵向型集团公司组织形式的发展，分权经营要求高层管理者在企业内部建立一个有效的资本和劳动力市场，以协调、激励和评估各分支机构管理者的业绩，投资报酬率指标应用范围进一步扩展，[②] 经济作用日益凸显。与此同时，1921年美国《预算与会计法案》颁布，推动了"预算控制"被引入管理会计实践，预算和预测方法被创建以规划和协调各部门的经济活动。

1.1.2　1925~1985年的管理会计——从成本管理到成本会计

1925~1985年，制造业批量生产标准产品的制造技术基本稳定，与此同时影响管理会计发展的重要外部环境因素是：随着西方资本市场的逐步发展与完善，企业外部利益相关者对公开客观财务会计报告的需求增长，所得税以及财务会计准则得以长足发展，例如，美国财务会计准则委员会（Financial Accounting Standards Board，FASB）制定的财务会计准则，这些对管理会计实务的发展没有产生较为重要的影响。这一时期，第一，为财务会计报告目的而演进的各种存货

---

① 杜邦公司在20世纪初建立起按职能划分的组织机构，在创建的投资报酬率综合分析体系的基础上，利用经营预算、资本预算和现金预算集中财权和监督权，成为整合纵向型集团公司的范例。
② 唐纳森·布朗后来成为通用汽车公司的财务主管。

计价方法，以及服务于财务会计报告的产品成本信息，取代了之前逐步发展起来的成本管理系统，间接费用或辅助生产部门成本先按工厂范围归集，然后再按照简单的动因指标例如直接人工小时等分配到产品成本中；第二，从20世纪初开始，大多数西方企业管理者认为，为企业同时建立财务会计系统和管理会计系统两套账务系统的成本要高于两套系统带来的收益；第三，企业在开发同类产品品种方面缺乏变通。基于此，虽然此时西方管理会计理论在财务经济学的推动下出现了资本预算的现金流分析方法、投资中心的剩余利润考核方法等现代管理会计方法，然而这一时期管理会计的成本管理系统发展停滞不前，企业向外部利益集团报告的信息也同时用于指导企业内部经营，以计量存货为目的满足外部审计师需要的成本会计取代了成本管理，产品成本控制程序按照分类账户的每月差异进行。

值得一提的是，20世纪20年代以后，企业管理者逐渐认识到成本信息在决策与控制方面的意义，成本会计从单纯的成本计算演进至成本计算与成本控制相结合，并最终与对外报告的财务会计分野，形成内部管理导向的管理会计。国际会计师联合会（International Federation of Accountants，IFAC）在1952年召开的年会上，正式启用"管理会计"这一专业术语，这标志着现代管理会计的正式形成。胡玉明（2004）认为，此时的管理会计应是为追求组织目标而进行的一种技术活动，其主要功能是确定产品生产成本，对产品成本的关注促使标准成本、预算控制和差异分析等方法被引入生产过程控制之中。除此之外，30年代出现了弹性预算，主要用于对间接费用的控制；40年代后出现了可用于预测和决策的本量利分析法；60年代管理会计演进为具有职能角色的管理活动，通过决策分析与责任会计体系为一线商业活动管理提供信息支持。

1.1.3　20世纪80年代以来管理会计方法的创新发展

20世纪80年代，制造业企业所处的社会经济环境发生巨大变革：第一，全球化市场经济竞争加剧；第二，工业性经济开始向服务性经济转变；第三，计算机技术突飞猛进，信息处理技术日新月异；第四，企业流程发生变革，一些企业通过对商业流程的重新思考和根本性重新设计，完成了企业在成本、质量、服务和速度等领域的变革。这些变革在促使企业生产经营制造技术发生巨大变化的同时，引起企业组织结构的变革，继而引起管理的变化和相应管理会计工具方法的创新。

1.1.3.1　企业生产经营技术的变革

社会经济环境的变化促使企业的生产经营制造技术发生巨大变化，越来越多的企业采用适时生产系统（JIT）、全面质量管理（TQM）、ISO9000系列质量管理系统、柔性制造系统、计算机集成控制生产经营制造系统（CIM）、标杆管理等能够提高生产效率的管理措施；物料需求计划（MRP）、制造资源规划

(MRP2)、企业资源计划（ERP）、客户关系管理（CRM）等信息管理系统不断代际更新，将管理会计信息系统和企业综合管理信息系统融合在一起的管理软件也处在不断的创新发展和应用进程中。

（1）美国、日本企业采用的适时制理念（just-in-time，JIT）。适时制理念起源于20世纪五六十年代的丰田（Toyota）、川崎（Kawasaki Heavy Industries）等日本企业，美国大企业如惠普（Hewlett-Packard）、固特异（Goodyear）、通用电气（General Electric Company）、英特尔（Intel）、施乐（Xerox）等在实践中均应用了JIT系统，该系统要求管理人员要做到：减少生产环节耗用的时间；杜绝不增加产品价值的作业，例如检查和等待等耗用的时间。适时制的终极目标是：必要时生产必要数量的必要产品，其最理想境界是实现零存货。

（2）日本企业采用的精益生产理念（lean manufacturing）。实践中，由于只有极少数企业才能够完全取消原材料存货等现实情况的存在，适时制生产理念存在较大的应用缺陷，从而渐渐被精益生产理念所替代。精益生产试图消除企业价值链中的所有非增值作业，要求在需求计划、存货计划、供应链计划，以及其他与增加顾客回应率、降低周转时间和控制成本相关的活动中，识别并消除非增值作业。精益生产旨在通过不断改进流程，确保企业彻底地杜绝浪费。例如，日本松下电器（Panasonic）用机器人代替传统传送带，把产品生产时间缩短到40分钟。

（3）全面质量管理系统和六西格玛。20世纪80年代在美国摩托罗拉（Motorola）、通用电气、韩国三星（Samsung）等企业采用全面质量管理系统（total quality management，TQM）等方法控制质量，强调不断地改进质量并满足顾客需求，通过提高质量来降低成本。TQM既包括改善产品质量的有形方面，例如业绩、可靠性、耐用性、与产品详细说明的一致性、服务能力以及其他可感知质量；也包括提高组织效率，即降低成本、提高生产率。20世纪90年代到21世纪初，六西格玛（Six Sigma）[①] 在企业实践中开始慢慢取代全面质量管理，最早开始采用六西格玛的企业是摩托罗拉公司，该公司通过消除废品系统性地改进公司内部生产流程，确保内部流程尽可能有效运行，从而提高产品和服务的质量。

（4）互联网、局域网、无线通信等信息技术。信息技术的日新月异，使管理者实时获取日销售收入和经营成本数据成为可能；会计信息以标准化电子表格（Excel等）的形式传播，使企业准备下一预算期间所需的时间大幅减少。

1.1.3.2　企业组织的变革

企业经营环境变化的同时引起企业组织结构的变革。为获得竞争优势，企业需从资源分配、管理层级设置、决策程序和部门之间关系等多个方面对原来的组织模式进行改造。尽管企业的组织结构变革各有侧重，具体方法也不尽相同，但

---

① 六西格玛是用来描述实现质量改进时的目标和过程，指的是六个标准差，即以低于每100万件产品中产生三四件废品的水平生产产品的能力。

是西方大企业的组织结构变革呈现出一种共同趋势，即从20世纪初以来存在多年被大企业广泛采用的直线—职能型或事业部制组织模式，正在被一种新型组织模式——扁平化网络组织或N型组织替代。扁平化组织结构减少了管理层级，将企业决策权分散到下层部门，这些下层部门比总部更为直接地接触顾客和生产，更为了解顾客偏好和生产过程，由此引起相应业绩评价及奖惩系统的变革。

20世纪八九十年代以来，以减少企业管理层级、强化分权管理为主题内容的组织结构变革层出不穷：美国通用电气公司董事长杰克·韦尔奇（Jack Welch）自20世纪80年代中期开始致力于减少组织层次，重新组合公司以业务为中心的企业单位，逐步取消部门经理，1991年取消生产副董事长，要求13个主要业务企业主管直接向其汇报工作，管理层级由8层减为4层甚至3层，公司高级经理从700名减少到400名，总公司管理人员由2 100人减少到1 000人；1993年开始，美国国际商用机器公司（International Business Machines Corporation）将原有7级、8级管理层次压缩为4级；90年代英国电信公司（British Telecom）从地域型业务单元式结构到新型部门型组织结构，再到网络型结构的组织结构转型中，管理层级减少6级以上。组织扁平化的必然结果是，大企业中层管理人员职位消失，例如1991年福特汽车公司（Ford Motor Company）管理层裁员30%以上。

与传统事业部制相比，扁平式组织结构中构成单元之间的关系类似一个网络，具有分散性、创新性、高效性、协作性的特征，对管理会计工具方法变革的影响表现在以下三个方面。

（1）企业组织结构的扁平化，减少了基层单位对企业集团或总公司在技术、财务和人力等方面的依赖，基层单位的权利和责任大大增强，需要促进其对本单位的经营绩效负责，激励与评价有了不同以往的表现形式和重要性。

（2）企业组织机构的扁平化，在提高企业内部各个层级自主权的同时，企业各部门功能开始融合，交叉现象层出不穷，例如制造部门可能兼有直销、会计和财务的功能，销售部门可能兼有市场调查、会计、财务、工程技术的功能，许多过去不是管理者的员工成为新的管理者，许多过去不需要管理会计信息的员工开始需要管理会计信息的支持。

（3）伴随着计算机的广泛应用和信息处理能力的日益提高，企业上下级之间、多功能部门之间以及与外界环境之间的信息交流变得十分便捷，企业对环境的应变性和灵活性大大提高。现代管理会计实践在大数据的支持下可能正在逐步演变为可以提供实时信息的控制与决策会计。

1.1.3.3 管理会计实践的发展

制造技术的飞速发展和组织的变革引起管理的变化，管理的变化又引起管理会计的创新，从而影响着西方管理会计实践的发展。管理会计是为帮助管理层决策而提供的服务，在新的制造环境下，传统的成本会计方法和20世纪主要围绕人工会计设计的会计系统，不利于计算机集成制造系统环境下新制造技术的应用，管理会计系统必须经过重新设计以支持和促进新制造技术在企业中的应用，促使工厂高效生产。20世纪80年代以来，实务界一直探索管理会计新方法，用来支持企业技术条件的变化和新管理流程的实施：业绩计量系统必须经过更新以改善产品质量、提高生产能力、使用适时生产系统和计算机集成控制生产系统，协助管理者进行有效投资，从而产生目标成本法、改善成本法以及生命周期成本法等成本管理方法，平衡计分卡、经济增加值（EVA）、作业成本法及作业管理、战略管理会计等现代管理会计工具方法也随之产生。

实践中，日本丰田汽车公司早在20世纪60年代就采用了目标成本法。目标成本法是一种降低产品在其生命周期内总成本的管理工具，它引导设计人员以尽可能低的成本设计产品，其包含的价值工程分析方法，曾经将丰田公司使用了多年的高品质双涂层钢板，于1996年退回到最初使用的镀锌板，因为这是一个过度设计的产品，双涂层功能特点是顾客不想要的，顾客不愿意为这个功能付款，丰田公司通过价值工程分析舍弃了这个不产生价值的功能，从而降低了成本。

奥林巴斯光学制造公司（Olympus Corporation）采用的改善成本计算系统，包括生产成本、残次品成本、生产能力利用成本和管理费用四个子系统，每个子系统都收集和报告成本，成本计算集中于生产过程而不是产品本身，持续关注需要改进的地方。

全面质量管理要求提供一系列质量指标，例如产品设计（包括新零件数和总零件数量等）、供应商评价系统（包括次品率和及时供货率等）、产品制造（次品率、废品率、返工率和及时配送率等）和顾客满意度（调查和维修费用等）等方面的非财务质量指标，以及消除次品隐患的预防成本、制止产生次品的鉴定成本、内部失误成本和外部失误成本等质量成本。这些质量成本分散在公司的各类费用账户中，需要重新确认、归集并编制质量成本报告。

适时制生产目标是使从产品投产到出售所花费的时间，即加工时间、等待时间、运输时间、检验时间中的后三种时间降为零，因为后三种时间是零增值时间，相应地，工厂的组织结构甚至物理结构也随之发生变革，会计处理系统也变得相对简单：人工与制造费用归集在同一个账户中；工厂一般制造费用尽可能直接归集到多个适时制生产线；材料成本直接计入产品中；加工成本依机器工时或单元工时进行分配；由于不存在半成品存货，可取消半产品明细账等。

精益生产涵盖了一系列广泛提高效率和缩减技术的成本，引发了用于为企业的每一条价值链报告所有收入和费用、以更好地识别非增值作业的"精益会计"的产生。

信息时代，企业研发和创新能力变得比投资和管理实物与有形资产的能力重要得多，平衡计分卡把企业使命和战略转化为目标和措施，通过有技术的、目的明确的企业人员进行的关键价值创造活动，在保持财务方面短期执行利益的同时，清晰揭示了更高层次的长期财务和有竞争力的绩效动因：客户、内部业务流程、学习与成长。20世纪90年代起，美国电话电报公司（American Telephone & Telegraph，AT&T）、毕马威（KPMG）、蒙特利尔银行（Bank of Montreal）、美国好事达保险公司（Allstate）、美国天纳克公司（Tenneco）、美孚（Mobil）、花旗集团（Citicorp）等大型企业陆续开始采用平衡计分卡。

20世纪80年代，尤其是90年代以来，企业内部组织结构的变化使管理者需要从战略、经营决策、商业运营等各个层面掌握并有效利用所需管理信息，在管理控制方面实现新的突破，管理会计需要从全球化及产业链、价值链角度，通过对价值驱动因素的确认和计量，有效利用资源以提升组织的价值创造能力。为此现代管理会计发展出一系列强调以价值创造为核心的新型管理会计工具方法，尤其是平衡计分卡、经济增加值等被大量引入公司战略、价值管理等过程中，大大丰富了管理会计的实践内涵。

知识链接：IFAC对西方管理会计发展阶段的划分。

1999年，国际会计师联合会（International Federation of Accountants，IFAC）发布《管理会计概念》（Statement of Managerial Accounting Concepts，SMAC），将西方管理会计发展分为四个阶段。

第一阶段，20世纪50年代以前，通过预算和成本会计确定成本并实施财务控制的管理会计阶段，主要内容是成本管理。

第二阶段，20世纪60年代中期，由成本控制转向为计划、控制等管理活动提供有用信息的管理会计阶段，主要内容是决策分析和责任会计。

第三阶段，20世纪80年代至90年代中期，注重流程分析和成本管理技术的管理会计阶段，主要目的在于降低业务流程中的资源浪费。

第四阶段，20世纪90年代中期以来，通过关注客户价值、股东价值以及组织创新等驱动因素为组织创造价值的管理会计阶段。

1.2　我国管理会计实践发展概述

学术界大多认为，我国对管理会计理论的研究和应用是随着20世纪70年代末80年代初西方管理会计理论的引入开始的，但是早在中华人民共和国成立初期，我国企业实践中就出现了班组核算等管理会计理念。从发展轨迹来看，我国管理会计实践演进与我国经济体制变化息息相关，故此，在我国特有的经济制度背景下梳理与考察新中国成立以来国有企业管理会计实践演进，在一定程度上可能代表了我国企业管理会计实践的动态发展轨迹。

1.2.1　计划经济阶段与国营企业相适应的管理会计实践

新中国成立初期，我国实行计划经济体制，该体制下，全国上下"一盘棋"，整个国家就好像一个超大型企业，每个国营企业则是该超大型企业中的一个生产车间，国家作为管理总部统筹组织安排每个国营企业的生产活动、财务收支、物资调配和现金管理。国营企业生产计划由国家统一确定下达，企业产品由国家统一定价，定价方法一般采用成本加成法，即以企业成本为基础确定产品价格，定价公式为：产品价格＝产品成本×(1＋成本利润率)。从这些特征来看，国营企业是国家这个超大型企业中的一个"成本中心"，即便是考核利润，也只是一个"人为利润中心"，因此，成本计划及其完成情况便成为国家考核国营企业是否完成生产任务的重要方法和手段。如何节约成本、提高产量是这一时期国营企业管理的重点，相应的企业管理会计工作也围绕成本管理展开。为努力降低成本、提高稀缺资源使用效率，以成本管理为核心的内部责任会计随之得以在国营企业经营实践中产生和发展，这种对以成本管理为核心的内部责任会计的重视也体现在同期国家颁布的各项成本管理制度上，国家通过各项企业成本管理制度指导企业确定成本项目和成本开支范围。计划经济体制阶段，我国以成本管理为核心的管理会计实践主要体现在班组核算、经营活动分析和资金归口分级管理等内部责任会计的建设上，而人民公社时期三级核算管理模式也多方面体现管理会计要求。

1.2.1.1　20世纪50年代的企业班组核算和经济活动分析

新中国成立之初，我国国营企业的生产、销售等全部纳入财政预算范围，20世纪50年代，部分国营企业开始试行定额管理，将工业企业的产量、质量、人工、原材料消耗和机器维修五项指标的核算，发展为企业班组经济核算的管理会计形式，将业绩考评中心下沉至班组这样的基层单位，通过班组核算和劳动竞赛相结合，降低成本，提高劳动生产率，取得显著成效（姜开齐，1951）。班组核算将核算、控制、分析和考核融为一体，实行厂部、车间、班组三级核算统一体，与西方责任会计有着明显差异，是我国该时期重要的会计创新，是具有中国特色的责任会计萌芽。

班组核算是对最基层的工人组织——班组所负责的经济指标按日及时核算，最常见的指标有原料单位消耗、质量指标和产量指标。班组核算以班组为单位，通过对班组生产活动的记录、分析和比较，可以对成本发生情况进行实时监控，将实际发生的各种消耗控制在预算范围之内。班组核算自1952年开始在山西大同煤矿、天津钢厂等企业试行并实施，后来作为鞍钢经验在全国推广。1954年12月，《人民日报》发表社论"使经济核算成为群众性的工作"，此后，班组核算被称为群众核算，以区别于其时财会人员所作的专业核算工作。多年来班组核算管理在化工、电力、钢铁等企业中的广泛应用，证实其对生产过程的控制是行之有效的，可以强化企业管理，科学指导生产，向班组要效益。

班组核算只能反映资源消耗问题所在，而同一时期自苏联引入的工业企业经济活动分析方法很好地解决了如何探寻问题之源的困惑，经济活动分析在比较计划与实际的基础上，分析两者差异，继而采取相应措施以改进经济活动。经济活动分析突破了单纯财务评价指标的局限性，强调采用多元化指标评价企业经营活动，已具有了财务指标与非财务指标相结合的业绩评价理念。杜昂（1998）认为，班组核算和经济活动分析可以说是当时我国管理会计的"两大法宝"。

20世纪60年代初期,我国湖北大冶钢厂在班组经济核算的基础上推行"五好"小指标竞赛,"五好"指标包括出勤率、政治学习、助人为乐等与生产没有关系的指标,并且各项指标从上而下逐级细化,形成一个指标链:从国家下达的产量、品种、质量、成本、流动资金、利润等八项指标开始,首先具体制定分别由二级单位(即厂矿和职能部门)完成的192项指标;其次分解为三级单位(即工段)分管的346项指标;再其次分解落实为四级单位(即班组)分管完成的1 936项指标;最后分解为岗位和工人的9 615项指标。虽然看似指标体系庞大,然而由于不同岗位职责不同,实际落实到各岗位的指标不过五六项之多。可以说,大冶钢厂的"五好"小指标竞赛,早已体现了"平衡计分卡"的精髓。

1.2.1.2　20世纪六七十年代的指标分解、资金归口分级管理与厂内经济核算

20世纪60年代的指标分解与资金分级归口管理方法,始于大庆油田的内部结算,发展到大多数企业实行的分级核算和管理。资金归口分级管理也称"资金分口分级管理""资金分工管理",它是工业企业按照"统一领导、分级管理"的原则,在厂长领导下,以财务部门作为全厂资金集中管理的专业部门;根据使用和管理、物资管理和资金管理相结合的用管结合原则,每项资金由哪个部门使用,就归口给哪个部门负责管理;各归口管理部门再根据具体情况将资金定额(或财务指标)分配给所属单位或个人,实行分级管理。资金归口分级管理明确规定了各部门各级有关人员管理和使用资金的权限和责任,并将之纳入岗位责任制,有利于加强各个业务部门和职工管理资金的责任感,把资金定额管理和物资储备定额管理结合,把流动资金管理同生产经营管理结合,能够促进资金周转加快生产发展。

20世纪70年代,责任会计制度进一步发展为厂内经济核算制度,其是工业企业本着专业核算与群众核算相结合的原则,在全厂统一计划与核算的前提下,内部各单位对其经济活动的耗费和效果进行记录、计算、考核、分析和比较的一种管理活动。按照分级管理的原则,厂内经济核算从纵向可分为车间、工段、班组、个人等的经济核算;从横向可分为供应、工艺、设备、销售等职能部门的经济核算。

1.2.1.3　小结与评述

计划经济体制时代的管理会计方法,除了上述典型的班组经济核算、经济活动分析、资金归口分级管理外,生产费用表、生产技术财务计划、计划成本、内部经济责任制、成本管理的群众路线和厂内银行[①]等责任会计制度都具有鲜明的中国特色(胡玉明,2004;刘小明等,1998),与西方责任会计有着明显差异。

[①] 内部结算一般有两种组织形式:(1)在财务部门设立结算中心,主要负责企业内部各部门之间的往来结算,核算工作较简单;(2)厂内银行,具有结算、信贷、控制等职能,但核算工作较复杂。

尤其是国营企业在成本管理过程中,强调"比、学、赶、帮、超""与同行业先进水平比",其基本思想就是西方流行的"标杆管理"制度。虽然当时没有正式使用"管理会计"这一名称,但很多理念却与管理会计存在共通之处:实行事前计划、事中控制和事后分析相结合,能较好地执行上行下达的各项数量和质量指标,可以算得上是计划经济体制下与国营企业相适应的执行性管理会计。然而,不管是班组核算还是资金归口分级管理,均被列入行政管理范围,未能完全落实责任会计的责权利相结合的原则,其在该时期企业中的运用虽然取得了一定效果,但效果并不显著。[①] 大量事实证明:经济体制改革以前,尽管我国在利用确定成本开支范围方面调节企业与国家之间的经济利益关系、在班组核算等方面积累了一定经验,但总体而言,它与经济体制改革以来应用和重视成本会计及管理的情境是无法比拟的。

知识链接:生产技术财务计划与全面预算。

我国计划经济时代在工业企业中发展起来的生产技术财务计划与全面预算有着极为相似的内核,但由于应用背景的经济体制差异,造成两者在实质上尚存在极大差异。

(1) 全面预算的起点是市场或销售预测;而生产技术财务计划是国家下达的生产任务。

(2) 全面预算的执行结果是对预算执行者进行经济奖惩的依据;而生产技术财务计划的执行结果,在大多数企业中不与奖惩挂钩。

(3) 全面预算通常以分权经营为前提,体现企业内部组织结构特征,既是整个企业的预算,又是企业内部各个单位的预算,是一种遍及企业方方面面的预算体系,各项预算指标均贯彻落实到各单位责任人身上;而生产技术财务计划只涉及企业整体,并不涉及企业内部各单位和企业负责人,而且,从组织结构上看,计划经济时代我国企业在内部管理上都属于高度集权类型。

(4) 全面预算将资本、成本、利润等指标摆在首位,突出价值量指标;而生产技术财务计划则突出生产,强调实物量指标。

1.2.2 改革开放后的管理会计实践

20世纪70年代末期改革开放之后,我国企业内部经济核算制逐渐恢复,此后中国管理会计实践发展进入新的阶段。该阶段以党的十一届三中全会以及党的十四大为转折点,党的十四大明确指出,我国要建立社会主义市场经济体制,实行政企分开,企业成为独立的商品生产者和经营者。1984年《中共中央关于经济体制改革的决定》指出,要学会用现代科学管理方法管理企业。同期全国推行18种现代管理方法,包括本量利分析、价值工程、目标管理、全面质量管理、

---

① 除国营企业外,20世纪60年代左右,我国还创新发展出人民公社时期三级核算管理模式。三级指人民公社、生产大队、生产队;核算指经济核算。

经济责任制以及决策技术等方法。与此同时，为配合我国企业留成制度和利润包干等企业改革，第一步和第二步利改税的税制改革，以及国营企业在全国范围内推广的承包制等经济责任制，1984年3月，国务院发布《国营企业成本管理条例》，对成本开支范围、成本核算、成本管理责任制、监督和制裁等问题做出详细规定；1986年12月，财政部发布《国营工业企业成本核算办法》，对成本核算的任务和要求、成本核算对象和成本项目、生产费用的汇集和分配、在产品和产成品成本、产品销售成本、成本核算的组织等做出规定。这些现代管理方法和成本管理制度大力推进了我国国营企业管理会计工具方法的应用和创新：大庆油田的责任会计制度、上海宝山钢铁公司的全面预算管理制度、邯郸钢铁公司的目标成本制度等中国管理会计实践随着经济体制改革和国企改革进程而不断发展和完善。

1.2.2.1 基于企业经济核算制度的责任会计制度发展与完善

随着经济体制的转轨，一批能够适应市场变化并具有一定活力的国有企业，着眼于向管理要效益，开始将眼界转向市场和企业内部，在建立、完善和深化各种形式经济责任制的同时，将厂内经济核算纳入企业内部经济责任制，形成以企业内部经济责任制为基础的责任会计体系。

20世纪70年代末，大庆油田率先实行了"两统""五定"的内部经济核算制度，在我国企业中首家设立了内部结算中心，采用内部支票结算方式，将二级、三级核算与油田财务处的一级核算紧密联系起来，将我国企业责任会计实践提升到新的高度。几乎在同一时期，自改革开放开始，首都钢铁公司率先实行内部承包经营责任制，将承包上缴利润和固定资产更新改造一级企业工资总额与经济效益挂钩浮动，该做法很快被其他企业引入内部管理机制，实行企业内部承包经营责任制。80年代后期，吉林的工业企业在大庆油田内部结算的基础上，建立和完善了厂内银行制度，进一步完善了企业内部经济核算制。此后，与经济责任制配套，许多企业开始实行责任会计、厂内银行等制度，我国责任会计实践进入一个高潮期（乔彦军，1997）。

1.2.2.2 标准成本制度和全面预算管理

标准成本制度通过比较与分析标准成本和实际成本差异形成的原因及责任追溯，实现对成本的管理和控制，为企业管理当局控制和降低成本提供服务。借鉴国际先进钢铁联合企业的成本管理模式，上海宝山钢铁公司（以下简称"宝钢"）于1993年开始在原有的综合消耗额管理和责任成本管理制度的基础上推行标准成本制度，1996年1月1日，宝钢正式实行标准成本制度，将标准成本广泛用于企业生产组织计划的制定、产品营销定价以及产品盈利能力分析等各个方面，在员工成本意识、控制成本、支持决策等方面都发挥了重要作用。同一时间，国内许多企业开始采用标准成本管理制度。

宝钢的管理会计实践不仅仅发生在标准成本制度方面，应该说宝钢实践是标准成本制度、全面预算管理和信息系统在我国企业管理会计领域中获得成功应用的典型案例。宝钢在推行标准成本制度的同时推进全面预算管理制度，在1993年和1994年初步形成宝钢预算体系，设置了经营预算管理部门，并编制了第一张年度预算。其全面财务管理控制体系的核心原则是：以企业价值最大化为导向，以全面预算管理为基本方法，以现金流量控制为核心，以信息化技术为支撑。

预算管理在我国不算是新鲜事物，实际上计划经济时代的"生产技术财务计划"即相当于全面预算，改革开放之后中国企业界正式接受"预算管理"概念，20世纪80年代末90年代初，山东华乐集团、新兴铸管公司、山东亚星集团、上海宝山钢铁公司、青岛啤酒股份等企业均在其实践中开始了全面预算管理的探索。此后，我国相关部门颁布了一系列制度规范引导企业建立全面预算管理体系：2000年，国务院转发了国家经济贸易委员会发布的《国有大中型企业建立现代企业制度和加强管理的基本规范（试行）》，明确提出企业应建立全面预算管理制度；2001年4月，财政部发布《企业国有资本与财务管理暂行办法》，要求企业实行财务预算管理制度；2002年4月，财政部发布《关于企业实行财务预算管理的指导意见》，进一步提出企业应实行包括财务预算在内的全面预算管理；2003年，国务院国有资产监督管理委员会（以下简称"国资委"）成立，提出从2004年起对其直接管理的189户中央企业实施全面预算管理和资产经营责任制考核；2007年《企业财务通则》和2010年《企业内部控制应用指引第15号——全面预算》均强调了全面预算管理在加强内部控制方面的重要作用；2012年国资委《关于中央企业开展管理提升活动的指导意见》将全面预算管理作为中央企业管理提升的主要内容。迄今为止，全面预算管理已成为我国国有企业管理会计实践中的核心工具方法之一。

1.2.2.3　其他管理会计工具方法在我国企业中的应用和发展

改革开放后，随着市场经济的发展和国企改革的不断深化，战略规划、经营计划、过程控制、绩效评价等都成为企业价值创造过程中的重要议题。除了上述20世纪70年代末期到80年代末以企业内部经济责任制为基础的责任会计体系、标准成本制度和全面预算管理制度在我国企业的创新应用之外，90年代武汉钢铁公司的"实际成本核算，目标成本控制，责任成本管理"、邯郸钢铁公司的"模拟市场核算，实行成本否决"等成本管理方法，在借鉴美国、日本等国家先进管理会计方法的同时，扎根中国大地，在中国的制度下开出繁荣之花，这些都是管理会计工具方法运用的典型案例。

与经济体制改革进程相适应，我国20世纪90年代以前的管理会计工具方法应用侧重于企业内部，没有明显的市场特征。90年代以后，管理会计工具方法在我国企业的应用有了显著发展，表现在除成本性态分析、盈亏临界点与本量利依存关系、经营决策经济效益分析评价等传统管理会计方法之外，作业成本法、平衡计分卡、经济增加值等现代管理会计工具方法也开始在我国企业中得到运用和发展。

（1）许继电气有限公司在 2001 年开始酝酿将作业成本法引入第一事业部，通过对企业业务流程和信息系统进行改造，2001~2003 年实现了按月提供 ABC 产品成本报表。2013 年财政部《企业产品成本核算制度（试行）》中引入作业成本法。

（2）2003 年，华润集团将平衡计分卡引入集团 6S 管控体系；从 2001 年开始，南方基金管理公司、五粮液、托普软件等公司开始尝试使用经济增加值，大鹏证券在经济增加值的基础上创建了公司绩效评价体系"价值"。

（3）2007 年，国资委在《中央企业负责人经营业绩考核暂行办法》（第一次修订版）中鼓励企业使用经济增加值考核，首次在部分中央企业推出试行的经济增加值考核计划。2010 年第二次修订版中正式将经济增加值列为中央企业负责人年度基本业绩考核指标，在全部中央企业及其下属企业全面推行经济增加值考核。

（4）2007 年，海尔集团在美国会计学会年会上介绍"人单合一"双赢模式的管理会计创新实践，经过多年探索，在整合多种管理会计工具方法的基础上，海尔集团现已创新发展出共赢增值表的管理会计报告形式。

1.2.2.4 小结和评述

改革开放以来，随着经济转轨发展和国企改革的不断深入，企业竞争日益激烈，信息技术的发展、企业组织结构的变化以及国家治理现代化的大背景下，我国管理会计的应用环境发生重大变化，应用边界不断拓展，各企事业单位对管理会计的应用意识不断增强，管理会计实践不断发展，管理会计工具方法不断创新。目前，包括全面预算管理、平衡计分卡、经济增加值、作业成本法、标准成本法、战略地图等在内的现代管理会计工具方法陆续在我国企业实践中得以运用和发展创新，在 2014 年及其后财政部发布的《关于全面推进管理会计体系建设的指导意见》等一系列管理会计指引体系的引导下，[①] 国家开发银行、中国电信、北汽福田、三一重工等一批企业专门设置了管理会计机构或岗位，积极开展管理会计工作，取得了较好成效；同时管理会计在行政事业单位预算编制、执行、决算分析和评价等工作中也得到了一定应用，一些行政事业单位还建立了适应单位内部财务和业务部门畅通联系的业财一体化信息平台，及时掌控预算执行和项目进度，深入开展决算分析与评价，对预算执行中存在的问题及时提出改进意见和建议。

然而，从一些调查研究结果来看，世纪之交我国企业管理会计实践中尚存在一些问题，我国管理会计在服务经济社会发展，对单位经营情况和支出效益进行深入分析，制定战略规划、经营决策、过程控制和业绩评价等方面，尚未能发挥其应有的作用。暨南大学管理会计课题组（1995）问卷调查显示，虽然其时中国管理会计理论与实践上都取得了一定成绩，但管理会计研究基本处于初级翻译介绍阶段，推广与运用成效并不太理想；孟凡利等（1997）调查显示，企业领导人

---

① 我国 2014 年以来形成的管理会计指引体系相关内容详见第 3 章。

或财务负责人只重视事后的算账、报账工作，不重视管理会计；何建平（1997）对部分国有大中型企业的调查显示，管理会计特别是责任会计在企业得到一定运用，但责任会计职能并没有充分发挥，在很多企业形同虚设，管理会计在中国还没有得到普遍运用；林文雄和吴安妮（1998）对中国 500 家企业总裁的问卷调查显示，中国企业主要在成本会计系统、短期决策制定、资本预算、标准成本核算、管理控制五个领域运用管理会计，而且区域、企业规模和所有权结构差异等因素会影响管理会计方法使用；冯巧根（2002）对 200 家国内企业的问卷调查显示，标准成本法的普及地位没有达到 50%，责任会计（80.5%）、业务预算（79.7%）、存货支出预算（76.3%）、资本预算（66.1%）和绩效评价（64.4%）等普及率较高，但战略成本管理方法、作业成本法、经济增加值、生命周期成本法、目标成本法和质量成本法等新兴管理会计方法尚未能广泛运用。

参考文献

[1][美] S. 保罗·加纳. 1925 年前成本会计的演进[M]. 宋小明，译. 北京：立信会计出版社，2014.

[2][美] 杰罗尔德·L. 齐默尔曼. 决策与控制会计（第六版）[M]. 陈晖丽，刘峰，译. 大连：东北财经大学出版社，2012.

[3] 杜昂. 冶金财会实践与探索[M]. 北京：冶金工业出版社，1998.

[4] 冯巧根. 改革开放 40 年的中国管理会计——导入、变迁与发展[J]. 会计研究，2018（8）.

[5] 冯巧根. 管理会计应用与发展的典型案例研究：一种理论与实践综合的视角[M]. 北京：经济科学出版社，2002.

[6] 胡玉明，叶志锋，范海峰. 中国管理会计理论与实践：1978 年至 2008 年[J]. 会计研究，2008（9）.

[7] 暨南大学管理会计课题组. 中国管理会计：透视与展望[J]. 会计研究，1995（11）.

[8] 姜开齐. 关于车间成本核算问题的研究[J]. 新会计，1951（11）.

[9] 林文雄，吴安妮. 中国管理会计实务调查报告[J]. 会计研究，1998（8）.

[10] 刘运国. 高级管理会计：理论与实务（第 2 版）[M]. 北京：中国人民大学出版社，2018.

[11] 潘飞，王悦，李倩，任雯雯，李刚. 改革开放 30 年中国管理会计的发展与创新——许继电气与宝钢的成本管理实践与启示[J]. 会计研究，2008（9）.

[12] 徐玉德，俞盛新，徐菲菲. 国有企业管理会计应用变迁及展望[J]. 会计之友，2019（12）.

讨论与思考

1. 与西方相比，我国企业管理会计实践发展有何特点？
2. 思考我国管理会计工具方法的演进路径。

第 2 章 国内外管理会计职业组织和管理会计能力素质框架

管理会计实践的发展和演进,离不开相关管理会计职业组织和职业会计师团体的推动。虽然国际会计师联合会(International Federation of Accountants,IFAC)在 1952 年召开的年会上才正式启用"管理会计"这一专业术语,标志着现代管理会计的正式形成,然而美国管理会计师协会(The Institute of Management Accountants,IMA)、英国特许管理会计师协会(The Chartered Institute of Management Accountants,CIMA)、加拿大管理会计师协会(Certified Management Accountants of Canada)、国际会计师联合会下属的财务和管理会计委员会(Financial and Management Accounting Committee,FMAC)等国际会计职业团体在成本会计实务到管理会计实务的演变和发展进程中,不断推动和引导着管理会计实践砥砺前行。针对管理会计实践及其相应对管理会计师提出的职业能力需求,自国际会计师联合会下属的财务和管理会计委员会(FMAC)于 2002 年发布《管理会计实务会计人员及管理会计师的胜任能力档案》后,各管理会计专业机构不断总结和提炼管理会计实践进程中对管理会计师提出的要求,逐步形成并不断完善更新"管理会计职业能力框架",旨在建立一个相对统一的管理会计工作职能标准,以推动和促进管理会计的价值创造和提升本质。

2.1 国外管理会计职业组织及其管理会计能力素质框架

2.1.1 英国特许管理会计师协会及《全球管理会计原则》

2.1.1.1 英国特许管理会计师协会简介

英国特许管理会计师协会是全球大型管理会计师组织之一,其前身是成立于 1919 年的成本会计师协会,总部设在英国伦敦,当时成立该协会的原因是英国会计界已经认识到传统财务会计已经不能满足管理现代企业的需要;1972 年该协会更名为成本和管理会计协会;1986 年再次更名为现在的特许管理会计师协会(CIMA)。CIMA 也是国际会计师联合会(IFAC)的创始成员之一,它专注于管理会计师的培养和发展,认为管理会计师应能综合利用各类数据,为企业的经营和发展提供全面预算、财务分析、绩效评估、风险防范、组织管理和商业策略等方方面面的重要信息和切实方案。2012年初，英国特许管理会计师协会（CIMA）和美国注册会计师协会（American Institute of Certified Public Accountants，AICPA）联合推出全球特许管理会计师（Chartered Global Management Accountant，CGMA）的称号。2016年6月18日，CIMA和AICPA共同宣布联手创建全新会计协会。

2.1.1.2 《全球管理会计原则》

2014年，CIMA与AICPA共同发布《全球管理会计原则（征求意见稿）》，并于2014年10月公开发布《全球管理会计原则》（Global Management Accounting Principles，GMAP），提供了相对统一的管理会计框架和工作指引，这是全球第一个针对管理会计活动而制定的应用原则，旨在为全球管理会计活动实践提供指导，以期解决当前不同组织间管理会计实践模式各不相同以及相关作用不齐等问题，从而提升组织在复杂多变的商业环境以及信息过载背景之下的决策能力和水平，促进管理会计的发展，实现组织的价值提升和可持续发展。《全球管理会计原则》发布之前，CIMA和AICPA委托独立研究公司"Longitude Research"对35个国家1 100多位企业高管进行了一项调查，结果显示：91%的受访者认为，需要建立通过分析财务及非财务信息而洞察的流程以支持决策；89%的受访者认为，与财务部门合作建立高效决策流程，可以在未来更好地管理企业。该项调查的受访者普遍认为，对企业成功具有极大影响的事情是反思决策，以及加大对员工的授权使其自主决策，然而大多数组织缺乏保证决策质量的决策框架。[①]《全球管理会计原则》的发布填补了这一方面的空白，其提供的原则框架能够指导管理会计师参与组织相关决策，从而为组织设立管理会计工作职能标准提供依据和基础。《全球管理会计原则》明确提出，虽然管理会计原则无法单独解决组织所面临的各式各样的问题，但它可以为组织管理者提供一种能够帮助研发和推广组织战略的工具。

2.1.1.3 全球管理会计的四大原则

CIMA认为，管理会计是"为组织创造价值和保值而收集、分析、传递和使用与决策相关的财务和非财务信息"。[②] 全球管理会计的四个原则，分别聚焦于四个结果，不仅是实现管理会计目标的关键因素，而且在组织目标与管理会计实践之间架起一道桥梁，促进各组织高效发挥管理会计职能。

（1）影响力：沟通。影响力原则的目的在于驱动组织对战略做出更好的决策，并全方位贯彻执行。管理会计始于沟通，止于沟通。通过有洞察、有影响的沟通，可以提供有影响力的建议，提高各级组织部门的决策能力。

---

① 《全球管理会计原则》发布，http://finance.china.com.cn/roll/20141119/。
② CIMA & AICPA. 全球管理会计原则[R]. 2014.

（2）相关性：信息。相关性原则的目的在于帮助组织识别、收集、确认、准备和存储制定战略和执行战术所需要的各类相关信息。该原则要求在以下三类信息之间做出恰当权衡，并注意信息的可靠性与可掌握性。

第一，过去、现在和未来信息。第二，组织内部和外部信息。第三，财务和非财务信息（包括环境和社会问题）。

（3）价值量：因果关系。价值量原则的目的在于描述管理会计和商业模式之间的关系，通过模拟不同场景，说明投入和产出之间的因果关系，从而分析战略对于组织价值创造的影响。

（4）信任度：与顾客一起创造价值。如果说影响力、相关性和价值量三个原则是应用于管理会计学科领域的原则，那么信任度原则则是基于管理会计职业人员的个人行为应用，其目的在于积极维护各种人际关系和客户资源。信任度原则要求管理会计人员要恪守职业道德，恰当履行受托责任，建立相互信任。

2.1.1.4　全球特许管理会计师（CGMA）职业能力框架

将全球管理会计原则应用到管理会计师职业能力要求中，即形成了全球特许管理会计师的职业能力框架。CGMA 管理会计职业能力框架，从本质上看偏向于宏观，强调了业务、财务与一系列软技能。管理会计职能和作用与组织一起随社会经济发展而发展，与之相适应，管理会计能力框架也随社会经济环境发展而不断改进，CGMA 管理会计职业能力框架，截至目前已经发布了两个版本，即 2014 年版和 2019 年版，其间存在一定差异，反映了经济环境发展对管理会计师职业能力素质要求的提升。

（1）2014 年版管理会计职业能力框架。2014 年版的《CGMA 职业能力框架》包含在《全球管理会计原则》中，该框架要求一个合格的管理会计师应具备四项技能。

第一，专业技能，是指应用会计和财务方面的专业技能。

第二，商业技能，是指商业环境方面的技能。

第三，领导技能，是指在组织中能够发挥领导作用的技能。

第四，人际技能，是指能够对决策、行动和他人行为起影响作用的技能。

除上述四项技能外，CIMA 认为伦理、操守与职业化是管理会计师必备的底线职业能力。2014 年版管理会计职业能力框架表明，专业技能是管理会计师必备的硬技术，但领导力、人际技能等软技能也同样重要。

（2）2019 年版管理会计职业能力框架。数字化时代的到来，对管理会计师应具备的技能提出新的要求，CIMA 与 AICPA 在 2019 年联合发布 2019 年版《全球特许管理会计师（CGMA）职业能力框架》，此次发布的职业能力框架在 2014 年版管理会计职业能力框架的基础上添加数字技能，形成管理会计师职业能力框架五要素模型，其间关系如图 2-1 所示，并细化了各技能应具备的具体知识和能力，同时每个技能均对应基础级、中级、高级和专家级四个层次标准。

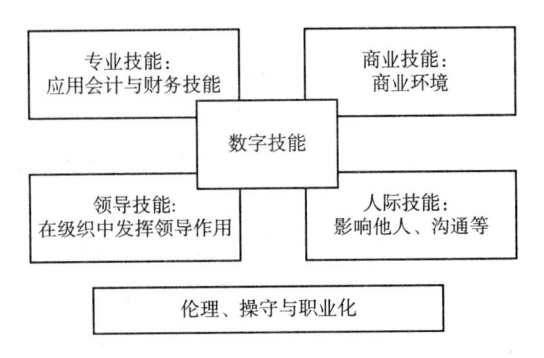

```
┌─────────────────┐         ┌─────────────────┐
│ 专业技能：      │         │ 商业技能：      │
│ 应用会计与财务技能│       │ 商业环境        │
└─────────────────┘ ┌─────┐ └─────────────────┘
                    │数字技能│
┌─────────────────┐ └─────┘ ┌─────────────────┐
│ 领导技能：      │         │ 人际技能：      │
│ 在组织中发挥领导作用│     │ 影响他人、沟通等 │
└─────────────────┘         └─────────────────┘

        ┌─────────────────────┐
        │ 伦理、操守与职业化  │
        └─────────────────────┘
```

图 2-1　CGMA 管理会计能力素质框架

第一，专业技能，主要包括的知识和能力有：财务会计与报告；成本会计与管理；商业规划；管理报告与分析；公司理财与财资管理；风险管理与内部控制；会计信息系统；税务策略、筹划与合规。

第二，商业技能，主要包括的知识和能力有：战略；商业模式；市场和监管环境；流程管理；商业关系；商业生态系统管理；项目管理；宏观经济分析。

第三，人际技能，主要包括的知识和能力有：影响力；谈判与决策；沟通；协作与合作。

第四，领导技能，主要包括的知识和能力有：团队建设；辅导与指导；推动绩效；激励与鼓舞；变革管理。

第五，数字技能，主要包括的知识和能力有：信息与数字素养；数字内容创作；问题解决；数据战略与规划；数据分析和数据可视化。

2.1.1.5　全球管理会计原则在 14 个组织管理领域的应用：管理会计师可以起到的作用

组织在创造价值的同时，需要管理、控制成本和风险，管理会计在不同的组织管理领域均有着不可或缺的重要作用，而管理会计职能的执行者——管理会计师在其间起到不可替代的作用。《全球管理会计原则》中总结了四大原则在成本改造与管理、对外报告等 14 个组织管理领域中的应用，具体如下。

（1）成本改造与管理领域。在成本改造与管理领域，管理会计师应能理解相关组织范围内组织的成本动因，帮助组织提升价值链效率，确定组织相关部门的成本目标。

（2）对外报告领域。在对外报告领域，管理会计应将对外财务报告看作一项价值创造活动，结合战略目标向董事会提交日常报告，确保对外报告符合法规和公司治理要求。

（3）财务战略领域。在财务战略领域，管理会计应致力于寻找高效资金来源，合理进行投资评估，设计并执行股利政策，营运资金管理，优化资本结构。

（4）内部控制领域。在内部控制领域，管理会计应能管理、监督、报告组织内部控制系统的框架、流程和步骤，并基于此提供组织资源安全的保障。

(5) 投资评价领域。在投资评价领域,管理会计应能评价特定投资项目对组织可计量价值的确定性影响,理解和分析评估所有需要考虑的风险因素,为决策者提供明确的"选择或放弃"意见。

(6) 管理与预算控制领域。在管理与预算控制领域,管理会计应能根据组织目标,监督和报告组织财务和经营业绩。

(7) 定价、折扣和产品决策领域。在定价、折扣和产品决策领域,管理会计应能:第一,通过分析目标市场,确定目标价格、边际成本、目标成本,继而以符合市场规律的方式优化产品、客户和渠道;第二,理解制定价格所需要考虑的相关现金流;第三,了解商业模式、目标产品或服务、目标市场定位;第四,将复杂数字转化为可理解建议,帮助企业在特定产品和服务间合理分配资源。

(8) 项目管理领域。在项目管理领域,管理会计应能:第一,为项目计划、预算和开支提供财务监督;第二,确保项目获得充足资源,满足组织战略目标的需求;第三,沟通项目进程,以使利益相关者接受该项目。

(9) 守法与合规领域。在守法与合规领域,管理会计应能:第一,监督组织所处的法律法规环境,理解组织现在及未来的发展及其对组织的潜在影响;第二,计算和评估守法和违法成本;第三,确保组织程序符合法律条文及立法精神。

(10) 资源管理领域。在资源管理领域,管理会计应能:第一,考虑可获得资源的优先次序;第二,提供突出需求、汇报和选择的资源地图;第三,理解不同资源分配方案的机会成本和比较优势。

(11) 风险管理领域。在风险管理领域,管理会计应能:第一,识别和确认组织面对的风险,并结合相应风险大小、组织规模及环境提出恰当的应对措施和建议;第二,在组织中嵌入风险管理思维,并将之贯穿于组织的计划与业绩过程;第三,帮助非财务人员评估各种风险发生的可能性、影响以及恰当的应对措施。

(12) 战略性税收管理领域。在战略性税收管理领域,管理会计应能:第一,提出集团内部转移定价建议;第二,分析收购和兼并过程中的税务影响;第三,计算资本预算中的税务影响;第四,符合组织伦理。

(13) 司库与现金管理领域。在司库与现金管理领域,管理会计应能:第一,满足司库人员对资产负债表和现金流量表的信息需求;第二,提供精确的现金流预测;第三,管理财务风险。

(14) 内部审计领域。在内部审计领域,管理会计应能:第一,通过对内部审计和控制职能的成本效益分析,促进内部审计保证职能的有效性;第二,激励对组织会计和内部控制系统进行持续评价和验证。

2.1.2 美国管理会计师协会及其管理会计能力素质框架

2.1.2.1 美国管理会计师协会简介

美国管理会计师协会(IMA),成立于1919年,由美国成本会计师协会

(NACA)衍生而来,总部设立在美国新泽西州,是美国反虚假财务报告委员会下属发起人委员会(Committee of Sponsoring Organizations of the Treadway Commission,COSO)的创始成员及国际会计师联合会(IFAC)的主要成员,IMA在管理会计、公司内部规划与控制、风险管理等领域均参与全球前沿实践。1972年,美国管理会计师协会(IMA)创立专业资格——美国注册管理会计师(Certified Management Accountant,CMA)。

2.1.2.2 IMA管理会计胜任能力框架

自2010年美国管理会计师协会(IMA)与美国会计学会(American Accounting Association,AAA)联合发布的《IMA—AAA会计师综合胜任能力框架》中开始体现对管理会计师的能力胜任要求以来,IMA管理会计胜任能力框架随着经济环境的发展而不断发展,目前形成管理会计能力素质六要素框架。

(1) 2010年版《IMA—AAA会计师综合胜任能力框架》。2010年,美国管理会计师协会(IMA)与美国会计学会(AAA)管理会计分会联合成立"会计课程开发任务小组",任务小组在综合了国际会计师联合会(IFAC)及国际主要会计职业团体的会计师职业胜任能力框架的基础上,设计并联合发布《IMA—AAA会计师综合胜任能力框架》,与之前会计师职业胜任能力框架有所不同的是,《IMA—AAA会计师综合胜任能力框架》尤其凸显了对管理会计的能力胜任要求,该框架认为会计师职业能力包括以下三个模块。

第一,基本技能,主要包括的知识和能力有:沟通能力;数理能力;分析与解决问题能力;人际关系处理能力;技术能力等基本能力。

第二,一般管理能力,主要包括的知识和能力有:商业领域领导力;伦理与社会责任意识;流程管理能力;公司治理与风险控制;其他核心商业技能(如人力资源管理、投资管理、市场营销等)。

第三,会计技能,主要包括的知识和能力有:外部报告与分析;计划、分析与控制;税收、遵循与筹划;信息系统;鉴证与内部控制;职业价值、道德与态度。

(2) 2016年版《IMA管理会计胜任能力框架》。2016年,IMA正式发布《IMA管理会计胜任能力框架》,其中定义管理会计胜任能力框架由下述五个方面核心能力28个具体胜任能力构成,每个领域对应受限级、基础级、应用级、熟练级以及专家级五个层级的标准。

第一,规划和报告能力。该方面应具备的核心能力是:洞察未来、衡量绩效以及报告财务业绩。主要包括的具体胜任能力和知识有:财务报表编制;会计记账;战略与战术规划;预测;编制预算;绩效管理;成本会计与管理;内部控制;税务会计、管理与筹划。

第二,制定决策能力。该方面应具备的核心能力是:指引决策、管理风险以及建立道德环境。主要包括的具体胜任能力和知识有:财务报表分析;公司理财;经营决策分析;企业风险管理;资本投资决策;职业道德。

第三,技术能力。该方面应具备的核心能力是:管理技术和信息系统,以驱动有效运营。主要包括的具体胜任能力和知识有：管理企业资源规划系统和总账系统的能力；运用信息系统和软件的能力。

第四，运营能力。该方面应具备的核心能力是：作为跨职能的商业伙伴，助力组织运营转型。主要包括的具体胜任能力和知识有：特定行业知识；运营知识；质量管理和持续改进能力；项目管理能力。

第五，领导能力。该方面应具备的核心能力是：与他人合作，激励启发团队达成组织目标。主要包括的具体胜任能力和知识有：激发与激励他人；沟通；变革管理；人才管理；协作与团队管理；谈判；冲突管理。

IMA 亚太区总监白俊江认为，管理会计能力素质框架应能确保管理会计人员具有满足组织管理所需要的全面素质，上述能力素质框架中，"规划与报告能力"和"制定决策能力"是管理会计的专业知识，"信息技术"是管理会计的基本工具，业务和财务融合是管理会计发挥作用的基本条件，管理文化的建立是实现管理会计健康发展的环境要素。①

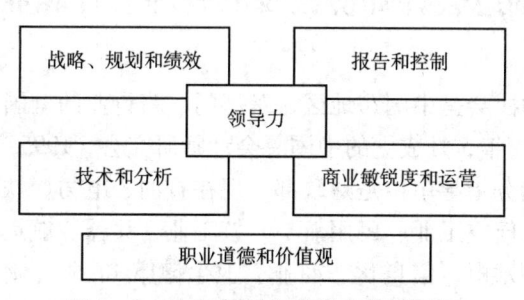

（3）2019 年版《IMA 管理会计能力素质框架》。数字化时代的技术冲击在重新定义管理会计师所能起到作用的同时，显著改变着商业发展前景和管理会计理论与实践。面对新的经济技术环境下管理会计师所需要具备的新兴能力，2018 年 6 月，IMA 发布关于新版管理会计能力素质框架的征求意见稿，2019 年正式发布新版管理会计能力素质框架，及时更新了管理会计能力的素质框架。新版管理会计能力素质框架定义管理会计师应具备六个方面的核心知识、技能和能力，共计 33 个具体素质能力，每个方面的核心知识、技能和能力分别对应入门级、初级、中级、高级和专家级五个层次，反映了管理会计师应对未来挑战应具备的多种技能和素质，其中，最显著的更新为"技术和分析"领域，新增"职业道德和价值观"核心能力，从而形成管理会计能力素质六要素的大致框架，它们之间关系如图 2-2 所示。

图 2-2 IMA 管理会计能力素质框架

第一，战略、规划和绩效方面的知识、技能和能力。本部分的核心技能属于愿景方面的能力素质，主要应用于预见未来、领导策略计划进程、引导决策、管理风险以及监控业绩的相关管理领域。主要包括的具体胜任能力和知识有：战略

---

① 资料来源：2016 年 11 月 8 日，美国管理会计师协会（IMA）主办 "2016 年 IMA 管理会计高峰论坛" 暨《管理会计能力素质框架》发布会。

和战术规划；决策分析；战略成本管理；资本投资决策；企业风险管理；预算和预测；公司理财；绩效管理。

第二，报告和控制方面的知识、技能和能力。本部分的核心技能属于监督方面的能力素质，主要应用于按照相关标准及制度，衡量并报告组织业绩的相关管理领域。主要包括的具体胜任能力和知识有：内部控制；财务记录；成本核算；财务报表编制；财务报表分析；税务合规及筹划；企业整合报告。

第三，技术和分析方面的知识、技能和能力。本部分的核心技能属于数字赋能方面的能力素质，主要应用于为促进组织成功而进行管理技术和分析数据的相关管理领域。主要包括的具体胜任能力和知识有：信息系统；数据治理；数据分析；数据可视化。

第四，商业敏锐度和运营方面的知识、技能和能力。本部分的核心技能属于合作方面的能力素质，主要应用于作为跨部门商业合作伙伴对公司运营实行变革的相关管理领域。主要包括的具体胜任能力和知识有：行业特定知识；运营知识；质量管理和持续提升；项目管理。

第五，领导力方面的知识、技能和能力。本部分的核心技能属于激励方面的能力素质，主要应用于与其他部门合作、鼓励团队实现组织目标的相关管理领域。主要包括的具体胜任能力和知识有：沟通技巧；激励和启发他人；协作、团队合作和关系管理；变革管理；冲突管理；谈判；人才管理。

第六，职业道德和价值观方面的知识、技能和能力。本部分的核心技能属于指引方面的能力素质，主要应用于展现可持续性商业模式中所必需的职业价值观、道德行为以及遵纪守法的相关管理领域。主要包括的具体胜任能力和知识有：职业道德行为；识别并解决不道德行为；法律法规要求。

2.2 中国总会计师协会及其管理会计职业能力框架

中国总会计师协会是中国跨地区、跨部门、跨行业的全国非营利一级社团组织，其前身是1990年5月成立的中国总会计师研究会，1995年10月更名为中国总会计师协会，业务指导单位是财政部。现在石油、电力、铁道、航天行业、纺织、民营、电信、航空工业、民用航空、核工业、兵器、航运物流、电子、地质勘查、轻工、水利水电、信息化、商业、卫生健康17个行业设有分会，涵盖了国民经济的主要行业。2015年，中国总会计师协会成立会计师分会、管理会计分会、代理记账行业分会和南京代表处。自财政部发布《关于全面推进管理会计体系建设的指导意见》后，经政府采购程序，2015年财政部委托中国总会计师协会对管理会计能力框架及人才评价体系进行系统研究，历经4年的探索、调研、凝练和总结，于2019年发布《中国管理会计职业能力框架》行业标准，同时，鉴于我国独特的会计师制度背景，对总会计师层次单独发文具体规范能力框架要求，形成《中国总会计师（CFO）能力框架》。

2.2.1 中国管理会计职业能力框架

2019年3月25日,中国总会计师协会发布《关于发布〈中国管理会计职业能力框架〉团体标准的通知》,《中国管理会计职业能力框架》成为一项行业标准,编号为:T/CACFO004—2019,《中国管理会计职业能力框架》团体标准规定了管理会计职业能力的等级和要求,将管理会计职业能力分为专业能力和综合能力两大类,其中,专业能力包括财务会计能力和管理控制能力,综合能力包括创新能力和领导力,并指出管理会计职业能力应该建立在职业道德与行为规范基础之上。表2-1列示了中国管理会计职业能力框架的具体构成。同时,该能力框架还对职业能力要求按照初级、中级、高级和特级四个层次进行划分,特级职业能力高于高级,其能力素质强调具备对宏观经济形势的分析、判断能力,并对应具备的职业能力素质只作总体性描述,不作具体说明。

表2-1 中国管理会计职业能力框架要素分解

		分类	
中国管理会计职业能力框架	专业能力	财务会计能力	
		管理筹划能力	战略管理能力
			预算管理能力
			成本管理能力
			营运管理能力
			绩效管理能力
			投融资管理能力
			风险管理能力
			管理会计报告能力
	综合能力	创新能力	思维创新能力
			信息技术应用能力
			管理会计工具方法创新
		领导力	沟通协调能力
			团队建设能力
			组织能力
	职业道德与行为规范: 践行社会主义核心价值观,树立新发展理念; 爱岗敬业,坚守诚信原则,提供真实、准确的管理和会计信息,如实反映、报告单位财务状况与经营业绩; 维护单位的合法权益,保守工作秘密,积极促进所在单位承担必需的社会责任; 在与道德规范冲突的情况下,不以牺牲道德规范为代价达到个人或单位的目的; 廉洁自律,不参与舞弊或行贿、受贿等		

资料来源:根据《中国管理会计职业能力框架》团体标准编制。

2.2.2 中国总会计师能力框架

中国总会计师在推动经济转型、社会变革中处于重要位置，是企业单位、行政事业单位治理体系的关键因素之一。2019 年 8 月 27 日，中国总会计师协会发布《中国总会计师（CFO）能力框架》，旨在为提升中国总会计师的履职能力提出方向和路径。中国总会计师作为单位的价值工程师和价值整合者，履职以"价值创造、管理风险"为总目标，最终目标是通过管理风险降低价值损失，实现单位可持续的价值创造，其应具备下述四大类能力共计 23 个具体能力要素。

(1) 道德遵从能力。道德遵从能力是总会计师应具备的根本能力，是指总会计师切实遵从总会计师履职必须遵从的道德规范准则，并将其贯穿于单位实践中的能力。道德遵从能力具体包括的能力要素有：诚信操守；合规管理；受托责任；道德遵从前提下的价值创造；相关利益平衡。

(2) 专业能力。专业能力是中国总会计师应具备的基本能力，是指总会计师本身应具备的专业背景和素质。专业能力要求总会计师本身是财会专业的综合型实践专家，还要求总会计师具备相应的管理协调能力和专业决策能力。专业能力具体包括的能力要素有：预算管理能力；成本管理能力；绩效管理能力；投融资管理能力；风险管理能力；数据治理能力；信息披露能力；纳税筹划能力。

(3) 组织能力。组织能力（即前述国外机构管理会计能力框架中的"领导力"）是总会计师应具备的必要能力，是指能胜任总会计师岗位的管理能力，以及作为领导者的个人性格特征。组织能力具体包括的能力要素有：沟通协调能力；团队管理能力；机制设计创新能力；学习能力；冲突管理与自我控制能力。

(4) 商业能力。商业能力（即商业合作伙伴能力）是总会计师应具备的前瞻能力，是指总会计师作为单位主要负责人的商业合作伙伴应当具备丰富的商业能力，包括对宏观环境、行业趋势、自身业务洞察，以及与单位主要负责人及领导团队、业务团队的协作。商业能力具体包括的能力要素有：环境洞察能力；战略管理能力；商业模式构建能力；跨组织价值创造能力；信息系统构建能力。

2.3 关于管理会计师能力的进一步思考

王立彦（2014）在《成本与管理会计（第 15 版）》的"代译者前言"中提出，"放眼全球，管理实践中几乎没有哪个企业或非营利组织，在设置内部会计机构时分设财务会计、管理会计。因为在实践中，会计核算基础是统一的，依据统一的基础数据，加工衍生出服务于外部信息使用者的财务会计报告、服务于内部管理用途的管理会计报告。"[①] 事实上，19世纪，世界上基本不存在发达的证券市场，1925年以前西方的会计实务基本上都是管理会计实务。然而，20世纪西方证券市场的蓬勃发展，以及由此衍生的旨在保护处在企业经营管理活动之外的中小投资者等企业外部利益相关者的要求，越来越多的对外会计报告准则和标准相继出现（如美国财务会计准则、国际会计准则等），以尽力确保相关财务信息真实可靠，对于会计来说，这些要求使诸多企业将注意力集中在编制对外财务报告上，而不是将精力用于改善为企业内部管理决策和控制提供服务的会计信息。结果是，面对日新月异的技术进步和激烈的市场竞争，大多数企业中的管理会计信息系统显得十分薄弱，管理会计职能弱化，管理会计学家约翰逊和卡普兰（Johnson and Kaplan）在20世纪80年代甚至提出"管理会计相关性消失"的惊呼![②]

2.3.1 会计师与管理会计师的职责

对外行人说，会计师好像"数字人"，大多数会计师都是业务熟练的财务经理，然而，从会计本质来讲，会计师的技能并不应仅仅是这些数字游戏，成功的管理会计师拥有一些远远超出基本分析能力的技能和特征。亨格瑞（Horngren，2011）认为，除了能够在技术上胜任管理会计工作之外，管理会计师必须在跨职能团队中工作，作为业务伙伴，管理会计师要能够做到下述四项工作职责。

（1）管理会计师必须能够促进基于事实的分析，依据实际做出关键判断。特别是在编制预算时，管理会计师必须能够提出一些棘手问题促进管理者深入思考，旨在提升决策水平。

（2）管理会计师必须能够领导和激励人们进行改变和创新，将业绩与变革挂钩，引入激励薪酬以鼓励员工推动创新。

（3）管理会计师必须能够清晰、公开、坦诚地沟通，传递信息是管理会计师工作的一个重要组成部分。

（4）管理会计师必须有强烈的正直感，不能屈从于管理者压力而操纵财务信息。

本章对国内外管理会计职业组织及其构建的管理会计职业能力框架的梳理表明，进入21世纪以来，"管理会计相关性消失"已引起国内外会计实务界的重视，会计师的业务技能不应仅仅局限于对外报账的财务会计所需的核算和监督技能，卡普兰和阿特金斯（Kaplan and Atkinson，2012）提出，会计师"不再仅是企业过去经营业绩的簿记者，他们已成为企业管理队伍中增加企业价值的成员，

---

① [美]查尔斯·T.亨格瑞等.成本与管理会计（第15版）[M].王立彦，刘应文，译.北京：中国人民大学出版社，2014.
② [美]托马斯·约翰逊，罗伯特·卡普兰.管理会计兴衰史——相关性的遗失[M].金马工作室，译.北京：清华大学出版社，2004.

为提高企业经营效率提供重要信息,与管理者一道规划并执行企业的新战略"。可见,卡普兰和阿特金斯所指的会计师,其工作职责兼具财务会计和管理会计,会计师本就在会计实践中担任着管理会计工作,在监督和核算之外行使着会计管理职能。

2.3.2 管理会计师层级和核心胜任能力

企业规模不同,管理岗位层级不同,对会计管理职能需求也不同,不管是会计理论、会计实践还是会计教育,随着不同岗位和级别不断变化的是相关知识的深度和广度,而不变的是会计职业的核心胜任能力和职业道德水平。从国内外各职业团体发布的管理会计职业能力框架来看,如前所述,不管是CGMA的五要素能力框架(包含专业技能、商业技能、人际技能、领导技能、数字技能)、IMA的六要素能力框架(包含战略、规划和绩效能力,技术和分析能力,报告和控制能力,商业敏锐度和运营能力,领导能力,职业道德和价值观),还是中国管理会计的二要素能力框架(包括专业能力和综合能力),管理会计的核心胜任能力要素不变,即专业能力和一般管理能力保持不变,变化的有:(1)随商业环境和技术环境变化而不断发展的管理会计师的新兴能力。(2)相应不同层级管理会计人员对知识和技能的由低到高的不同要求。[①]

2019年,中国总会计师协会相继发布《中国管理会计职业能力框架》团体标准和《中国总会计师(CFO)能力框架》,不仅对管理会计师依据初级、中级、高级和特级四个层次分别对应的职业能力要素做出具体描述,而且《中国总会计师(CFO)能力框架》特别指出,总会计师的专业能力要求总会计师本身不仅是财会专业的综合型实践专家,而且应具备相应的管理协调能力和专业决策能力。

2.3.3 国际上注册会计师与管理会计师的合作

从2010年IMA与AAA联合制定并发布《IMA—AAA会计师综合胜任能力框架》,到2012年国际两大会计职业团体英国特许管理会计师协会(CIMA)与美国注册会计师协会(AICPA)组建成立全球特许管理会计师(CGMA),再到此后发生的2013年加拿大注册管理会计师协会(CMA)与加拿大特许会计师协会(CA)、加拿大注册会计师协会(CGA)合并,成立加拿大特许专业会计师协会(CPA Canada)。国际上出现的趋势是:管理会计师与注册会计师趋于合作甚至合并,将原本泾渭分明的注册会计师与管理会计师行业进行了横向整合,不仅促进了管理会计职业的全球化发展,也为注册会计师管理技能的培养提供了更高的平台。

---

① CGMA职业能力框架中对应四个层级,IMA管理会计能力素质框架中对应五个层级。

本章附录：21世纪以来国内外职业组织对会计人才能力框架的研究结果

21世纪以来，国内外职业组织及相关学者对会计人才能力框架的研究结果，均体现了会计职业界在信息化环境下对会计人才职业能力需求出现由基于核算的报账型会计到向管理型会计转变的趋势，体现了职业会计师能力素养中一般管理能力的普及化要求。

附录Ⅰ 国外相关职业组织对会计人才能力框架的研究成果

能力框架是能力培养的基础，而能力要素在实际工作中体现为职业胜任能力。国外从20世纪80年代即开始对会计人员职业能力进行系统研究，其对职业会计师能力框架的研究比较成熟，例如美国注册会计师协会（AICPA）1999年发布的《进入会计职业的核心胜任能力框架》，英国特许会计师协会（ACCA）1998年发布的《职能图：胜任能力框架与会员胜任能力》，以及加拿大注册会计师协会（CGA）2000年发布的《加拿大注册会计师胜任能力框架》，国际会计师联合会（IFAC）发布的《成为胜任的职业会计师》等。表2－2总结描述了国内外职业机构对会计人才能力框架的研究结果。如表2－2所示，这些不同的能力框架基本达成一致结论：职业会计师的职业能力应由专业知识、专业技能和职业价值观三个方面构成。但由于这些国外研究主要针对的是注册会计师这一专业领域的职业会计师职业能力，故而不涉及不同层次会计人员能力框架。AICPA的核心能力框架中虽没有突出管理会计技能，但可以看出，管理会计在功能性技能、个人能力与一般商业视野中都能发挥作用。2013年，ACCA新的胜任能力框架中，"可持续管理会计要素"是关键组成部分。

表2－2　　　国内外职业组织对会计人才能力框架的研究结果

年份	机构	文件名称	能力框架概述
1999	美国注册会计师协会（AICPA）	进入会计职业的核心胜任能力框架	三种胜任能力： (1) 功能性胜任能力，包括决策模型；风险分析；计量；报告；发展和加强功能性胜任能力的有效技术。 (2) 个人胜任能力，包括职业风度；问题解决与决策制定；协作；领导；沟通；发展和加强个人胜任能力的有效技术。 (3) 商业技能，包括战略/批判性思维；行业/部门视野；全球/国际视野；资源管理；法律/规章视野；市场和客户关注度；发展和加强商业视野的有效技术

续表

年份	机构	文件名称	能力框架概述
2013	英国特许会计师协会（ACCA）	ACCA胜任能力框架	十要素，包括：公司报告；领导管理；战略革新；财务管理；可持续管理会计；税务；审计和鉴证；风险管理和控制；利益相关者关系管理；职业与道德规范
2013	加拿大特许专业会计师协会（原CGA）	专业胜任能力框架	(1) 五个基础性能力领域，包括：专业和道德行为；解决问题与决策；沟通；自我管理；团队合作与领导力。 (2) 六个技术性性能力领域：财务报告；战略与治理；管理会计；审计与认证；财务管理；税法
2007	中国注册会计师协会（CICPA）	中国注册会计师胜任能力指南	(1) 八个专业知识，包括：会计；审计；财务；税务；相关法律；组织和企业；信息技术；其他相关知识。 (2) 三个专业技能，包括：智力、技术和应用；个人、人际和沟通；组织和企业管理技能等。 (3) 职业价值观、道德与态度，能够明显表现职业行为和特征的道德原则
2003	国际会计师联合会（IFAC）	成为胜任的职业会计师（IEP2）	(1) 八个专业知识（技术胜任能力），包括：财务报表审计；财务会计和报告；治理和风险管理；商业环境；税务；信息技术；商业法律法规；财务和财务管理。 (2) 三个专业技能（职业技能），包括：知识；人际交流；个人自律和组织。 (3) 三个职业价值观、伦理和态度，包括：致力公共利益；职业怀疑态度及职业判断；伦理原则
2009	国际会计师联合会（IFAC）	IEP2（修订）	十九个专业知识，包括： 会计、财务与相关知识（财务会计及报告）；管理会计及控制；税收；企业和商业法律；审计和认证；金融和财务管理；职业价值及道德；组织和企业知识；经济学；企业环境；企业管理；商业道德；金融市场；定量方法；组织行为；管理和战略决策；市场营销；国际企业和全球化；信息技术知识（IT一般知识；IT控制知识；IT控制胜任能力；IT使用胜任能力；信息系统管理能力）

资料来源：根据相关文献资料分析整理编制。

附录Ⅱ 我国学者对会计师职业能力框架的研究成果

我国从21世纪初开始认识到厘清会计人员能力框架的重要性并进行系统研究，除中国注册会计师协会（CICPA）2007年颁布的《中国注册会计师胜任能力指南》外，如表2-3所示，我国对除注册会计师职业领域外的会计人才职业能力予以细致而深入的研究，并取得较为丰硕的成果。刘玉廷（2004）提出，高级会计人才应具备的五种能力；许萍和曲晓辉（2005）认为，随着企业经营环境和企业目标的变化，企业高级会计人才的工作重心会从财务转向战略，其能力也会由侧重财务向侧重经营转变,并基于国际会计师联合会(IFAC)的研究成果,采用基于胜任能力的方法研究了高级会计人才的能力框架,将高级会计人才的职业能力解构为知识、技能和职业价值三个模块;周宏等(2007)针对初级、中级、高级会计人才,提出了分层次的会计人才职业能力框架。这些研究成果表明,中高级会计人才职业能力中,分析、管理、组织、协作、决策、领导、战略规划、灵活性和创造性等与管理和控制相关的能力越来越重要。

表2-3　　　　　　　　21世纪我国关于能力框架研究成果一览

年份	作者	研究结论
2004	刘玉廷	高级会计人员须具备五个方面的职业能力：一定的政策水平；会计政策的职业判断力；组织和实施内部控制的能力；财务管理的能力；综合运用财务会计信息为管理决策提供意见和建议的能力
2004	邓传洲 赵春光 郑德渊	(1) 我国会计人员能力框架分为注册会计师能力框架和学位会计人员能力框架。 (2) 学位会计人员能力框架可分为会计岗位资格、会计专业技术资格和会计从业资格的能力框架
2005	许萍 曲晓辉	将高级会计人才的职业能力分为三个模块。 (1) 知识。包括战略管理、公司治理、风险管理、公司理财、会计与相关知识、信息技术、外语、价值管理、经济学、行为学、统计学、国际商务等。 (2) 技能。包括解决问题能力、开拓创新能力、领导能力、沟通协调能力、团队精神、获取新知识能力、国际竞争能力、逻辑思维能力、灵活性等。 (3) 职业价值。包括遵循法律法规与职业道德、诚信、客观、保密、社会责任、终身学习、政策水平等
2007	周宏 张巍 宗文龙	(1) 初级：业务操作型，职业能力注重执行能力、学习能力和原则性；知识包括财务会计与报告、管理会计、审计、一般商业知识、信息技术知识、税务；技能包括观察能力、承受与应变能力、分析判断能力；价值观包括遵循法律法规与职业规范，客观、独立、公正，致力于终身学习。 (2) 中级：会计主管型，职业能力注重分析能力、管理能力、协作能力和灵活性；知识包括项目管理，计划、分配与管理资源，业绩评价与监督；技能包括沟通协调能力，问题解决能力，策划能力；价值观包括财务信息保密，不提供虚假财务信息。 (3) 高级：经营管理型，职业能力注重决策能力、领导能力、战略规划能力和创造性；知识包括组织与战略领导、决策模型、公司治理、风险分析；技能包括政治与商业视野、系统分析能力、团队建设能力、人才培养能力；价值观包括维护公司正当权益，不参与舞弊或行贿受贿，关注公众利益和承担社会责任
2014	刘玥 黄莉 杨丹	基于国际会计师联合会(IFAC)的相关成果，解构职业会计师胜任能力，提出强调个体的综合素质与能力培养是提高中国会计师职业能力的一个切实可行的方案，在学习过程中应强调全面发展理念，包括系统学习会计、商业环境、信息技术、法律、税务等多方面的综合知识，重视人际交流、个人(自律)和组织的能力培养，重视职业道德教育
2017	王开田 胡晓明	高素养会计人才能力框架：五能并重，即信息技术能力、职业适应能力、表达展示能力、沟通协调能力、创新创业能力

资料来源：根据相关文献资料分析整理编制。

迈入新时代的中国，随着信息技术的快速发展，传统会计核算工作逐渐被计算机替代，随着会计职能由"核算和监督"向"管理和控制"的迁移，初级会计核算人才市场需求越来越小，新时代需要的是管理型中高级会计人才。刘玥（2014）通过解构国际会计师联合会（IFAC）的职业会计胜任能力的研究成果，明确提出，要提高中国会计师职业能力，需要强调个体的综合素质与能力培养，在学习过程中强调全面发展理念，系统学习会计、商业环境、信息技术、法律、税务等多方面综合知识，重视人际交流、个人（自律）和组织的能力培养，重视职业道德教育；王开田和胡晓明（2017）提出，高素养会计人才的"五能并重"能力框架，包括信息技术能力、职业适应能力、表达展示能力、沟通协调能力以及创新创业能力。

如表2-3所示，我国会计界关于会计人才能力框架研究成果的进展，反映出当代社会经济环境下会计人员职业胜任能力框架的变迁，在初级业务操作型会计人才基本要被信息技术替代的社会发展趋势下，会计人才培养必定要超越会计专业知识的限制，顺应会计职能转型，凸显会计管理作用，由此也与世界范围内管理会计能力框架研究兴起殊途同归。

参考文献

[1] CIMA & AICPA. 全球管理会计原则.

[2] CGMA. CGMA 管理会计能力框架.

[3] CIMA 官网，https：//www.cimaglobal.com/.

[4] CIMA 中国官网，https：//www.cncima.com/.

[5] IMA. IMA 管理会计能力素质框架.

[6] IMA 官网，https：//www.imanet.org/.

[7] 中国总会计师协会. 中国管理会计职业能力框架【T/CACFO 004—2019】.

[8] 中国总会计师协会. 中国总会计师（CFO）能力框架.

[9] 中国总会计师协会官网，https：//cacfo.com/.

[10] IFAC. 2002. Study 12：Competency Profiles for Management Accounting Practice and Practitioners. New York. https：//www.ifac.Org/.

[11] 刘玉廷. 对我国高级会计人才职业能力与评价机制的探讨 [J]. 会计研究，2004（6）.

[12] 刘玥，黄莉，杨丹. 会计师胜任能力解构及其培养——基于国际会计教育准则的探索 [J]. 会计研究，2014（5）.

[13] 王开田，胡晓明. 高素养会计人才的素质与能力结构探析 [J]. 中国高等教育，2017（9）.

[14] 周宏，张巍，宗文龙. 企业会计人员能力框架与会计人才评价研究 [J]. 会计研究，2007（4）.

[15] [美] 查尔斯·T. 亨格瑞，等. 成本与管理会计（第15版）[M]. 王立彦，刘应文，译. 北京：中国人民大学出版社，2014.

[16] [美] 托马斯·约翰逊，罗伯特·卡普兰. 管理会计兴衰史——相关性的遗失 [M]. 金马工作室，译. 北京：清华大学出版社，2004.

讨论与思考

1. 不同管理会计职业组织制定的管理会计职业能力框架有何异同？
2. 讨论与思考《中国管理会计职业能力框架》与中国管理会计应用指引有何联系？
3. 你认为管理会计职业能力框架能够反映管理会计实践对管理会计人员的能力需求吗？
4. 讨论与思考《全球管理会计原则》四大原则应用的 14 个组织管理领域，试分析其中的异同。

第3章 我国现行管理会计指引体系的发展与构成

随着我国经济由高速增长转向高质量发展阶段,我国经济体制改革进入全面深化阶段。2013年11月,党的十八届三中全会在北京召开,对全面深化改革做出总体部署,明确了市场在资源配置中的决定性作用,强调公有制经济和非公有制经济的同等重要性,提出"推进国家治理体系与治理能力现代化"。"经济越发展,会计越重要",为服务于我国经济转型升级与提质增效,会计改革迫在眉睫。在会计领域贯彻落实全面深化改革要求的一项重要内容,即大力加强管理会计工作,在互联网和信息化时代进行会计从"核算型"到"管理型"的转型,以充分发挥管理会计在利用有关信息参与企业决策、规划未来、控制和评价经济活动方面的职能,关注企业管理中不同环节、不同岗位之间的相互衔接、规则制定、流程控制,科学全面衡量企业绩效,推动企业建立和完善现代企业制度,不断增强核心竞争力和价值创造力。从学术意义来看,中国的企业管理会计理论与方法研究需要立足于转型经济环境下中国企业的制度背景,综合运用会计学(尤其是管理会计学)与经济学、管理学、组织行为学、社会学、心理学等学科交叉的理论和方法,基于管理会计的"技术、组织、行为、情境"四个维度和"环境—战略—行为—过程—结果"一体化的逻辑基础,系统研究中国企业管理会计理论与方法(胡玉明,2011)。然而,管理会计理论与方法具有普适性,管理会计应用与实践作为企业内部会计,则具有个性和特殊性。基于制度理论和权变理论研究管理会计实践的变革,可将管理会计工具方法导入作为影响组织的一项制度变革,探讨管理会计推进组织制度改进的典型路径及其影响因素。我国财政部自2013年开始推进的管理会计指引体系建设,目的在于引导企业将具有普适性的管理会计理论与方法转化为具有特殊性的管理会计实践,通过总结企业实践中管理会计工具方法的成功应用经验,形成管理会计的指引性制度文件,继而指导企事业单位根据自己的管理需要和组织特征合理选择应用恰当的管理会计工具方法,并加以规范化和制度化。

3.1 2013年以来我国管理会计体系建设历程

2013年6月,我国管理会计体系建设在财政部主导下开始启动,财政部印发

《企业产品成本核算制度（试行）》，其与《全面推进我国管理会计体系建设的指导意见（征求意见稿）》一起，拉开了我国管理会计体系建设的序幕。2014年10月27日，根据《会计改革与发展"十二五"规划纲要》，财政部正式印发《关于全面推进管理会计体系建设的指导意见》（以下简称《意见》），该《意见》正式绘就了管理会计的顶层设计蓝图，2014年因此被会计理论界及实务界称为"管理会计元年"。2015年初，财政部陆续发布七篇《关于全面推进管理会计体系建设的指导意见》系列解读，2015年9月30日，财政部发布《管理会计实践索引（一）》，在财政部的顶层推动下，我国管理会计实践持续升温。2016年我国管理会计指引体系建设大步迈进，表现在：第一，从2016年2月起，财政部陆续发布《管理会计实践索引》系列文章；第二，2016年6月22日，财政部会计司印发《管理会计基本指引》，不仅为企业，同时为行政事业单位等单位加强管理会计工作提供原则性指导意见，并为随后管理会计应用指引的制定规定了原则和框架，起到统领应用指引的作用；第三，2016年底，财政部出台《管理会计应用指引（征求意见稿）》。同年，《会计改革与发展"十三五"规划纲要》发布，其中明确提出，"全面推动会计转型升级""以建设管理会计体系为抓手，引导、推动管理会计广泛应用"。2017年开始，财政部陆续发布一系列管理会计应用指引，迄今为止已发布34项管理会计应用指引。管理会计应用指引作为管理会计指引体系的一个重要组成部分，是贯彻落实《关于全面推进管理会计体系建设的指导意见》和《管理会计基本指引》的具体体现，其制定为我国企事业单位合理有效地选择应用管理会计工具方法提供借鉴和参考。经济转轨发展时代，我国企业面临市场竞争不断加剧以及人力资源和环境成本的双重挤压，通过制定管理会计应用指引，系统地提炼总结我国管理会计理论和实践的宝贵经验。从学术研究角度来看，可以拓展我国管理会计研究领域的成功经验；从实践角度来看，可以促进企事业单位提升管理会计工具和方法的应用水平，充分发挥管理会计的职能作用，进而增强我国企业综合实力和竞争优势。

在财政部的大力推动下，根据《关于全面推进管理会计体系建设的指导意见》，我国已经初步形成相对完善的管理会计指引体系，用以指导企业和行政事业单位的管理会计实践，具体包括：《管理会计基本指引》、管理会计应用指引和管理会计案例库。其中，《管理会计基本指引》在管理会计指引体系中起到统领作用，是制定应用指引和建设案例库的基础；管理会计应用指引的整体框架设计以及管理会计案例库的体系搭建都围绕《管理会计基本指引》展开；管理会计应用指引为企事业单位管理会计工具方法选择和应用提供具体指导；管理会计案例库建设进一步为企事业单位应用管理会计工具提供了范例。

3.2 关于全面推进管理会计体系建设的指导意见

为全面推进管理会计体系建设，提升会计工作总体水平，推动经济更有效率、更加公平、更可持续发展，在系统总结我国管理会计理论发展与实践经验的基础上，财政部在2014年颁布的《关于全面推进管理会计体系建设的指导意见》（以下简称《指导意见》）中明确提出，建立现代财政制度、推进国家治理体系和治理能力现代化已经成为财政改革的重要方向；建立和完善现代企业制度，增强价值创造力已经成为企业的内在需要；推进预算绩效管理、建立事业单位法人治理结构，已经成为行政事业单位的内在要求。该《指导意见》明确了管理会计是会计的重要分支，提出了管理会计体系建设的指导思想和基本原则，以及管理会计体系建设的总目标，并根据该总目标部署了相应的任务、具体措施和工作要求。

3.2.1 管理会计的本质

《指导意见》中明确规定，管理会计工作是会计工作的重要组成部分，管理会计是会计的重要分支。管理会计主要服务于企业和行政事业单位的内部管理需要，是通过利用相关信息，有机融合财务与业务活动，在单位规划、决策、控制和评价等方面发挥重要作用的管理活动。

3.2.2 管理会计体系建设的指导思想、基本原则和主要目标

3.2.2.1 指导思想和基本原则

管理会计体系建设的指导思想是：以邓小平理论、"三个代表"重要思想、科学发展观为指导，深入贯彻习近平总书记系列重要讲话精神，根据经济社会发展要求，突出实务导向，全面推进管理会计体系建设，科学谋划管理会计发展战略，合理构建政府、社会、单位协同机制，以管理人才建设为依托，统筹推进管理会计各项建设。

管理会计体系的建设要坚持四个原则。

（1）坚持立足国情，借鉴国际；（2）坚持人才带动，整体推进；（3）坚持创新机制，协调发展；（4）坚持因地制宜，分类指导。

3.2.2.2 主要目标

我国管理会计体系建设的主要目标是建立与我国社会主义市场经济体制相适应的管理会计体系。为此：

（1）争取在3~5年内，在全国培养出一批管理会计人才。（2）力争通过5~10年的努力，基本形成中国特色的管理会计理论体系，基本建成管理会计指引体系，管理会计人才队伍显著加强，管理会计信息化水平显著提高，显著繁荣管理会计咨询服务市场，使我国管理会计接近或达到世界先进水平。

3.2.3 主要任务和措施

（1）推进管理会计理论体系建设。推动加强管理会计基本理论、概念框架

和工具方法研究，形成中国特色的管理会计理论体系。

（2）推进管理会计指引体系建设。形成以管理会计基本指引为统领、以管理会计应用指引为具体指导、以管理会计案例示范为补充的管理会计指引体系。

（3）推进管理会计人才队伍建设。推动建立管理会计人才能力框架，完善现行会计人才评价体系。

（4）推进面向管理会计的信息系统建设。指导单位建立面向管理会计的信息系统，以信息化手段为支撑，实现会计与业务活动的有机融合，推动管理会计功能的有效发挥。

3.2.4 工作要求

要求各财政部门从组织领导、工作指导、宣传培训和跟踪服务四个方面推进管理会计体系和工作建设。各级财政部门要将管理会计工作纳入会计改革与发展规划，统一领导，统筹安排；财政部要制定发布管理会计指引体系；各级财政部门要采取总结典型管理会计案例、组织管理会计经验交流和示范推广等多种方式，指导单位开展管理会计工作；各级财政部门要充分利用各种媒体和方式，营造管理会计发展的良好环境，并充分发挥会计团体、高等院校、社会培训机构的重要作用；积极培育管理会计咨询服务市场，提升会计服务层次，满足市场对管理会计服务的需求。

3.3 管理会计基本指引

2016年6月22日，根据《中华人民共和国会计法》《财政部关于全面推进管理会计体系建设的指导意见》等，财政部发布《关于印发〈管理会计基本指引〉的通知》，《管理会计基本指引》（以下简称《基本指引》）共包括六章二十九条，表3-1描述了《管理会计基本指引》的基本结构。如表3-1所示，该《基本指引》第一章明确了基本指引的基本地位，管理会计的目标、应用原则和应用主体，并规定了管理会计应用的四要素。将基本会计指引定位于"管理会计指引体系中起统领作用"；指出管理会计的目标是"通过运用管理会计工具方法，参与单位规划、决策、控制、评价活动并为之提供有用信息，推动单位实现战略规划"；提出单位应用管理会计应遵循的原则是"战略导向原则、融合性原则、适应性原则和成本效益原则"；明确了管理会计应用主体的多层次性，即管理会计应用主体可以是单位整体，也可以是单位内部的责任中心。《基本指引》第二章至第五章是单位应用管理会计四要素的具体规定，分别为应用环境、管理会计活动、工具方法、信息与报告。《基本指引》第六章是关于该指引解释权与生效日规定的附则。

表 3-1　　　　　　　　《管理会计基本指引》的基本架构

管理会计基本指引	第一章　总则	基本指引的制定依据
		基本指引的地位
		管理会计的目标
		应用管理会计应遵循的原则
		管理会计应用主体
		管理会计应用四要素
	第二章　应用环境	管理会计应用环境界定
		以价值创造模式推动业财融合
		管理会计组织机构
		管理模式及管理会计责任
		资源保障
		信息系统
	第三章　管理会计活动	管理会计活动界定
		规划
		决策
		控制
		评价
	第四章　工具方法	管理会计工具方法界定
		管理会计工具方法应用领域
		管理会计工具方法选择
	第五章　信息与报告	管理会计信息
		管理会计报告
	第六章　附则	解释权与生效日

资料来源：根据《管理会计基本指引》分析编制。

3.3.1　应用环境

管理会计应用环境，是单位应用管理会计的基础，包括内部环境和外部环境。

3.3.1.1　内部环境

内部环境主要包括与管理会计建设和实施相关的价值创造模式、组织架构、管理模式、资源保障以及信息系统等因素。

单位应准确分析和把握价值创造模式，推动财务与业务等的有机融合；单位应根据组织架构特点，建立健全能够满足管理会计活动所需的由财务、业务等相关人员组成的管理会计组织体系，有条件的单位可以设置管理会计机构；单位应根据管理模式确定责任主体，明确各层级以及各层级内的部门、岗位之间的管理会计责任权限，制定管理会计实施方案，落实管理会计责任；单位应将管理会计信息化需求纳入信息系统规划，通过信息系统整合、改造或新建等途径，及时、高效地提供和管理相关信息，推进管理会计实施。

3.3.1.2 外部环境

外部环境主要包括国内外经济、市场、法律、行业等因素。

3.3.2 管理会计活动

管理会计活动是单位利用管理会计信息，运用管理会计工具方法，在规划、决策、控制、评价等方面服务于单位管理需要的相关活动。单位应用管理会计，应以管理会计信息为基础，首先，应做好相关信息支持，参与战略规划拟定；其次，应融合财务和业务等活动，支持单位各层级根据战略规划做出决策；再其次，应设定定量定性标准，强化分析、沟通、协调、反馈等控制机制；最后，应合理设计评价体系，评价单位战略规划实施情况，并以此为基础进行考核，完善激励机制。

从某种意义上看，在21世纪管理会计强调"战略思维"的导向背景下，《管理会计基本指引》中对管理会计活动的规定依旧体现了管理会计的两大基本构成内容，即"决策与计划会计"和"经营控制会计"，将管理会计活动归纳为规划、决策、控制和评价四大方面，充分展示了管理会计与企业经营管理流程的密切关系。

3.3.3 工具方法

3.3.3.1 管理会计工具方法的界定

管理会计工具方法是实现管理会计目标的具体手段，是单位应用管理会计时所采用的战略地图、滚动预算管理、作业成本管理、本量利分析以及平衡计分卡等模型、技术和流程的统称。

管理会计工具方法随着实践发展而不断丰富完善，具有开放性。单位应结合自身实际情况，根据管理特点和实践需要选择适用的管理会计工具方法，并加强管理会计工具方法的系统化、集成化应用。

3.3.3.2 管理会计工具方法的应用领域

管理会计工具方法主要应用于战略管理、预算管理、成本管理、营运管理、投融资管理、绩效管理、风险管理等领域。[①]

[①] 《管理会计基本指引》中列举了管理会计活动的七大应用领域，随着管理会计应用指引的陆续发布，已形成八大应用领域。

(1) 战略管理领域，主要包括战略地图、价值链管理等管理会计工具方法。

(2) 预算管理领域，主要包括全面预算管理、滚动预算管理、作业预算管理、零基预算管理、弹性预算管理等管理会计工具方法。

(3) 成本管理领域，主要包括目标成本管理、标准成本管理、变动成本管理、作业成本管理、生命周期成本管理等管理会计工具方法。

(4) 营运管理领域，主要包括本量利分析、敏感性分析、边际分析、标杆管理等管理会计工具方法。

(5) 投融资管理领域，主要包括贴现现金流法、项目管理、资本成本分析等管理会计工具方法。

(6) 绩效管理领域，主要包括关键指标法、经济增加值、平衡计分卡等管理会计工具方法。

(7) 风险管理领域，主要包括单位风险管理框架、风险矩阵模型等管理会计工具方法。

3.3.4 信息与报告

3.3.4.1 管理会计信息

管理会计信息包括管理会计应用过程中所使用和生成的财务信息和非财务信息，管理会计信息应具备相关性、可靠性、及时性和可理解性等质量特征，为使单位生成的管理会计信息具备上述基本质量特征，单位应能做到以下两点。

(1) 单位应充分利用内外部各种渠道，通过采集、转换等多种方式，获得相关、可靠的管理会计基础信息。

(2) 单位应有效利用现代信息技术，对管理会计基础信息进行加工、整理、分析和传递，以满足管理会计应用需要。

3.3.4.2 管理会计报告

管理会计报告是管理会计活动成果的重要表现形式，旨在为报告使用者提供满足管理需要的信息。管理会计报告可按照不同的标志进行分类。

(1) 按期间可以将管理会计报告分为定期报告和不定期报告。

(2) 按内容可以将管理会计报告分为综合性报告和专项报告。

单位可以根据管理需要和管理会计活动性质设定报告期间，一般应以公历期间作为报告期间，也可以根据特定需要设定报告期间。

3.4 管理会计应用指引

我国管理会计应用指引的制定，立足于管理会计实践，是通过总结凝练一系列企业普遍应用且较为成熟的部分管理会计工具方法而形成的，用以指导单位管理会计工作实践。

3.4.1 管理会计应用指引的制定和发布程序

管理会计应用指引是一套旨在服务单位管理会计应用的指导性制度文件，为保障管理会计应用指引制定的科学性和民主性，采用严格的应循程序制定。按照财政部会计司发布的《会计标准制定与实施内部控制操作规程》，我国管理会计应用指引制定经历了起草、公开征求意见和发布阶段。

3.4.1.1 起草阶段

2016年初，我国成立由财政部会计司、会计理论界和实务界专家共同组成的各项应用指引起草小组，各项管理会计应用指引的起草以财政部管理会计专项课题成果为基础，在小组通过研讨形成草稿后，一方面，就管理会计应用指引草稿征求部分会计理论界和实务界专家意见；另一方面，2016年8月先后两次在北京国家会计学院组织企业、咨询公司和高校等各方专家对管理会计应用指引进行全面修改和完善。2016年10月形成应用指引讨论稿，2016年11月应用指引讨论稿提交会计司经司务会讨论通过，2016年12月印发《关于就〈管理会计应用指引第100号——战略管理〉等22项管理会计应用指引征求意见的函》，就第一批22项管理会计应用指引公开向社会各界征求意见。

3.4.1.2 公开征求意见阶段

第一批22项应用指引征求意见稿发布后，截至2017年3月31日，通过会计实务界和理论界等多种渠道收到反馈意见74份（反馈"无意见"的14份），其中，各部委3份，地方财政厅（局）会计处18份，财政部驻各地专员办5份，咨询专家21份，企业意见22份，个人3份，美国管理会计师协会和英国特许会计师公会各1份。反馈意见共281条，扣除重复意见182条后，主要反馈意见32条，相关文字修订意见67条。反馈意见中主要有两个部分采纳的反馈意见：一是关于是否需要在附录中列示企业战略地图范例；二是关于管理会计应用领域内容。未采纳的反馈意见主要是关于应用指引的适用范围问题，鉴于企业与行政事业单位在组织形式、运营方式和目标等方面存在较大差异，其对管理会计工具方法的需求和应用的具体方式也因之存在很大不同，因此，首次印发的22项管理会计应用指引的适用范围明确为企业，后续结合行政事业单位的特点另行制定行政事业单位管理会计应用指引。

形成应用指引征求意见稿反馈意见报告后，2017年4月下旬和5月中旬分别在上海和北京召集管理会计咨询专家对修订后的征求意见稿进行讨论、修改和完善，最终形成22项管理会计应用指引草案。

3.4.1.3 发布阶段

2017 年 7 月，管理会计应用指引草案提请财政部会计司技术小组讨论，根据会计司技术小组意见对应用指引草案进行修改完善；9 月上旬，修改完善后的管理会计应用指引草案提交会计司司务会讨论，原则通过；根据司务会意见进一步修订完善后，9 月下旬形成送审稿由财政部领导签发，2017 年 10 月，第一批包括战略管理在内的 22 项管理会计应用指引正式发布。

3.4.2 管理会计应用指引的特点

经严格应循程序制定的一系列管理会计应用指引，具有指导性、应用性、开放性和操作性的特征。

3.4.2.1 指导性

管理会计应用指引是指导性制度文件，切实反映了管理会计的内部报告会计属性。

3.4.2.2 应用性

管理会计应用指引的制定，围绕管理会计工具方法只有与企业管理实践相结合才能创造价值的核心理念，明确了"管理会计在管理中的应用"的设计理念。

3.4.2.3 开放性

管理会计应用指引深化了《基本指引》中提出的"管理会计工具方法具有开放性"观点，提出了三个层次的开放性。

第一层次的开放性关于应用领域，管理会计工具方法的应用领域随着管理会计实践发展将不断拓展。

第二层次的开放性关于具体管理会计工具方法，每一应用领域下的管理会计工具方法随实践发展不断丰富完善。

第三层次的开放性关于应用领域与单项管理会计工具方法之间的交叉开放性，每项管理会计工具方法的应用领域具有一定的开放性，而某一领域下的某项工具方法也可应用于其他领域。

3.4.2.4 操作性

为增强应用指引的可操作性，通过分领域、分工具方法构建应用指引体系，每一管理应用领域的应用指引按照"概括性指引和工具方法指引相结合"的思路构建。

概括性指引一般由总则、应用程序和附则等组成，简要阐述本管理应用领域常用工具方法种类，以及这些工具方法应用的共性要求。

工具方法指引一般由总则、应用环境、应用程序、应用评价和附则等组成，围绕管理会计应用展开内容。

3.4.3 管理会计应用指引的基本框架

管理会计应用指引的制定，在遵循《管理会计基本指引》的基础上，坚持立足国情、借鉴国际，兼顾系统性与可操作性，截至2018年12月，财政部共分三批发布34项应用指引。管理会计应用指引的基本框架分为总体框架和应用指引框架两个层次，其中，总体框架层次厘清了管理会计应用指引中各单项应用指引之间的逻辑关系，应用指引框架层次则明确了各个不同类型单项应用指引的构成要素。

3.4.3.1 总体框架

根据《管理会计基本指引》，管理会计应用指引的设计思路和总体框架如下。

首先，将管理会计工具方法按战略管理、预算管理、成本管理、营运管理、投融资管理、绩效管理、风险管理和其他八大应用领域进行初始分类。

其次，根据"概括性指引与具体工具方法指引相结合"的设计方针，各应用领域中进一步分为概括性指引和具体应用指引。概括性指引以"100""200""300"等为标识，主要介绍该应用领域的相关管理程序；具体应用指引以"101""201""202""301""302"等为标识，主要介绍相关应用领域中的具体管理会计工具方法。

这样的思路设计可操作性强，既便于单位在同一应用领域选择适用工具方法，又体现了管理会计工具方法开放性的特点，可以随着管理会计工具方法在实践中的不断发展完善而适时予以添加和补充。

表3-2列示了管理会计应用指引的总体框架。

表3-2　　　　　　　管理会计应用指引总体框架

项目	应用领域	概况性指引	具体应用指引（工具方法指引）
管理会计应用指引	战略管理	100 战略管理	101 战略地图
	预算管理	200 预算管理	201 滚动预算
			202 零基预算
			203 弹性预算
			204 作业预算
	成本管理	300 成本管理	301 目标成本法
			302 标准成本法
			303 变动成本法
			304 作业成本法

续表

项目	应用领域	概况性指引	具体应用指引（工具方法指引）
管理会计应用指引	营运管理	400 营运管理	401 本量利分析
			402 敏感性分析
			403 边际分析
			404 内部转移定价
			405 多维度盈利能力分析
	投融资管理	500 投融资管理	501 贴现现金流法
			502 项目管理
			503 情景分析
			504 约束资源优化
	绩效管理	600 绩效管理	601 关键绩效指标法
			602 经济增加值法
			603 平衡计分卡
			604 绩效棱柱模型
	风险管理	700 风险管理	701 风险矩阵
			702 风险清单
	其他		801 企业管理会计报告
			802 管理会计信息系统
			803 行政事业单位

资料来源：根据《管理会计基本指引》和34项管理会计应用指引编制。

3.4.3.2 应用指引框架

如表3-2所示，应用指引包括两大类：概况性指引和具体应用指引（即工具方法指引）。

（1）概况性指引。概况性指引主要介绍各应用领域的相关管理程序，概括总结本应用领域内相关管理会计工具方法的共性内容，一般由总则、应用环境、应用程序和附则等组成。

目前我国共发布七项概括性指引，即第100号战略管理、第200号预算管理、第300号成本管理、第400号营运管理、第500号投融资管理、第600号绩效管理和第700号风险管理。

（2）具体应用指引（工具方法指引）。具体应用指引一般由总则、应用环境、应用程序、工具方法评价和附则等组成：总则主要介绍应用相关管理会计工具方法的目标、基本定义、原则等；应用环境主要介绍应用相关管理会计工具方法所需要的内、外部环境；应用程序主要介绍应用相关管理会计工具方法的应用流程；工具方法评价主要介绍应用相关管理会计工具方法的优缺点。

目前我国共发布八个应用领域中的27项具体应用指引，即第101号战略地图、第 201 号滚动预算、第 202 号零基预算、第 203 号弹性预算、第 204 号作业预算、第 301 号目标成本法、第 302 号标准成本法、第 303 号变动成本法、第 304 号作业成本法、第 401 号本量利分析、第 402 号敏感性分析、第 403 号边际分析、第 404 号内部转移定价、第 405 号多维度盈利能力分析、第 501 号贴现现金流法、第 502 号项目管理、第 503 号情景分析、第 504 号约束资源优化、第 601 号关键绩效指标法、第 602 号经济增加值法、第 603 号平衡计分卡、第 604 号绩效棱柱模型、第 701 号风险矩阵、第 702 号风险清单、第 801 号企业管理会计报告、第 802 号管理会计信息系统以及第 803 号行政事业单位。

3.5 管理会计案例库建设

2017 年，财政部启动管理会计案例库建设，在全国范围内广泛征集管理会计案例，组织召开案例交流培训会，明确管理会计案例目的和案例写作规范，并组织管理会计专家对征集的 660 余个案例进行两轮评议，从中筛选出 78 个作为首批入库案例。同时，与上海财经大学合作制定管理会计案例库长期合作研究规划，完成了五个管理会计案例的撰写工作。2018 年，财政部继续推进管理会计案例库建设，40 个案例入选第二批入库案例，至此，初步形成指引配套性强且具备较强典型性、示范性和规范性的管理会计案例库。

参考文献

[1] 财政部. 关于全面推进管理会计体系建设的指导意见.
[2] 财政部. 关于印发《管理会计基本指引》的通知.
[3] 财政部. 关于印发《管理会计应用指引第 100 号——战略管理》等 22 项管理会计应用指引的通知.
[4] 财政部. 关于印发《管理会计应用指引第 202 号——零基预算》第 7 项管理会计应用指引的通知.
[5] 财政部. 关于印发《管理会计应用指引第 204 号——作业预算》等 5 项管理会计应用指引的通知.
[6] 胡玉明. 企业管理会计理论与方法研究框架：基本构想与预期突破 [J]. 财会通讯, 2011 (4).
[7] 财政部官方网站, http://www.mof.gov.cn/.

讨论与思考

1. 我国管理会计指引体系建设有何特点？
2. 我国管理会计应用指引建设，在对管理会计工具方法的归类方面，有何独到之处？

第二编

管理会计工具方法应用案例

第 4 章 邯钢经验：我国 20 世纪 90 年代成本管理实践的典范

邯钢经验初始形成于1990年，1991年开始正式在邯郸钢铁总厂（以下简称"邯钢"）范围内全面推行，时任邯钢总经理刘汉章在邯钢创立并推行邯钢经验，即"模拟市场核算、实行成本否决"经营机制，其基本原理是以模拟市场价格核算为基本原则和核心，以成本否决为杠杆，将成本与效益挂钩、效益与分配挂钩，充分调动广大职工当家理财、精打细算、加强管理、挖潜革新的主观积极性，形成"千斤重担众人挑，人人肩上有指标"的全员参与局面，进而达到个人增收、企业增效的双赢目的。邯钢的"模拟市场核算、实行成本否决"机制以及在此基础上推进的技术改造和装备更新，使该企业由亏损边缘一跃而起成为行业领军企业，邯钢经验由此被认为是牵住了当时国有企业脱困的"牛鼻子"，是经济体制转轨过程中决定企业改革与发展的关键，时任国务院总理朱镕基曾专程视察邯钢，称赞邯钢是"工业战线上的一面红旗"。1996年初，国务院发出批转邯钢经验的通知，在召开推广邯钢经验现场会后，全国迅速掀起学习邯钢的热潮。《人民日报》当时刊发文章评价，邯钢经验为国有企业"实行从传统的计划经济体制向社会主义市场经济体制、从粗放经营向集约经营两个具有全局意义的根本性转变"提供借鉴。

回顾中华人民共和国成立以来我国管理会计实践发展史，邯钢经验像一颗闪闪发光的宝石，历经岁月洗礼而不减其璀璨光华。邯钢经验的产生和在当时引起的巨大社会反响，与我国特定社会经济发展阶段和行业大环境紧密关联，也与邯钢时任领导层的改革魄力密不可分。作为一个国家具有战略意义的基础和支柱行业，新中国的钢铁行业依靠强大的国家财力支持和人才支持，实现了快速成长和发展，为我国国民经济做出了不可磨灭的贡献。在以成本管理为核心的中国现代管理会计发展初期，钢铁企业涌现出一批具有创新意义的成功案例：邯钢经验之前，有首都钢铁、重庆钢铁、武汉钢铁等企业在责任成本和目标成本等方面做出的一系列创新实践；邯钢经验同一时期，上海宝钢推行了全面预算管理和标准成本管理。这一系列的成功实践，使钢铁行业成为我国在计划经济向市场经济转轨关键时期管理会计应用的主战场之一。管理会计工具方法实践与应用的学习，在于从实践中来、到实践中去，在于总结历史、推陈出新，本章以邯钢经验为起点，开启学习和研究我国管理会计工具应用实践发展的探索之路。本章案例资料主要来源于邯郸钢铁总厂财务数据、河钢集团邯钢公司官方网站、国有资产监督管理委员会信息披露、《人民日报》、期刊文献、《河北党史百年百事》以及《中国统计年鉴》等公开披露信息。

4.1 案例背景

4.1.1 时代背景

1978年12月，中国共产党十一届三中全会把全党的工作重点转移到社会主义现代化建设上，国营企业改革自此开始启动。1979年中共中央、国务院《关于扩大国营工业企业经营管理自主权的若干规定》、1982年《国营工厂厂长工作暂行条例》等文件开启了改革开放初期国营企业放权让利的改革大势，即在不触动国有产权的前提下，理顺企业和国家的分配关系，通过所有权和经营权相分离激发国营企业经营活力。这一时期对国营企业影响最大的是承包经营责任制：1981年开始，国营企业开始全面推行工业经济责任制，在分配上实行利润留成、盈亏包干、以税代利、自负盈亏；1984年10月，中共中央十二届三中全会召开，《中共中央关于经济体制改革的决定》明确中国现阶段是公有制基础上有计划的商品经济，决定各级政府原则上不再经营企业；1987年10月，国务院决定在全国推广承包经营责任制；1988年2月，为规范国营企业承包经营责任制，国务院下发《全民所有制工业企业承包经营责任制暂行条例》，实行"包死基数、确保上交、超收多留、歉收自补"的承包原则。这一阶段的改革起始阶段非常成功，然而后来却难以为继，究其原因主要在于：第一，市场经济体制尚未得以形成，国营企业放权很难真正实现与市场对接；第二，缺乏长期的激励和约束机制设计，承包企业出现一些短期行为。

1992年底，党的十四大提出建立中国特色社会主义市场经济体制。1993年3月，第八届全国人大一次会议对《宪法》个别条款进行修改，其中，将原《宪法》第十六条、第四十二条中的"国营企业"修改为"国有企业"。1993年11月党的十四届三中全会召开，标志着我国改革开放后国企新一阶段改革之开始，本次会议出台的《中共中央关于建立社会主义市场经济体制若干问题的决定》成为我国经济体制改革的行动纲领，明确了国有企业应建立"产权清晰、权责明确、政企分开、管理科学"的现代企业制度；将国有企业改组为激励与约束机制相结合的内部管理体制；企业依法自主经营，自负盈亏。此后，国有企业改革较为全面，既有外部的市场化改革，也有内部的现代企业制度建立，同时也涉及产权改革。邯钢经验正是产生于这一国企"转型"的历史时期，以改革开放以来企业内部经营承包责任制的探索经验为基础，转变经营机制，与市场化改革对接，将对企业负责人一个人的承包制发展为全员参与，从根本上调动干部员工参与市场经济的积极性，从而深化了企业内部责任会计的内涵。

4.1.2 行业背景

钢铁工业作为现代化国家的基础产业和国民经济的支柱产业，是一个国家经济水平和综合国力的重要标志，其发展直接影响着国防工业、建筑、机械、造船、汽车、家电等与其相关的行业。1949 年中华人民共和国成立之时，我国钢铁工业基础十分薄弱，全国几乎没有一家完整的钢铁联合企业。中华人民共和国成立初期，我国确立了"以钢为纲"的工业发展指导方针，钢铁工业开始逐步得到恢复和发展，在苏联的援助下，先后建设了鞍钢、武钢、包钢等钢铁厂。经过全国上下的努力，这一阶段的中国钢铁工业的产量和产值都大幅增长。1950~1998 年我国钢产量如表 4-1 所示。

表 4-1　　　　　　　1950~1998 年我国钢产量统计　　　　　　单位：万吨

项目	1950 年	1955 年	1965 年	1975 年	1978 年	1980 年	1983 年	1986 年	1990 年	1998 年
产量	61	285	1 223	2 390	3 178	3 712	4 002	5 220	6 635	11 559

资料来源：根据《1945~1984 中国工业的发展统计资料》及《中国统计年鉴》摘编。

1978 年，我国钢产量达到 3 178 万吨，居世界第 5 位，占当年世界钢铁产量的 4.42%。1978 年改革开放后，我国在对一些老钢铁企业进行挖潜改造的同时，新建宝钢、天津钢管等大型现代化钢铁企业，钢铁工业快速发展，钢产量以每年 400 万~500 万吨的速度快速增长。尤其是进入 20 世纪 90 年代以来，中国钢铁工业的钢产量从 1990 年的 6 635 万吨增长至 1998 年粗钢产量 1.16 亿吨，每年以 600 万~700 万吨的速度大幅度增长。

在我国钢铁产量急剧增长的同时，钢铁企业在改革开放环境下的国企转型期，面临着转型发展危机。市场经济环境下的钢铁行业，因自身产品和生产过程特点，导致影响其盈利水平的因素主要为经济增长，原材料、能源、运输、钢铁价格，技术进步，行业竞争以及未来需求等，具有下述典型特征。

（1）钢铁行业属于周期性行业，受经济发展周期影响大。

（2）钢铁行业具有典型的规模经济特征，其生产工艺决定了大型化和规模化的生产方向。

（3）行业竞争激烈，容易造成产品过剩，继而引致产品价格的激烈竞争。

（4）钢铁行业是基础性行业，具有较高的产业关联度，其上游产业联系采矿业、能源工业、交通运输业等产业，下游产业联系机械工业、汽车制造业、建筑业以及交通运输业等产业。

我国钢铁工业在中华人民共和国成立初期是"稀缺物资"，在计划经济时代，钢铁价格由国家按"成本加成"原则制定，企业不存在危机感，即使有个别企业亏损，也由国家拨款弥补。改革开放以后，计划经济向市场经济的转轨，致使我国钢铁企业不但面临国内同行的竞争，而且面临国际尤其是来自苏联的竞争。再加上20世纪80年代末，我国对建设规模进行降温，钢材需求由此减少，价格下降，钢铁行业进入下行周期，而成本则由于物价上升而相应提高。据国家统计机关相关数据，1990年我国政府定价的钢材只占总产量的44%，当年钢材价格从2 000元/每吨回落到1 600元/每吨，煤、油等燃料价格持续上涨，钢铁企业效益因市场竞争而大面积下降，当年全国钢铁企业税前利润从1989年的101亿元下降至1990年的66.35亿元。当然，这种形势对各个钢铁企业带来的影响并不一样：其时由于宝钢是我国各特大型钢铁公司中最后建造完工的，技术设备新、产品质量高，成本和利润优势显著高于一些老钢铁企业；邯钢则是个老厂，受制于原材料上涨和成品价格下跌，邯钢的28个钢材品种已有26个亏损，税前利润从1989年的7 900万元下降至1990年的100.4万元，人均创利38元，连续13年盈利的邯钢已经行走到亏损的边缘。

4.1.3 我国企业相关成本管理实践背景

钢铁行业存在尖端产品，避免不了填补技术空白、开发新产品的问题，批量小、技术要求高、定位为满足市场高端需求的钢铁企业也是一种战略发展选择。然而我国20世纪90年代初的钢铁企业，正处在经济转轨时期，其时大型钢铁企业的生产现实是：大批量多步骤生产的钢铁产品质量标准化，技术规范稳定，产品市场弹性系数小，价格基本上有规可循，其时的社会经济环境意味着利用产品差别化竞争的可能性不大，因此，无论在国内市场还是国际市场，钢铁同行业之间的竞争优势主要取决于成本的高低。在这种情况下，提高市场占有率主要依靠的是成本优势而不是依赖于产品的特殊品质。正因如此，改善成本管理成为像邯钢这样的大型钢铁企业所关注的重心所在，是钢铁产品生产特点在当时的社会生产经营环境下引致的必然选择。技术和质量管理决定着企业的经济效益，如何改善成本管理，加强对成本的事中管理和事后评价，在我国计划经济向市场经济转轨环境下企业的转型发展过程中，成为邯钢经验诞生的催化剂。

邯钢经验的产生，是以邯钢大批量生产产品的特点以及由此选用的成本优先发展战略为前提的，即产品标准化程度高、技术规范稳定。与此同时，不可忽视的是，新中国成立以来在钢铁企业实践中逐步摸索形成的一套具有中国特色的成本管理实践为邯钢经验的产生奠定了基础，包括班组核算、指标分解和竞赛、内部核算单位设置和内部利润考核等责任会计制度，以及群众路线的企业管理和成本管理方法等：20世纪50年代初期和中期首创于大同煤矿和天津钢厂的班组经济核算；60年代初，大冶钢厂在班组核算基础上发展的"五好小指标竞赛"；以及同一个时期鞍钢、本钢、马钢等大型钢铁公司实行的企业内部利润制度；80年代首钢发展的以"包、保、核"为基础的层层承包的企业承包经营责任制。这些核算、分解、考核和竞赛等基于群众路线的管理方法，深具中国特色，在冶金系统中的应用尤其深入。

4.2 案例公司简介及邯钢经验描述

4.2.1 案例公司简介

河北省邯郸钢铁集团有限责任公司（以下简称"邯钢"）于1958年在河北邯郸建厂投产，20世纪90年代，在我国经济体制转轨过程中，邯钢主动推墙入海走向市场，创立并不断深化以"模拟市场核算，实行成本否决"为核心的经营机制，创造了显著的经济效益和社会效益，1992年其推行的"市场经济条件下的有效成本管理法"荣获国家管理新成果奖二等奖，被国务院树立为全国学习的榜样，成为国有企业实现两个根本性转变的成功典范。

1997年，"邯郸钢铁"股票上市，连续3年被上市公司杂志评为中国上市公司50强，2002年被美国《财富》杂志评为中国上市公司100强第37位。从1990年到2002年初"邯钢经验"设计者和推广者刘汉章退休，邯钢各项财务指标取得了飞速增长：净资产由5.8亿元增加到114.3亿元，增值19.7倍；总资产由22亿元增加到241.4亿元；年销售收入由10.2亿元增加到110亿元；利润总额由100万元增加到7亿元，多年稳居全国前三位。

其后，随着企业不断发展，"邯钢经验"形成时的生产能力已被陆续淘汰。2008年，邯钢被国家确定为国家创新型试点企业，2008年6月30日，唐钢集团、邯钢集团强强联合组建河北钢铁集团，当年集团即以营业收入1 670亿元居世界500强企业第375位。邯钢成为河北钢铁集团邯钢公司，启动发展的新篇章，"邯钢经验"逐步发展为"邯钢管理"，"邯钢制造"逐步发展为"邯钢创造"。

历经60多年的艰苦创业，河北钢铁集团邯钢公司现有职工2.3万人，具备年产1 300万吨优质钢综合生产能力，是我国重要的优质板材和优质型棒线材生产基地，河北钢铁集团的核心企业。

4.2.2 邯钢经验形成过程

4.2.2.1 20世纪90年代初邯钢面临的机制危机

邯钢经验的推行人刘汉章于1984年1月被任命为邯钢总厂厂长，其时邯钢虽已连续7年盈利，但作为1958年成立的国营企业，在计划经济体制向市场经济体制转轨过程中，邯钢和其他企业一样备受市场竞争的激烈冲击，同时面临着设备老化、人员过剩、债务负担重和企业办社会等问题。刘汉章抓住了邯钢成为河北省首批厂长负责制的试点机遇，将284名符合要求的中青年干部提拔到各级领导岗位，执行岗位工资向一线倾斜的分配制度改革，同时加快技术改造，1984

年邯钢利润即超过亿元，位居全国地方钢企之首，被冶金部誉为"特别快车"。在刘汉章的带领下，邯钢大力推进科技进步，先后多方筹措40多亿元，对炼铁、炼钢、轧钢等进行一系列技术改造，使邯钢成为河北省四个利税大户之一。1990年，邯钢年产量突破100万吨。然而与此形成鲜明对比的是：一方面，由于市场疲软，当年钢材价格从每吨2 000元回落到每吨1 600元，跌破邯钢最低产品制造成本；另一方面，煤油等燃料、运费和原材料价格的持续上涨，致使邯钢一年成本增加8 000万~9 000万元，邯钢当年28种钢产品中有26种出现亏损，盈利回降至100.4万元，甚至连原本计划上缴的近2亿元的承包利润也只能靠贷款解决。20世纪90年代初我国钢铁企业面临亏损边缘并非邯钢个案，转轨经济背景下的中国钢铁企业面临着机制危机。

（1）新中国成立以来，与计划经济体制相适应，我国多数国企实行的都是高度集中的管理模式，总厂对各二级分厂沿用指令性计划方式进行核算。经济体制的转轨环境下，这种核算方式越来越难以反映随着市场变化各二级分厂的真实成本和企业真实效益。20世纪90年代初的邯钢也不例外，其总厂对二级分厂依旧实行计划经济体制下的集中管理模式，人为割断了二级分厂和市场之间的联系，例如，炼钢所需要的原材料铁水，市场价格已经是1吨850元，内部仍然按照450元一吨进行核算，价差全部由总厂承担，结果自然是二级分厂盈利而总厂亏损，总厂在市场中风雨飘摇，而二级分厂和职工却感受不到来自市场的巨大压力。

（2）1978年改革开放后，邯钢等一些国企开始探索企业承包责任制，邯钢经验推广之前，我国国企改革的热点即是企业承包责任制。但是，承包制能否成功往往取决于承包者一个人，企业承包责任制的压力往往只是落在企业负责人一个人身上，没有从根本上调动企业全体员工参与市场经济的积极性。因此，承包制这种形式自诞生以来就引发多种争议，时任中信集团董事长荣毅仁指出，"企业不同于农业，企业搞承包制和过去的包工头制没有什么两样……弄不好会变成国家拿小利，个人拿大利"。

4.2.2.2 邯钢经验推行的四阶段

是压力也是动力，是危机也是机遇，面对这种机制性障碍，刘汉章决定借鉴当时农村责任田的做法，调动企业全员职工的积极性，采用"模拟市场核算、实行成本否决"的手段，把分厂和工人推到市场上去。简而言之，所谓模拟市场核算，就是以产品和原燃料的市场价格为基准，逐个工序从后向前核定产品的目标成本并进行考核，做到亏损产品不亏损，盈利产品多盈利；所谓成本否决，就是以产品的成本目标作为考核内部单位和职工的决定性指标，指标完不成，其他工作做得再好，都百分之百否决当月的全部奖金。邯钢经验从形成到推广，经历了以下四个步骤。

第一步，测算相关指标。时任邯钢总会计师李华甫组织全厂财会人员，用了8个月时间，测算出各个分厂各个工序之间的目标成本和目标利润，反复测算三遍，细化出既反映市场信号也符合邯钢实际情况的 10 万多个指标，这些指标为邯钢后续改革提供了坚实可靠的基础。

第二步，开始试点。1991 年，二炼钢厂党委书记张建海收到由总厂财务处和计划处联合签发的文件，要求二炼钢厂全厂 1 700 名职工全年必须降低成本 2 000 万元，平均每人需负责降本 10 000 多元，其中，吨钢成本目标经由测算必须达到 1 095 元。通过强管理、堵漏洞、扫浮财，全员参与降成本，1991 年底二炼钢厂降本 2 200 万元，超额完成任务。加上其他几个试点单位的成效，1991 年邯钢在外部环境没有改变的情况下，实现利润 5 020 万元，是 1990 年的 50 倍左右。

第三步，全面推广。邯钢试点单位的成功打消了其他成员单位的顾虑，1992 年，"模拟市场核算、实行成本否决"在邯钢各单位推广开来。经反复测算的 10 万多个成本指标被分解到处室、分厂、车间、班组及个人，其中，28 个分厂 18 个行政职能部门分解落实指标 1 022 个，全部指标最终落实到全厂 2.8 万人每个人的身上，多到生产每吨钢材负担上千元，少到几分钱，并将指标完成情况与利益挂钩。在制度的激励下，各二级分厂不断挖潜革新、降成本，按可比口径计算，邯钢第一炼钢厂 1994 年比 1993 年吨钢成本下降 321.4 元，挖潜 2 162.84 万元；1995 年比 1994 年吨钢成本下降 93.15 元，挖潜 1 013.99 万元。

第四步，实践中不断完善。管理实践中，邯钢领导班子在刘汉章的带领下不断拓展、完善"邯钢经验"，持续为其注入新的内涵。从一开始仅在生产一线核算成本，到后来后勤管理部门也要计算成本，最终包括基建和技改等部门均需实行成本否决。刘汉章认为，在一定的技术装备条件下，挖潜、降本、增效能取得立竿见影的效果，但在固化不变的技术装备条件下，企业可挖潜力是有限的。只有在技术不断进步的前提下，挖潜、降本、增效才会是企业发展的永恒主题。邯钢将"模拟市场核算、实行成本否决"引入技术改造和工程项目管理，建立注重效益的技术进步机制：一是坚持先进、经济、实用的原则，头顶算盘子，量力而行，梯度发展，滚动前进；二是坚持算了干，不搞干了算，充分利用有限资金选择有市场需求的项目；三是项目确定后，实行限额设计、核定工程投资、项目承包、投资切块以及分项控制达到总目标。

邯钢不断基于发展需求进行技术和装备改造升级，"九五"期间邯钢"上马"五项技改工程；在此基础上"十五"期间又实施新的五项技改工程；"十一五"期间具有国际先进水平的邯钢新区建设全面启动并陆续投产。由于邯钢经验贯穿于整个新实施项目的管理中，1991 年以来，邯钢所有技改投资几乎没有失误，所有项目都没有超预算，吨钢投资较其他企业几乎要节约 30%～50%，具有投资少、建设工期短、投产达产快等特点。

4.2.2.3 邯钢经验的成效

邯钢酝酿于 1990 年、试点于 1991 年、正式开始实施于 1992 年的"模拟市场核算，实行成本否决"经营机制，以提高企业效益为中心，拆除市场与二级分厂之间的"隔墙","推墙入海",将市场机制引入企业内部经营管理,从市场可接受价格开始,从厂内工序"倒推"测算出主导工序的目标成本,并层层分解落实到每一名职工,形成了"千斤重担人人挑,人人肩上有指标"的利益共同体,使企业职工真正成为企业的主人,激发出无穷的活力。从成本、利润以及资本结构等方面的成效来看,邯郸钢铁总厂创造的"模拟市场,成本否决"制度取得了明显的经济效益。

(1) 1991年,该厂生产成本下降6.36%;1992年下降4.83%;1993年下降6.13%;1994年下降8.9%;在1995年原辅料价格大幅上涨的背景下成本仍旧降低1%。1998年在亚洲金融危机的冲击下,邯钢可比产品成本较1997年下降2.61%,1999年又同比下降6.16%。

(2) 企业利润从1990年的100万元,增加至1995年的7.09亿元,跻身行业前三。

(3) 盈利水平的提高带来了企业资本结构的根本改善,资产负债率从1991年初的87.5%下降为1995年末的39.52%。[1]

在20世纪90年代全国钢铁行业普遍发展压力较大的背景下,邯钢的异军突起引起广泛关注。1996年1月3日,国务院下发《国务院批转国家经贸委、冶金部关于邯郸钢铁总厂管理经验调查报告的通知》,要求全国学习推广邯钢经验,继续完善以"模拟市场核算、实行成本否决"为核心的企业内部经营管理,坚持走集约化经营道路的管理。并于1996年2月在邯钢召开现场会,国家有关领导参加会议并总结称,思想观念的转变是企业转换经营机制的先导,"邯钢经验是国有企业实现两个根本转变的有效途径"。邯钢经验的贡献,不仅仅在于邯钢由一个地方性钢铁企业发展成一个全国性利税大户、特大型钢铁企业;更大的贡献在于,邯钢经验首次跳出了中国企业责任会计体系下的成本管理模式,建立了"以成本为核心的、以市场为基础的、全员参与、全程控制的综合企业管理系统",在全国掀起一次企业管理模式革命,对我国计划经济向市场经济的全面转变,对国有企业3年扭亏的目标实现,都产生了积极深远的影响,为90年代初摸索前行的国企改革树立了一个典范,打开了一条直面市场的道路。据当时国家经贸委统计,截至1999年初,仅我国冶金行业通过学邯钢,亏损企业亏损额下降34亿元,下降幅度高达30%,其中,13户亏损达5 000万元以上的大户实现扭亏。[2] 到2000年,先后有3万余家企事业单位、30万人次到邯钢"取经"。邯钢模式自1991年开始全面推行,在实践中大获成功。

---

[1] 资料来源:秦中艮,武献杰.邯钢经验二十年 [J].财务与会计,2010 (10).
[2] "邯钢经验"给我国各个经济实体带来的财富和价值是难以估量的:从1997年开始,按照国家有关部门要求,邯钢开始派出专家到亏损企业任实职。邯钢人进驻后,"水钢"一年时间扭亏为盈,实现利润1998万元;重庆特钢实现10个月降成本3.6亿元。1997年邯钢成功兼并冶金部部属企业舞阳钢铁公司和河北省属企业衡水钢管厂,"舞钢"被兼并前连续4年亏损,累计亏损6亿元,被邯钢兼并第5个月扭亏为盈,4年累计实现利润8 225万元。衡水钢管厂被兼并时资产负债率高达114%,兼并当年扭亏为盈,4年累计实现利润693万元。

4.3 邯钢经验：20世纪90年代的成本管理方法实践

邯钢经验的核心"模拟市场核算、实行成本否决"，是在首钢等其他企业早已实行的内部核算经验的基础上，为了更有效地对成本进行事中控制和事后控制，引入了"模拟市场"和"成本否决"的内容，有效建立起一种以成本作为控制和业绩评价标准的企业内部管理控制系统。邯钢经验关键在于四个环节：一是市场，企业内部责任单位实行内部模拟市场机制，根据市场上产品售价和原料采购的市场价格来计算目标成本和目标利润；二是倒推，从产品的市场价格开始，一个工序又一个工序从后向前核定，直至推至原材料采购成本；三是否决，以成本效益决定奖金分配以及干部业绩考核，完不成成本指标，则否决全部奖金；四是全员，企业中的每个员工都要分担成本指标或费用指标，实行全员或全过程的成本管理。邯钢的"模拟市场核算，实行成本否决"模式为每个职工设定目标成本，并且使其与每个职工的奖金直接挂钩，这种管理系统很明显超过了单纯的成本管理范畴，是一种可以适应生产过剩时代的管理系统。从某种程度上讲，20世纪90年代初邯钢以成本制度改革为主导的改革，也是一次涉及面广泛的管理变革，改革触角深入财务制度、绩效考核、组织变革等方方面面，并且促进了企业领导和全体员工思想观念的转变，市场观念、竞争观念、效益观念、成本意识等理念深入人心，借着这次改革以及后续改革，邯钢摆脱了计划经济体制的束缚，成长为一个适应市场经济的现代化特大型钢铁企业。

4.3.1 邯钢经验的选择基础：成本领先战略下的成本管理方法创新实践

邯钢所处的行业及其产品生产特点，决定了邯钢"推墙入海"时采用的竞争战略是成本领先战略，继而催生出基于成本领先战略的成本管理方法创新特点。

4.3.1.1 钢铁行业产品生产和成本结构特点

（1）钢铁工业基本生产过程包括采矿、选矿、烧结、炼铁、炼钢、连铸、轧钢，以及焦化、制氧、制造耐火材料等过程，属于多步骤生产流程。

（2）钢铁企业原材料品种单一，但最终成品品种规格可多达数万种。在生产过程中，通常还会伴生联产品和副产品，例如在高炉炼铁生产中可产生高炉粗煤气、高炉煤气灰和水渣等副产品。

（3）钢铁企业除了轧制工序可有多种选择之外，一般情况下特定产品的生产、所需加工能力和工装设备是专门设定的，工艺路线固定，生产加工时间短，产品排队等待加工队伍短。

（4）钢铁企业产品成本主要由原材料和燃料动力消耗构成，生产过程中主要关注物料的数量、质量和工艺参数的控制。

（5）钢铁生产对质量控制严格，产品质量需要从半产品到产成品进行跟踪，对批次管理要求较高。但生产计划控制比较简单，一般通过制造单元的日计划组织计划任务的生产。

（6）钢铁行业是个资本密集型行业。

4.3.1.2　邯钢产品生产成本特点

邯钢等中国钢铁企业的产品成本构成特点极其类似。

（1）原材料和其他外购品费用占成本的比重很高，中国钢铁业一般高达73%以上，其时美国仅为55%左右。

（2）在一个联合企业中，后道工序的原料成本中累积了前道工序的成本，原料的比重越到后道工序就越大，例如，邯钢第一炼钢厂的原料占了成本的85%。

（3）设备折旧的比重较高，中国钢铁业为7.5%，其时美国仅为5.5%。

（4）相对而言，中国钢铁业产品成本构成要素中的劳动力相当便宜，造成这种情况的原因，可能是劳动成本较低，另外也是我国钢铁企业设备陈旧、效率低的缘故。

中国钢铁业的产品在当时几乎没有什么差异，技术领先的竞争战略不是一个现时的选择。而邯钢要在降成本上下功夫，在依靠革新工艺装备的同时，应当重在抓指标考核与激励，提高生产效率，杜绝计划经济体制下长期形成的生产过程中的浪费现象。

4.3.2　邯钢经验的成本管理方法创新实践特点

邯钢实行的以成本管理为中心，并且把成本完成情况与职工奖励挂钩的做法，是当时我国很多大型国企都在实施的方法手段，但是邯钢的成本管理实现了以下四个创新。

4.3.2.1　模拟市场：成本管理以市场为立足点开展

邯钢经验的成本管理与当时其他企业成本管理制度明显的不同点之一，是以市场为立足点和起点开展成本管理，即"模拟市场"。所谓模拟市场，是指邯钢只是采用最终产品的市场价格来"模拟"确定内部转移价格，模拟市场的目的并不是为了对内部单位做出最佳的"外购抑或自产"的决策，而是为了全企业齐心协力得到更高的利润（韩季瀛、杨继良，1998）。

（1）模拟市场流程。邯钢对"内部经济核算制度"的设计，从适合"卖方市场"的成本加成法转型为适合"买方市场"的类似目标成本法的"模拟市场"，模拟市场的具体过程为：首先，以钢材市场价格为基础，减去税费和目标利润之后测算出钢材的目标成本,使目标成本反映市场需求的变化,而实际成本与目标成本的差异,即为全厂应挖掘的潜力;其次,逆工艺流程,逐道工序一步一步地倒挂出各分厂、班组的目标成本和应挖掘的潜力;最后,班组再把指标落实到个人,形成一个以保障全厂目标利润为中心由十几万个指标所组成的成本控制体系。

(2)模拟市场中的标杆管理。邯钢总厂厂内所有生产经营单位,包括辅助单位和职能部门,全都要以市场为导向,以国内先进水平和本单位历史最好水平为依据,遵循市场经济规律,对组成产品成本的各项指标逐项比较,不管是原材料还是可以出厂的产成品,均以市场价格为核算参数,进而核定出每一个产品的内部目标成本和目标利润,然后层层分解落实,最终落实到厂内2.8万人身上,业绩考评和分配以成本指标完成情况为依据,实行成本否决。

4.3.2.2 成本否决:由市场传递到企业内部的激励机制

邯钢的成本否决建立在"模拟市场"的基础之上,其实质是一个激励与评价制度,是直接由市场传递到企业内部的倒逼机制。激励给人以行为的动力,使行为指向特定的目标并维持这种行为。邯钢经验之所以成功,与正确使用激励机制,将外部市场压力转变为企业内部改革动力有着密切的因果关系。邯钢的成本否决机制利用成本和分配两个杠杆,通过层层签订承包协议,联利计酬,将目标成本完成情况与职工工资奖金和晋级等挂钩,把分厂、车间、班组和职工个人的责权利与总厂经济效益相联系,全厂职工普遍感到经济收入的变化直接受制于成本指标完成情况,由此直接把市场竞争压力传递到每个职工的具体工作中,将以成本为中心的管理制度与激励机制结合起来。

企业能不能真正推行"模拟市场核算,实行成本否决"经营机制,很重要的一条要看企业能不能真正实施"成本一票否决权",邯钢在考核和奖励问题上实行"四不",即"不迁就、不照顾、不讲客观、不搞下不为例",规定所有二级单位,当月质量、产量等指标完成得再好,不管是主观原因还是客观原因,只要成本指标没完成,奖金就被全部否决。换句话说,即其他工作和指标完成得再好,只要突破了分配给分厂、班组或个人的目标成本,工资和奖金就要受到影响。这样邯钢就树立起成本权威,并将成本作为影响、诱导和矫正职工行为的杠杆(刘小明等,1998)。为了防止被否决的单位不至于破罐子破摔,只要被否决单位以后通过努力把超支成本补回来,累计完成成本指标,被否决的奖金则可以补发。这种激励机制下,职工通过成本考核获得的奖励占工资的40%左右,"成本否决"机制有了发挥积极作用的可能。为了防止成本不实和不合理的挂账待摊,总厂每月均会进行一次全厂性的物料平衡,对每个单位的原材料和燃料进行盘点。以每个月最后一天的零点为截止时间,次月2日由二级分厂自己校对,3日分厂之间进行核对,在此基础上总厂召开物料平衡会,由计划、总调、计量、质量、原料、供应、财务等部门抽调人员深入分厂查账,账实不符的,重新核算内部成本和利润;成本超支完不成目标利润的,否决全部奖金。

同时，邯钢的激励制度还有一个类似于限薪的规定，即限制奖金：邯钢最高一级领导所得奖金不得超过公司职工平均奖金的2倍；第二层干部（即分厂厂长和各职能处处长）的奖金不得超过公司职工平均奖金的10倍。

4.3.2.3 双管齐下：技术革新管理与成本管理齐头并进

邯钢是钢铁行业，钢铁行业属于资本密集型行业，重视技术改造、充分利用设备效率是资本密集型行业降低成本的重要途径之一。邯钢经验之前，我国企业讨论成本管理，仅就成本管理论成本管理，忽视了技术管理对成本形成的实质性影响，这是我国计划经济体制下固定资产更新改造权限下所形成的，把现有技术装备视为"固定不变"、与企业生产组织无关的成本管理理念。邯钢经验抓住经济改革的机遇，更新成本管理理念，以国内先进水平和本企业历史最优水平为依据，不断对目标成本和目标利润进行优化，双管齐下：一方面革新工艺和装备，勇于克服固化不变的装备条件，不断优化经营流程、改进生产工艺、淘汰落后产能、提高产品质量和生产效率，不断发现可供优化的成本降低点，提高企业经营效率；另一方面紧抓指标考核和激励，全员参与降成本。以连铸比为例，1991年以后，邯钢目标定位于提高连铸比，1996年连铸比从50%提高到100%，1995年3月在全国年产百万吨钢以上的大钢厂中，第一个实现了全连铸，大幅提高成材率，并为一次成材创造了条件，仅这一项措施就为邯钢每年增加利润2亿元。事实上，针对我国钢铁工业大而不强的现状，我国自1999年起开始对钢铁行业实行"控制总量、调整结构、提高效益"的工作方针，并推行"淘汰落后工艺、加快产业升级"的发展战略，引导钢铁企业技术革新管理与成本管理齐头并进，实现从根本上挖潜革新，提高企业经济效益。

知识链接：连铸技术和连铸比。

连铸是连续铸钢的简称，在钢铁厂生产各类钢铁产品过程中，使用钢水凝固成型有两种方法：传统的模铸法和连续铸钢法。产生于20世纪50年代欧美国家的连铸技术是一项将钢水直接浇注成型的技术，其具体铸造工艺流程是：钢水不断通过水冷结晶器，凝成硬壳后从结晶器下方出口连续拉出，经喷水冷却，全部凝固后切成坯料。如果连续生产薄板坯，还可以进入连铸连轧工艺进行进一步的加工。连铸技术除了铸钢之外，还可以铸造铝、铜等金属制品。连铸技术是钢铁生产的首要核心技术，在节约能源降低能耗、提高效率、增加生产能力、提高金属收得率和铸坯质量、改善劳动条件、提供生产连续化自动化方面具有极大优势，钢铁企业走连铸生产路线是降低成本的必要途径。

所谓连铸比，即是连铸合格产量占钢总产量的百分比。连铸比是炼钢生产工艺水平和效益的重要标志之一，也是反映一个国家钢铁工艺综合水平的主要指标之一。连铸比的提高，取决于钢水流量、钢水温度和铸机状态。

1992年，我国钢铁工业连铸比只有30%，1999年我国有65个企业连铸比大于90%，其中42个企业实现全连铸。2003年我国冶金局提出，连铸比战略目标为95%。2005年，我国钢铁产量中96%依靠连铸技术生产。到2017年，我国钢铁工艺连铸比达到 99.69%，相比 1978 年的 3.5%，增长 27 倍多，年均增长 2.47 个百分点。①

4.3.2.4 全员参与：体现了职工企业主人翁的地位

邯钢经验中的成本管理思想还包含着一个重要的中国特色，即全员参与。随着经济形势的发展，企业的成本已经不单单是生产成本，而是由全领域多方向的成本组成，例如资金成本、投资成本、管理成本、采购成本、物流成本、销售成本、能源成本、结构成本等，这些复杂的成本关系到企业策划、设计、供应、生产以及销售等各个部门中的每一个人，涉及企业经营的整个产业链，需要企业从全员角度出发分解成本控制指标，将成本控制体系辐射每一名员工，充分发挥协同效应，促进全体员工积极降低成本、追求效益的理念，从整体层面促进成本的降低。

邯钢是一个特大型企业，下设 28 个分厂，28 000 名职工，为了协同职工与分厂、分厂与总厂的目标达成一致，邯钢将多达 10 万个成本指标层层分解、具体落实到每一个员工头上，使各二级分厂、班组和个人都面临着一定的目标成本压力，并将指标完成情况与利益挂钩，由此形成一种机制——每个职工有家可当、有财可理、有责可负、有利可得，不仅明确了责任和权利，而且调动了全体员工人人当家理财的积极性，实现了全方位、全过程控制成本的目的。邯钢经验倚重制度力量，把市场压力通过成本控制体系传导给全体干部员工，这个体系中的每个成本指标都与厂内各部门和个人密切相连，成为一个严密的责任网络，编制生产经营计划时纲举目张，而实施计划时则目张纲举，把全厂职工利益绑在一起，形成命运共同体。

邯钢执行"模拟市场，成本否决"制度坚持"四不"原则：不迁就、不照顾、不讲客观、不搞下不为例。邯钢全体职工都对这一制度给予坚决的支持与赞扬，究其原因，是这一成本管理制度的全员参与特点体现了全厂职工的主人翁地位，"班班算成本，人人算效益"的群众路线活动，使从班组到工人，人人都算账、算消耗、算节约、算质量，算出了潜力，算出了责任，算出了效益。

4.3.3 邯钢经验中主要应用的现代管理会计工具方法

4.3.3.1 目标成本、责任会计与内部转移定价

责任会计是在分权管理的条件下，为适应企业内部经济责任制的要求，通过在企业内部建立若干个责任中心，对各责任中心的经济业务进行规划与控制，以实现业绩考核与评价的一种管理会计方法。邯郸钢铁总厂实行的"模拟市场核算，实行成本否决"，成功地将目标成本与责任成本有机结合，创新发展了我国源自班组核算、经营活动分析和资金归口分级管理、企业经济责任制等内部责任

---

① 资料来源：《中国钢铁工业统计月报》。

会计制度，通过将成本指标层层分解，落实到分厂、车间、班组和个人责任者，全厂10万多个指标均有直接责任者，实行工资奖金同经济效益紧密相连，建立重奖重罚的利益机制，充分挖掘各环节潜力，有效降低了企业成本，增加了企业效益。

（1）责任中心和责任成本的确定。邯钢按照自身实际情况，将它所控制的区域和责任范围划分为成本中心、利润中心和投资中心三大责任中心。邯钢的成本中心按照钢材的产出工序和行政管理级别细分为分厂级、科室级、车间级和班组级，然后根据班组级成本中心的责任成本一级一级向上倒推出厂级成本中心责任成本，并与国内先进水平和本单位历史最好成绩进行比较，以充分挖掘出企业的潜力。

邯钢主动将市场机制引入企业日常管理，在考评利润中心时，由于它的内部转移价格与市场产品销售价格一致，其利润中心的数学模型简化为：

$$P = Z_p \times (Q' + Q'') - C \tag{4-1}$$

其中，P为责任中心的可控利润；Z_p为产品的销售价格；Q'为企业直接对外销售产成品、半产品和提供劳务的数量；Q"为企业向其他利润中心销售产成品、半产品和提供劳务的数量；C为责任中心的可控成本。

在考核投资中心时，邯钢运用投资报酬率和剩余收益这两项指标反映企业经营情况。

（2）内部转移价格的确定。我国《管理会计应用指引第404号——内部转移定价》中将内部转移价格定义为：企业内部分公司、分厂、车间、分部等责任中心之间相互提供产品（或服务）、资金等内部交易时所采用的计价标准。并指出，企业应用内部转移定价工具方法的主要目标是界定各责任中心的经济责任，计量其绩效，为实施激励提供可靠依据。内部转移定价通常分为价格型、成本型和协商型，责任中心可以根据自身的性质和业务特点，分别确定适当的内部转移定价形式。内部成本中心一般采用成本型内部转移定价，该定价方法以标准成本等相对稳定的成本数据为基础制定内部转移价格。

西方相关文献资料总是会提到价格型内部转移价格的优点，认为在价格型转移定价机制下，由于企业中间产品存在市场，可以促使企业对中间工序作出"外购抑或自产"的优化经营决策。20世纪90年代初的邯钢，其内部工序之间结转的半产品或产品，例如生铁，即使存在相应的市场，企业绝不可能停止本企业生铁生产而转向市场购入。因此，邯钢经验产生了在企业管理中引入市场机制的模拟市场做法，改变厂内核算的计价基础，采用最终产品的市场价格来"模拟"确定内部结转价格，这看似一个简单的技术性问题，但是通过利用市场价代替计划价，从而把市场压力变成激励要素，将总厂独自承担的市场压力逐级传递到分厂乃至全体职工。原本计划经济体制下分厂"躺在总厂身上"、职工"躺在分厂身上""吃大锅饭"的格局被打破了，总厂被市场压力压得喘不过气而分厂奖金照拿的日子一去不复返，企业内部分配完全取决于效益指标的完成情况，一旦分厂连续完不成指标，职工就拿不到奖金，也无法正常晋级。从本质上看，"模拟市场"并不是为了对内部单位做出"外购抑或自产"的最佳经营决策，而是为了全公司齐心协力地得到更高的利润和经济效益，邯钢经验通过内部结算价格的模拟市场，使企业所有环节体现公平对待的原则，明确划分了各责任中心和责任主体的责任，能够客观评价责任中心的工作业绩，巧妙地将市场压力转化为一种激励因素；通过将目标成本层层分解到各二级分厂、车间、班组和职工个人，并将目标成本、目标利润直接与各责任成员的奖金晋级挂钩，将市场压力和责任逐级传递，达到全体动员的效果。

4.3.3.2 标准成本制度还是目标成本管理

目标成本管理源于美国，在实践中，以日本丰田为代表的日本企业在20世纪60年代就开始实施目标成本管理方法，以质优价低的产品在国际市场上与欧美产品竞争，显示出强大的市场竞争力。从对模拟市场的引入过程来看，邯钢经验与目标成本管理中出现的"目标利润"和"目标成本"的概念与方法非常相似，其市场、倒推、全员、否决的基本模式与成本策划活动程序基本相同，各个环节的指导思想实质上也与"成本策划"的观念一致，邯钢基于"模拟市场"的目标成本确定，又因其倒推法的特征被我国很多学者认为是形成具有中国特色的目标成本管理，是"成本策划"法在我国已萌芽的例证（王寅，1998）。

邯钢经验的成本管理虽然与目标成本规划存在许多偶合，但邯钢经验决不能等同于目标成本规划（孙菊生、曹玉珊，2000）。其时我国也有学者提出质疑，认为邯钢经验只是基于泰罗制的标准管理制度，例如，刘小明等（1998）认为，邯钢经验从根本上说就是美国的"泰罗制"，邯钢经验的"成本否决"就是"泰罗制"的标准成本制度，它们主要用于提高生产或作业效率，最适合工厂、车间或企业基层的管理，邯钢经验是工厂管理制度，尚未涉及企业中层和高层。然而，邯钢引入"模拟市场"和"成本否决"的成本管理模式的难能可贵之处在于，邯钢经验所采取的成本控制标准直接来源于市场而非企业内部。杨继良与徐佩玲（1997）也认为，邯钢经验是在首钢等其他企业早已实行的一套内部核算经验的基础上，添加了"模拟市场"和"成本否决"的内容，是为了建立一种有效的以成本作为控制和业绩评价标准的企业内部管理控制系统，目标在于对成本进行更有效的事中控制和事后控制。

以"泰罗制"中动作时间研究为基础的标准成本制度，其实施不仅考虑成本的价值形态，而且兼顾成本的实物形态。我国起始于20世纪50年代的鞍钢班组核算，经过经济核算制、企业内部经济责任制等在不同企业的凝练和升华，一直到邯钢经验，均属于成本价值形态方面的成本标准化。从这一点上看，邯钢经验的标准成本管理是存在缺陷的，邯钢经验只是创新发展了属于成本价值形态方面的标准成本制度，同时期大庆岗位责任制则属于成本实物形态方面的发展。将成本的价值形态与实物形态结合起来的标准成本制度才可能是最有效的，这方面，我国在20世纪90年代树立的两个典范——邯钢和大庆，都存在较大的不足。

标准成本是为已投产并正常生产的产品所制定的计划成本,我国《管理会计应用指引第 302 号——标准成本法》中明确规定:标准成本法,是指企业以预先制定的标准成本为基础,通过比较标准成本与实际成本,计算和分析成本差异,揭示成本差异动因,进而实施成本控制、评价经营业绩的一种成本管理方法。该指引指出,标准成本法一般适用于产品及其生产条件相对稳定,或生产流程与工艺标准化程度较高的企业。

而目标成本管理从本质上看是一种对企业未来利润进行战略性管理的技术,其普遍做法是:首先,确定待开发产品的生命周期成本;其次,由企业在这个生命周期成本水平上开发生产拥有特定功能和质量的,并且以预计市场价格出售就有足够盈利的产品。目标成本管理使"成本"成为产品开发过程中的积极因素,而不是事后消极结果。目标成本管理的关键在于,是将待开发产品的预计售价扣除期望目标利润确定企业目标成本后:设计能在目标成本水平上满足顾客需求并可投产制造的产品。美国管理会计学家库伯和斯拉莫得(Cooper and Slagmulder, 1999)对丰田(TOYOTA)、尼桑(NISSAN)等运用目标成本规划较为成熟有效的七家日本公司进行数月考察后,将目标成本规划的过程划分为如图 4-1 所示的三个部分。

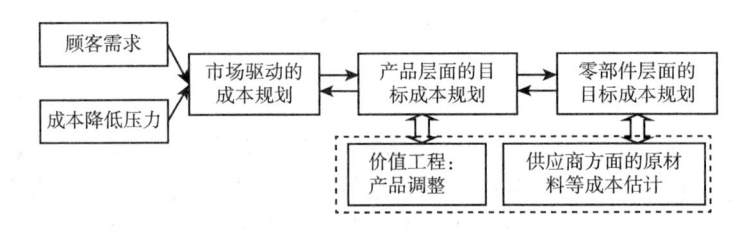

图 4-1 目标成本规划的三个过程

由图 4-1 可知,目标成本法下,在根据目标售价和目标利润确定目标成本之后,才开始进行设计和筹划组织生产,这最少包括两个方面:一方面按照价值工程原则进行各个零部件以至于整个产品的设计;另一方面则是寻找价格低廉的原材料和零部件的供应商。显而易见,目标成本法与标准成本法最大的不同在于以下两点。

(1)企业设计部门在产品设计之前,就有一个明确的、必须达到的、直接由市场决定的成本目标。

(2)目标成本随市场变化而不断修订,目标成本规划不再是企业的一项独立工作,而是整个产品开发过程中的一个组成部分。

我国《管理会计应用指引第 301 号——目标成本法》中明确规定,目标成本法是指企业以市场为导向,以目标售价和目标利润为基础确定产品的目标成本,从产品设计阶段开始,通过各部门、各环节乃至与供应商的通力合作,共同实现目标成本的成本管理方法。同时,在应用环境中指出,企业应用目标成本法,要求处于比较成熟的买方市场环境,且产品的设计、性能、质量、价值等呈现出较为明显的多样化特征。企业应以创造和提升客户价值为前提,以成本降低或成本优化为主要手段，谋求竞争中的成本优势，保证目标利润的实现。

4.3.3.3 邯钢经验中的精益生产理念

邯钢经验的成功之处，除了上述管理会计工具的创新发展和应用之外，还在于"成本否决"中体现的精益生产理念。精益生产，又称适时制（JIT）、准时生产，实践中，广为人知的精益生产多来自日本丰田的生产方式，其有两大特征：准时生产、全员积极参与改善。正是这两大特征使企业可以"以越来越少的投入获取越来越多的产出"：准时生产的目的是消除各种没有附加价值的动作，达成一个去芜存菁的生产体系，以便更具弹性地去适应顾客订单；推行精益的关键，则是建立一套系统，保障全员积极参与改善。

邯钢经验诞生后，日本和韩国一些企业将其称为"中国的丰田模式"，认同了其中的精益生产理念。有效的劳动必然产生效益，邯钢的"成本否决"，实际上否决的是无效劳动、不增值作业，并且邯钢经验变劳动计量为效益计量，通过对效益的确认和计量，间接确认和计量了劳动，实现了把按劳分配中"劳"的具体化和数量化。通过"模拟市场核算"，邯钢数量化的标准是市场价格，从而使劳动的确认、计量建立在客观存在的市场基础之上。社会主义市场经济体制下，市场成为社会资源分配的基础，邯钢经验体现了这一要求，千变万化的市场不断影响着企业，并通过邯钢成本控制体系所能够产生的传递效应，不断地激励每个职工调整自己的行为目标和行为方式，增加有效劳动，减少甚至根除无效劳动。

4.4 从邯钢经验到邯钢管理

邯钢经验产生于中国从计划经济向市场经济转轨的历史时期，从时代背景、行业发展背景角度来看，邯钢适应经济体制转变，立足本企业实际，抓住改革的机遇，在企业经营承包制的基础上发展创新"模拟市场核算，实行成本否决"的企业经营机制，牵住了国企在经济转轨时期改革发展的"牛鼻子"，在当时具有普遍适应性。然而，从现在的眼光来看，邯钢经验以成本管理为核心的管理会计实践创新，还是存在不少缺陷和不足。随着市场经济体制改革的不断深入和日趋成熟，以及西方现代管理会计理论和实践的引入，邯钢在进入21世纪后的经营管理实践中不断发展和完善"邯钢经验"，对其进行改善和修补，进一步发展出21世纪新的"邯钢管理"。

4.4.1 邯钢经验的缺陷和不足

4.4.1.1 模拟市场价格倒推的成本指标随时代发展开始缺乏针对性

邯钢经验产生的时代，是我国钢铁工业迅速发展的时代，仅从粗钢产量指标就可以初见端倪：1996年我国粗钢年产量突破1亿吨，2003年突破2亿吨。快速发展的同时，我国钢铁工业也面临着大而不强、产能严重过剩等一系列重大挑战，我国自1999年起开始对钢铁行业实行"控制总量、调整结构、提高效益"的工作方针，并推行"淘汰落后工艺、加快产业升级"的发展战略，谋求钢铁行业的产业转型和结构调整，以钢铁装备的进步和结构调整带动产品结构和技术结构的不断进步，生产钢铁工业的高端产品。随着产品结构的不断优化升级，高端产品意味着产品的高性能、高附加值是其竞争优势的关键，产品的市场价格远高于成本，此时，邯钢经验基于低端产品生产而采取的成本领先战略下，以市场价格信号为依据倒推考核成本指标就明显缺乏可操作性。

4.4.1.2 成本否决在管理系统、技术研发和新产品开发等领域尚未实行，目标成本指标分解的横向到边尚不到位

"模拟市场核算，实行成本否决"目标在于降低钢铁产品的生产成本，其成本构成主要考虑生产阶段的原材料耗费、人工耗费以及间接生产费用，虽然后来随着完善进一步延展到后勤、基建和技改，但主要是针对生产系统推行的，在管理系统、技术研发和新产品开发等领域尚未实行。与此相对应，目标成本指标的分解在生产系统的"纵向到底"的落实非常到位，形成了总厂、二级分厂、车间、班组和个人的无缝对接，然而由于当时客观条件的限制，"横向到边"方面尚不彻底。

4.4.2 从邯钢经验到邯钢管理：21世纪邯钢的管理会计创新实践

邯钢经验不仅是一套成本管理系统，而且是以成本为核心、以市场为基础、全员参与、全程控制的综合企业管理系统，由一系列基础管理会计方法组成，市场、倒推、全员、否决，再加上班组经济核算，为当代邯钢推行企业资源计划管理（ERP）等企业信息管理系统，应用现代管理会计工具奠定了扎实的管理基础。

4.4.2.1 "模拟市场核算，实行成本否决"到全面预算管理

2002年，邯钢新一任领导班子上任后，开始进行组织机构改革，对职能部门和二级分厂进行职能整合和机构重组，大力推行"扁平化组织"建设。在组织机构改革的基础上，率先在我国冶金系统推行全面预算管理，成功实现了"模拟市场核算，实行成本否决"与现代管理会计工具方法的对接，延续世纪辉煌，开启新世纪转型提质发展之路。邯钢的全面预算管理以供产销预算为基础，以经营利润预算为目标，以现金流预算为核心，追求资本增值，具体而言，邯钢全面预算管理主要具有以下五个特点。

（1）指标的科学性。邯钢对预算指标的确定，采用的是零基预算方法，按照"自下而上，自上而下"相结合的形式，以各职能部门和单位提供的基础资

料为依据，在各部门单位协商一致的基础上，参考国内同规模钢铁企业的先进指标，确定各部门和单位的预算指标，保证了指标的科学性和先进性。

（2）预算管理的全面性。在传统财务预算的基础上，拓宽财务预算范围，最终形成七大类31个明细项的预算管理新体系：第一，增加了新品种创效预算，以引导技术研发部门加大新产品开发，以品质促进增效；第二，增加了生产事故损耗预算，以加大对质量损失的考核力度，引导生产系统减少事故。

通过将财务预算指标层层分解，分别从横向和纵向落实到各部门、各单位、各环节和各岗位，形成责任明晰、权责分明、全员覆盖的财务预算执行责任体系，并在此基础上，形成了责任与利益挂钩、付出与回报对等的激励机制。

（3）财务与生产、经销的协调机制。采用月生产经营分析会的形式，财务部门会同生产、经营、销售部门一起，进行品种、效益优化评价，通过对产品盈利能力、合同签订、公司资源平衡情况等问题的分析，为公司品种结构调整与决策出谋划策，实现由单纯的财务成本分析向经营活动动态分析的转变。

（4）注重过程控制，确保指标落地。将预算管理延伸到各环节，第一，计划环节，以目标利润统御部门预算，量入为出；第二，实行全过程预算管理，对指标完成情况进行全过程跟踪分析和考核，坚持每周科长例会、每周资金平衡会和成本分析会制度，对未完成指标和出现问题的单位与部门，调查分析、明确责任、挖潜整改；第三，针对结果完成情况，通过细化奖惩制度和加大考核力度，充分调动各部门各单位完成预算指标的积极性。

（5）预算管理体系的有效补充。全面预算管理体系虽然建立起成本控制的全方位立体网络，但还存在一些成本真空带无法解决，例如事故导致的损失成本归属问题。为此，邯钢进一步推行了内部经济合同制，有效补充了全面预算管理的薄弱环节。

该机制在所有管理环节、所有工序之间甚至所有岗位之间，依据市场发展谋求建立诚实可信的合同关系，如果上一道工序影响了下一道工序的进度和质量，则依据合同被影响方有权向造成影响方索赔，从而为提高工作效率和控制工序成本提供了保障条件，避免了单位、工序、环节之间责任不清的现象。

4.4.2.2 精益管理理念的全面推行

2006年1月，邯钢正式上线企业资源规划（ERP）系统，进一步加强了企业信息化管理，2008年邯钢与唐钢合并成立河北钢铁集团后，邯钢成为河钢旗下邯钢公司。其时，全国钢铁行业再一次开始进入下行周期，面对严峻的市场形势，邯钢坚持以"内涵挖潜、降本增效"为主线，实施"铁前系统挖潜、钢后品质增效"经营战略，细化、完善各项管理制度，2009年在全国钢企率先推出6S精益管理工程，构建实施了精益物流、设备管理、新产品研发、质量管理、财务管理、安全能源、精益生产、标杆管理等21个专业管理模块，大力推行精益生产、全面质量管理等先进管理理念，确定了一套以6S为基础，建设覆盖全员、全过程、全系统的精益管理工程。2011年，邯钢依据卓越绩效模式的核心理念，持续深化完善"邯钢经验"。构建了包括精益生产、设备 TPM、六西格玛管理等在内的 23 个模块的开放式集成管理体系，覆盖生产经营各专业领域，形成以卓越绩效模式为引领，以 6S 管理为基础，以精益管理为手段的高效、精细的企业运行新平台，卓越绩效模式在邯钢成功落地。卓越绩效模式重视的是各个生产要素的相互配合，它并不规定企业产品质量应达到某一水平，而是引导企业建立一个持续改进的系统，不断开拓进取，永无止境追求卓越。

知识链接：六西格玛。

六西格玛（Six Sigma，以下简称"6S"）是一种管理策略，也是一种改善企业质量流程管理的技术，是 1986 年时任摩托罗拉工程师比尔·史密斯（Bill Smith）提出的。

所谓的六西格玛，原意是 6σ，"σ"是一个希腊文字母，在统计学上表示标准偏差值，用以描述总体中个体偏离均值的程度，测量出的 σ 值测度了诸如单位缺陷、百万缺陷或错误的概率性，σ 值越大，缺陷或错误越多。6σ 是一个质量目标，这个质量水平意味着，在所有的过程和结果中，99.99966% 是无缺陷的，即 100 万件事情中只有 3.4 件是有缺陷的，这几乎趋近人类能够达到的最为完美的境界。

6σ 管理既着眼于产品、服务质量，又关注过程的改进，一个企业要想达到 6σ 标准，那么它的出错率不能超过 3.4%。故此 6S 管理法的核心是，以"零缺陷"的完美商业追求，追求零缺陷生产，防范产品责任风险，带动质量大幅提高、成本大幅降低，提高生产率和市场占有率，从而提高顾客满意度和忠诚度，最终实现财务成效的提升与企业竞争力的突破。

20 世纪 90 年代中期，美国通用电气公司（GE）将 6S 从一种全面质量管理方法演变成为一个企业流程设计、改善和优化的技术，并提供了一系列适用于设计、生产和服务的新产品开发工具。根植于美国通用电气公司的实践，杰克·韦尔奇发展起来的 6σ 管理总结了全面质量管理的成功经验，提炼其中流程管理的精华和方法，使其演进为一种提高企业业绩与竞争力的管理模式。该管理法在摩托罗拉、通用电气、戴尔、惠普、西门子、索尼以及东芝等众多跨国企业的实践中被证明是卓有成效的。

（1）吨钢成本的降本增效管理。邯钢根据市场价格倒推计算后，将吨钢降本增效的目标锁定在 350 元，进一步细化后得出降本目标为：铁前需要降本 132 元/吨铁；钢后则要增效 98 元/吨钢；物流优化要降本 58 元/吨钢。细化分解各降本增效指标后，邯钢从原料、焦化、烧结、炼铁、炼钢、轧钢等方面进行全方位深层次的工序优化，制定 38 项重点保证措施，以 6S 为基础，通过单元和系统的持续改善和精益化管理，成功实现目标。

（2）SBU 机制。2010 年邯钢开始推行 SBU 机制，战略业务单元（strategic business unit，SBU）是邯钢 6S 精益管理工程中的一个模块，自 SBU 实施以来，邯钢半年内平均每月研发新产品 3 个。2011 年进一步完善 SBU 机制后，每月新产品研发量增加到 7 个，新产品产量达到 245 万吨，增创效益 1.37 亿元。2012

年继续深入推行 SBU 产、销、研一体化管理机制,第一季度即生产"两高"新产品 66 万吨,增创效益近 1 300 万元。

(3) 科技创新与管理创新结合。邯钢坚持邯钢经验中的技术管理与成本管理双管齐下的路线策略,依靠技术降本、创新增效取得显著成绩:邯钢新区炼钢厂实施的"炉炉清"系统,是科技创新与管理创新的产物,这个系统可实现单炉结算、实时可视的数字化成本管理,仅就 2011 年一年,炼钢厂通过"炉炉清"系统提质降本达到 1.5 亿元,成功实现技术降本目标。2012 年第一季度,新区炼铁厂通过优化炉料结构配比、推行低硅冶炼技术等手段,降本 6 400 余万元;三炼钢厂通过中铁回收加大转炉配吃量等措施,实现降本增效 3 800 余万元;贮运中心通过优化卸车和含铁物料回收利用等方法降低成本 1 亿元。

(4) 全产业链成本管理。针对邯钢经验早期"模拟市场核算,实行成本否决"主要针对生产系统的缺陷,邯钢发展了全产业链成本管理,把以工序为主的生产成本不断向人工成本、资金成本、采购成本、物流成本、销售成本、投资成本、管理成本、能源成本以及结构成本等全领域拓展,向全产业链延伸,逐步形成全产业链成本管理。

"卓越引领、精益开拓",全员、全过程、全系统精益管理模式直接带来邯钢效益的突飞猛进:"十一五"期间,邯钢累计产钢 3 956 万吨,实现销售收入 1 591 亿元。与 2005 年末相比,邯钢总资产、年销售收入、人均年产值同比分别增长 189%、195%、116%。[①]

4.5 本章小结

邯钢经验是我国"土生土长"的企业内部管理制度,带有浓厚的中国特色和时代特征,是我国自 20 世纪 50 年代以来国企管理实践中为提高企业经济效益而不断积极探索的阶段性成果之一。邯钢经验以成本管理为核心的"模拟市场核算、实行成本否决"经营机制的成功之处有三:第一,"成本否决"树立了成本权威,邯钢经验是一种以成本作为控制标准和业绩标准的企业内部管理控制系统;第二,以"模拟市场"倒推的成本指标作为影响、诱导和矫正人的行为杠杆,将成本指标与奖金、工资挂钩,调控企业成员的行为,从而发动全体员工关注企业经济效益;第三,也是邯钢最不易被模仿的地方,就是推广邯钢经验的实践过程中依赖的企业家精神,这也涉及管理会计工具应用的一个重要方面,管理会计工具的应用和推广,需要企业"一把手"的推动。

自邯钢经验推广以来,随着市场经济的不断深入,企业经营方式和组织的变革,邯钢管理从一开始引入"模拟市场核算,实行成本否决"的转机制、堵漏

---

① 将政治优势转化为核心竞争力——记全国先进基层党组织河北钢铁集团邯钢党委 [N]. 中国经济时报,2011 - 12 - 14.

洞、扫浮财、改善指标,到更新改造、对标管理、优化品种结构、提高产品质量、开发新产品,再到现如今的扩展企业边界,不仅关注企业自身效益和成本,而且从社会的角度看待资源节约与环境保护,关心企业的社会成本,发展循环经济,实现"人、自然、社会和钢铁和谐共生",邯钢经验在实践中不断发展、完善,在继承的基础上不断升华。

参考文献

[1] 财政部. 管理会计应用指引第 404 号——内部转移定价.

[2] 财政部. 管理会计应用指引第 301 号——目标成本法.

[3] 财政部. 管理会计应用指引第 302 号——标准成本法.

[4] Robin Cooper, Regine Slagmulder. Develop Profit able New Products with Target Costing [J]. Sloan Management Review, 1999 (Summer).

[5] 韩季瀛, 杨继良. 论邯钢成本管理经验 [J]. 会计研究, 1998 (8).

[6] 刘小明, 于增彪, 刘桂英.《论管理会计的应用》之质疑 [J]. 会计研究, 1998 (6).

[7] 孙菊生, 曹玉珊. 目标成本规划解析——兼议邯钢经验与目标成本规划的区别 [J]. 会计研究, 2000 (5).

[8] 王世定, 李闰. 行为会计研究——对会计工作秩序和邯钢经验的行为分析 [J]. 会计研究, 1997 (4).

[9] 王寅东. 成本策划法在我国的产生 [J]. 会计研究, 1998 (4).

[10] 杨继良, 徐佩玲. 论管理会计的应用 [J]. 会计研究, 1997 (12).

[11] 张继德, 刘伟. 我国目标成本管理存在的问题、原因和对策——以邯钢集团的目标成本管理为例 [J]. 会计之友, 2014 (30).

[12] 刘青山. 刘汉章. 创立"邯钢经验"[J]. 国资报告, 2018 (12).

[13] 薛维君, 颜廷标. 关于邯钢经验的深层思考 [J]. 中国工业经济, 1998 (9).

[14] 河钢集团邯钢公司官方网站, http://www.hgjt.cn/.

[15] 人民日报评论员. 邯钢经验再显威力 [N]. 人民日报, 1998-02-21, 01 版.

[16] 国企改革"邯钢经验"的创造者, http://m.people.cn/n4/2019/0121.

[17] 秦中艮, 武献杰. 邯钢经验二十年 [J]. 财务与会计, 2010 (10).

[18] 国务院国有资产监督管理委员会官方网站, http://www.sasac.gov.cn/.

讨论与思考

1. 邯钢经验的创新之处是什么?试讨论邯钢经验的可复制性。

2. 邯钢经验中应用了哪些管理会计工具和方法?其与我国钢铁业中已经存在的管理会计工具和方法有何异同?与同类型西方管理会计工具有何异同?

3. 从邯钢经验到邯钢管理,是什么推动邯钢管理会计方法不断创新发展?

第5章 安阳钢铁：管理会计控制工具方法应用*

　　钢铁行业是我国传统支柱性产业之一，在国民经济中占有重要地位。自新中国成立以来，在国家相关政策导向下，我国钢铁产能迅速增长，为社会主义经济建设做出重大贡献。但是长期的钢铁生产能力扩张使国内普通钢铁产品市场趋于饱和，市场竞争日益加剧。"九五"期间，针对我国钢铁行业出现的生产能力过剩、产品结构矛盾突出的特点，钢铁行业的发展重点开始从增加产量为主调整到优化产品结构为主。《国民经济和社会发展"九五"计划和2010年远景目标纲要》即提出，加快大中型钢铁企业改造扩建，引进和开发先进技术，加快专用钢材和不锈钢生产线的配套改造和扩建，加快淘汰化铁炼钢、平炉炼钢、横列式轧机等落后工艺设备，推广高炉喷煤、连铸、连轧技术。1999年以来，我国对钢铁业发展采取了"限制总量、调整结构、提高效益""限产、保价、压库、增效"等方针政策，推行淘汰落后产能、加快产业升级的发展战略，在整体行业下行和环保日趋严格的双重压力下，进入21世纪的钢铁行业开始步入微利时代。

　　创始于1958年的安阳钢铁集团有限责任公司，在新时代我国钢铁行业进行结构调整、淘汰落后产能、加快产业升级的进程中，不断根据经济社会环境改变发展策略、变革生产经营模式，积极进行供应侧结构改革，以市场为导向，以客户需求为引领，从销售型钢铁企业逐步向服务型钢铁企业转型。在推进低成本运行、创新增效、降本增盈的过程中，逐步形成核心竞争力，在我国激烈的钢铁市场竞争中取得比较优势，2020年7月，居《财富》中国500强排行榜第324位。本章案例对象为安阳钢铁集团有限责任公司主要上市公司——安阳钢铁股份有限公司，目的在于描述和分析随着我国钢铁行业转型升级和结构性调整进程，现代大型钢铁联合企业在成本管理领域不断发展完善的现代管理会计工具方法的整合应用，对于钢铁等冶金类企业具有一定的借鉴和参考价值。本章案例为校企合作开发案例，案例资料主要来源于安阳钢铁集团及其子公司安阳钢铁股份有限公司的实践经验以及安阳钢铁股份有限公司招股说明书、年度报告、临时公告等公开披露信息资料。

---

* 本章案例为校企合作开发案例，其中，企业方参与者：安阳钢铁集团有限责任公司王志勇；高校方参与者：河南财政金融学院李朝芳。

5.1 案例背景

5.1.1 产业背景

1996 年我国钢产量首次突破 1 亿吨大关后,"九五"期间钢产量连年增长,位居世界第一。然而随着钢材产量的增加,市场结构性矛盾日益突出,部分钢材品种供大于求的同时,一些高附加值、高技术含量的品种不能完全满足国民经济需要,再加上落后工艺技术装备在国内钢铁企业中仍占很大比例,我国钢铁行业大而不强。1999 年我国全国冶金工作会议上明确提出,冶金行业要把"控制总量、调整结构、提高效益"放在工作的首要位置来抓,全国钢产量在 2000 年要控制在 1.1 亿吨以内,钢材产量控制在 1 亿吨以内,依法关闭、淘汰落后生产能力,全行业力争实现利润 100 亿元。《国务院办公厅转发国家经贸委关于清理整顿小钢铁厂意见的通知》提出,钢铁行业要淘汰落后工艺设备,压缩过剩生产能力,加大钢铁工业结构调整力度,促进产业优化升级,明确强调要控制总量、扩大出口、继续"关小(钢厂)"。在经历了以数量扩张的粗放式发展阶段后,我国钢铁行业进入加速结构性调整,全面提升竞争力为主的阶段。

2001~2006 年,我国钢产量由 1.5 亿吨增长至 4.2 亿吨,年均增长 5 344 万吨,年均增长率达到 22.8%。2006 年,我国钢产量占世界钢产量的比例达到 34.7%,然而钢铁产能相对过剩,落后装备产能包括炼铁 1 亿吨、炼钢 5 500 万吨、轧钢 8 000 万吨。"十五"期间我国钢铁工业增长方式粗放、环境压力偏大、产能扩张速度过猛、行业产能过剩等一系列问题和矛盾日益突出。

"十一五"时期,我国粗钢产量增加到 6.3 亿吨,年均增长 12.2%;钢材国内市场占有率提高到 97%;钢铁产品结构进一步优化,产品质量不断提高,大部分品种自给率达到 100%,关键钢材品种开发取得长足进步;技术装备水平大幅提高,重点统计钢铁企业 1 000 立方米及以上高炉生产能力所占比例由 48.3%提高到 60.9%,100 吨及以上炼钢转炉生产能力所占比例由 44.9%提高到 56.7%,大部分企业已配备铁水预处理、钢水二次精炼设施,精炼比达到 70%,轧钢系统基本实现全连轧。[①] 与此同时,"十一五"期间,我国钢铁行业产能扩张过快,结构性产能过剩,铁矿石等原燃料价格攀升,企业成本压力等问题越来越大。

"十二五"以来,我国国内生产总值(GDP)增速开始持续回落,2011~2020 年,GDP 增速分别为 9.55%、7.86%、7.7%、7.43%、7.04%、6.85%、6.95%、6.75%、5.95%、2.3%,中国告别过去 30 多年平均 10%左右的高速增长,经济增长阶段出现根本性转换。2012 年,国家发改委、工信部和中国钢铁

---

① 钢铁工业"十二五"发展规划。

工业协会摸底中国钢铁行业实际产能,虽然三部门得出数据不一样,但大致在 9.5 亿~9.8 亿吨,存在 2 亿吨左右过剩产能。中国钢铁行业冶金工业规划院指出,2013 年中国钢材实际消费量为 6.93 亿吨,供大于求 1 亿吨。[1] 我国国民经济增速放缓、经济下行压力持续,钢铁行业需求增长动力不足,供大于求矛盾突出,产能过剩,钢材价格易跌难涨,我国钢铁企业微利或亏损经营的"新常态"持续存在。

根据国家统计局数据,我国 2019 年生铁产量 8.09 亿吨,同比增长 5.3%;粗钢产量 9.96 亿吨,同比增长 8.3%;钢材产量 12.05 亿吨,同比增长 9.8%。钢铁下游需求主要来自建筑(包括地产和基建)、机械、汽车等。2019 年中国钢材供需基本趋于平衡,中国钢材销售量累计值达 11.9 亿吨,同比增长 9.2%,钢材产销率基本稳定在 99% 以上。

5.1.2 经济新常态、供给侧结构性改革和"三去一降一补"

5.1.2.1 经济新常态

2014 年 5 月习近平总书记在考察河南行程中第一次提出新常态概念,认为"中国发展仍处于重要战略机遇期,我们要增强信心,从当前中国经济发展的阶段性特征出发,适应新常态,保持战略上的平常心态"。2014 年 11 月习近平总书记在亚太经合组织(APEC)工商领导人峰会上首次系统阐述新常态概念。[2]

新常态所谓的"新",就是"有异于旧质","常态"就是时常发生的状态。因此,新常态指的是不同以往的、相对稳定的状态,是一种趋势性不可逆的发展状态,中国经济进入新常态,就是中国经济已进入一个与改革开放以来 40 多年高速增长期不同的新阶段。新常态阶段有三个主要特点:一是速度,经济从高速增长转为中高速增长;二是结构,经济结构不断优化升级;三是动力,经济增长从要素驱动、投资驱动转向创新驱动。经济新常态不是总量经济,而是强调结构稳定增长的经济。常态指的是粗放型、数量型、扩张的发展状态,靠低成本驱动;经济新常态则是经济要转为集约型、质量型发展状态。

2014 年 12 月 9~11 日,中央经济工作会议明确指出我国经济新常态的内涵。从生产能力和产业组织方式方面来看,我国传统产业供给能力大幅超出需求的事实已经结束了长期困扰我国经济发展的供给不足问题,产业结构必须优化升级;从生产要素相对优势来看,随着劳动力低成本优势的消失,要素的规模驱动力减弱,经济增长将更多依靠人力资本质量和技术进步,必须让创新成为驱动发展新引擎;从市场竞争特点来看,以数量扩张、价格竞争为主的市场竞争方式,在 2014 以后正逐步转向质量型、差异化为主的竞争,提高资源配置效率是经济发展的内生性要求。

---

[1] 钢铁白名单第三批公布全行业 15% 产能面临淘汰,https://finance.qq.com/a/20141127/。
[2] 习近平首次系统阐述"新常态". 新华网,http://www.xinhuanet.com/politics/2014-11/。

5.1.2.2 供给侧结构性改革和"三去一降一补"

2014年以来，我国经济进入新常态发展阶段，GDP增速放缓，企业利润率普遍下降，主要经济指标之间联动性出现背离，经济结构性分化趋于明显，供需关系面临不可忽视的结构性失衡。中国经济发展所面临的一系列突出矛盾，表象上是速度问题，实际则是结构问题，"供需错位"成为阻挡中国经济实现高质量发展的重要路障：过剩产能存在的同时，中国供给体系总体上是中低端产品过剩，而高端产品供给不足。中国经济问题的关键已经不在需求侧而是在供给侧，在优化需求管理的同时，迫切需要改善供给侧环境、优化供给侧机制，通过改革制度供给，激发微观经济主体活力，促进我国经济长期稳定发展。强调供给侧结构性改革，就是要从生产端、供给侧入手，调整供给结构，为真正启动内需、实现高质量的经济发展寻求新路径。[①] 2015年11月中央财经领导小组和12月中央经济工作会议确定了未来一段时期贯穿经济工作的主线：供给侧结构性改革。

推进供给侧结构性改革，即通过解决供给需求结构性错位、优化调整资源配置方式等途径培育经济增长新动力，从经济运行源头入手，从产业、企业角度观察认识问题，突出长远的转型升级。目的就是实现更高水平的供需平衡，以真正实现中国经济由高速增长阶段转向高质量发展阶段。

吴敬琏（2017）提出，结构有两层含义：第一层含义是指经济结构，是资源配置的结构；第二层含义是指体制机制的结构。第二层含义是指供给侧的结构性改革的体制机制改革；改善经济结构的重点则是实现"三去一降一补"（去产能、去库存、去杠杆、降成本、补短板）。

我国供给侧结构性改革主要涉及产能过剩、楼市库存大、企业债务高三个方面，2015年12月中央经济工作会议提出供给侧结构性改革的同时，提出2016年经济社会发展特别是结构性改革任务要抓好去产能、去库存、去杠杆、降成本、补短板五大任务。去产能，指的是化解低利润、高污染的过剩产能；去库存，主要是化解房地产库存；去库存是为新的产能提供空间；去杠杆是降低长期性和系统性风险；降成本即帮助企业降低交易成本，是提高效率的基础；补短板实质是加快效率较高、供不应求的产业的发展，补齐民生、经济动能和社会事业等短板领域，提高整体资源配置效率。

去产能是五大结构性改革任务之首，是为了解决产品供过于求而引起产品恶性竞争的不利局面，寻求对生产设备及产品进行转型和升级的方法。受2008年国际金融危机的深层次影响，国际市场持续低迷，国内需求增速趋缓，我国部分产业供过于求矛盾日益凸显，传统制造业产能普遍过剩，特别是钢铁、水泥、电解铝等高消耗和高排放行业尤为突出。去产能首要从煤炭和钢铁两个行业入手，经过多年努力，我国供给侧结构性改革和"三去一降一补"取得阶段性成效，钢铁、煤炭"十三五"去产能目标基本完成，一大批"散乱污"企业出清，工

---

① 以供给侧结构性改革引领中国经济高质量发展 [N]. 辽宁日报，2017-12-28.

业产能利用率稳中有升,传统产业加快改造,科技创新成果不断涌现,新动能加快成长,去产能使重点行业供求关系发生明显变化。① 截至2018年9月,钢铁去产能超过1.4亿吨,基本完成"十三五"确定的目标,钢铁产能利用率达到78.7%。② 2021年3月,《2021年国务院政府工作报告》指出,继续完成"三去一降一补"重要任务。

5.1.3 环保背景

1963年美国生物学家雷切尔·卡森(Rachel Carson)所著的《寂静的春天》(*Silent Spring*)一书,引起全球对环境保护问题的关注,并促使联合国(The United Nations)于1972年在瑞典斯德哥尔摩召开"人类与环境会议",该次会议将人口、资源、环境和发展并列为国际社会面临的四大问题。中国的环境保护事业也是从1972年开始的,北京市成立官厅水库保护办公室,河北省成立三废处理办公室。1973年国家建委下设环境保护办公室,后改为国务院直属的部级单位——国家环境保护总局,各省(区、市)相继成立环境保护局(厅)。

我国改革开放30余年高速的GDP增长,带来的负面效应是环境污染情况日益恶化,虽然国家高度重视环境问题,自1979年以来陆续制定《环境保护法》《矿产资源法》《大气污染防治法》《清洁生产法》《节约能源法》《循环经济促进法》《环境影响评价法》等一系列环境法律、法规,确立了"污染者付费、利用者补偿、开发者保护、破坏者恢复"和"排污收费高于治理成本"的环保原则,并在1983年全国第二次环境保护会议明确宣布环境保护是我国的一项基本国策,自然环境资源还是由于多年的粗放式经济发展模式受到严重损害。2006年3月《国民经济和社会发展第十一个五年规划纲要》指出,坚持开发节约并重、节约优先,按照减量化、再利用、资源化的原则,在资源开采、生产消耗、废物产生、消费等环节,逐步建立全社会的资源循环利用体系。

钢铁行业是高耗能、高污染排放行业,也是资源、能源密集型行业,从炼焦、烧结、炼铁、炼钢到轧钢,整个冶炼工艺均涉及不同类型污染物,涵盖废气、废水和废渣三种类型,对环境产生多种影响。具体而言,烧结和炼焦环节主要产生硫化物、氮氧化物和烟尘等废气,炼铁及炼钢环节主要产生炉渣等固体废弃物,而轧钢环节产生的污染物则主要是冷却水等废水污染。我国不仅在相关政策中屡屡提到钢铁行业的节能减排和环保问题,例如国家《"十二五"控制温室气体行动方案》即提出在钢铁等行业制定控制温室气体排放行动方案,还专门发布钢铁行业环保标准,例如《钢铁工业大气污染物排放标准》《清洁生产标准钢铁行业(铁合金)》。随着国家对环保和节能减排要求的日益严格,21世纪以来,我国钢铁行业不仅面临产能过剩问题,环保问题同样是制约钢铁行业发展的重要

---

① 人民日报评论员:坚持以供给侧结构性改革为主线不动摇——四论贯彻落实中央经济工作会议精神[N].新华社,2018-12-18.
② "八字方针"为供给侧结构性改革定向指航[N].经济日报,2018-12-28.

因素，在我国力争于 2030 年实现"碳达峰"和 2060 年实现"碳中和"的目标约束下，钢铁行业面临诸多挑战。

5.2 案例公司简介、组织结构及发展战略

5.2.1 公司简介

安阳钢铁集团有限责任公司始建于 1958 年，其时为安阳钢铁厂，1995 年为建立现代企业制度改建为安阳钢铁集团有限责任公司（以下简称"安钢集团"）。1993 年，经河南省经济体制改革委员会批准，由安阳钢铁集团有限责任公司独家发起，以钢铁主体厂、辅助厂和相应供销与管理处室的经营性净资产为出资，以定向募集方式设立安阳钢铁股份有限公司，该公司是河南省首批股份制试点企业之一。安阳钢铁股份有限公司（以下简称"安阳钢铁"）是集炼焦、烧结、冶炼、轧材及科研开发于一体的特大型钢铁联合企业，由安钢集团最优良资产重组设立，包括焦化厂、烧结厂、炼铁厂、第一炼钢厂、第二炼钢厂、中型轧钢厂、小型轧钢厂、中板厂、薄板厂、高速线材厂等生产单位，以及相应的原燃材料供应、生产过程及产品检测、产品销售和生产计划、财务管理、劳动人事、技术中心、设备工程、证券管理等部门。2001 年 8 月，安阳钢铁股份有限公司（股票代码：600569）在上海证券交易所发行上市，其时公司控股股东安钢集团公司持股比例由 81.74% 降至 64.70%，截至 2020 年 12 月 31 日，安钢集团持股比例为 66.78%。

安阳钢铁自 1997 年开始按 GB/T19002—ISO 9002：1994 标准建立并实施质量体系，至 2008 年，安阳钢铁按 GB/T19001—2000、GB/T19022—2003、GB/T24001—2004、GB/T28001—2001 标准整合，建立实施了质量、测量、环境、职业健康安全管理体系，并不断根据国家最新标准进行转换和认证。2014 年，安阳钢铁按照 GB/T23331—2012 和 RB/T103—2013 标准，整合建立实施能源管理体系，形成涵盖质量、测量、环境、能源、职业健康安全等专业管理体系的综合管理体系。

5.2.2 安阳钢铁的发展战略变化

"十五"时期以来，面对钢铁工业发展新形势，安阳钢铁加快结构调整，坚持高质量发展，在不同阶段根据企业内外部环境采用不同发展战略，阶段性攻关，成效显著：2001 年安阳钢铁在上交所上市时主导产品多为常规产品，至 2020 年，品种钢、品种材比例分别达到 80.74%、83.65%。[①]

---

① 资料来源：安阳钢铁股份有限公司 2020 年年度报告。

2003年，安钢集团实施"三步走"发展战略，即力争用5~6年时间，把安钢集团建成销售收入超过300亿元的特大型钢铁集团，"三步走"完成后，安钢的产品结构形成三个1/3：1/3的圆、棒、型材；1/3的中板、炉卷；1/3的薄板，板材比达到70%以上。在"三步走"战略推动下，安阳钢铁大力发展循环经济，实现工艺装备和产业结构升级换代，产品附加值和技术含量实现质的飞跃，2006~2008年，固定资产与在建工程合计自97亿元增加到133亿元，营业收入自169亿元增加到371亿元，行业核心竞争力大幅提升。[①]

从2006年开始，安阳钢铁经营重心开始转移到降本增效上，推进"对标找差距，向管理要效益"活动；2008年国际金融危机促使安阳钢铁加快建立市场倒逼机制、推进低成本运行，积极调整结构，强化生产管理。

2014年，国内钢铁需求进入负增长的"新常态"，在供给侧结构性改革和"三去一降一补"的推动下，安阳钢铁全力以赴打赢生存保卫战，对生产经营模式进行"颠覆性"变革调整，加快由"生产型"向"市场型"转变，构建了以低成本战略为核心，以市场为导向，快速反应、灵活高效的生产经营新模式。

随着钢铁行业供给侧结构性改革、去产能工作的深入展开，2016年安阳钢铁将"十三五"时期总体战略定位为"创新驱动、品质优先、提质增效、转型发展"，重点从供给侧发力，以创新驱动为抓手，全力打造"创新、品质、精益、绿色、多元、开放"六个理念。紧扣"高质量"提质增效发展主旋律，深入推进钢铁产业结构、产品结构优化升级，坚持"高端客户、高端产品、高效产品"，产品瞄准中高端，持续打造公司"高端、低成本、差异化"产品竞争优势，通过产品创新、工艺创新、结构创新、管理创新，提升公司核心竞争能力，打造绿色、高效、高质量发展"三大特色"。

在"高端、低成本、差异化"竞争战略的引领下，安阳钢铁在淘汰落后产能的同时，钢铁业务全面对标一流，加速工艺技术装备升级，调整产线优化和产品结构布局，狠抓成本管理，致力于建设成为环境一流、管理一流、产品一流、效益一流，具有区域竞争力的现代化钢铁强企。结构化转型的同时，安阳钢铁坚持"绿色发展、生态转型"的环保理念，全力推进环保提升项目建设，打造"公园式、森林式"园林化绿色企业，积极推动安钢生态转型，不断探索环境保护与转型升级、提质增效、经营发展协同共进、企业与城市和谐共生的发展道路。

5.2.3 组织结构和经营模式

图5-1描述了安阳钢铁股份有限公司的组织结构，安阳钢铁组织结构采用的是传统的直线—职能型组织结构。在这种结构中，直线生产组织人员和职能参谋人员共同工作，直线生产人员直接参与组织目标的实现；而职能参谋人员则是间接参与，他们通过提供各种职能服务参与组织目标的实现。

---

① 数据详见表5-2。

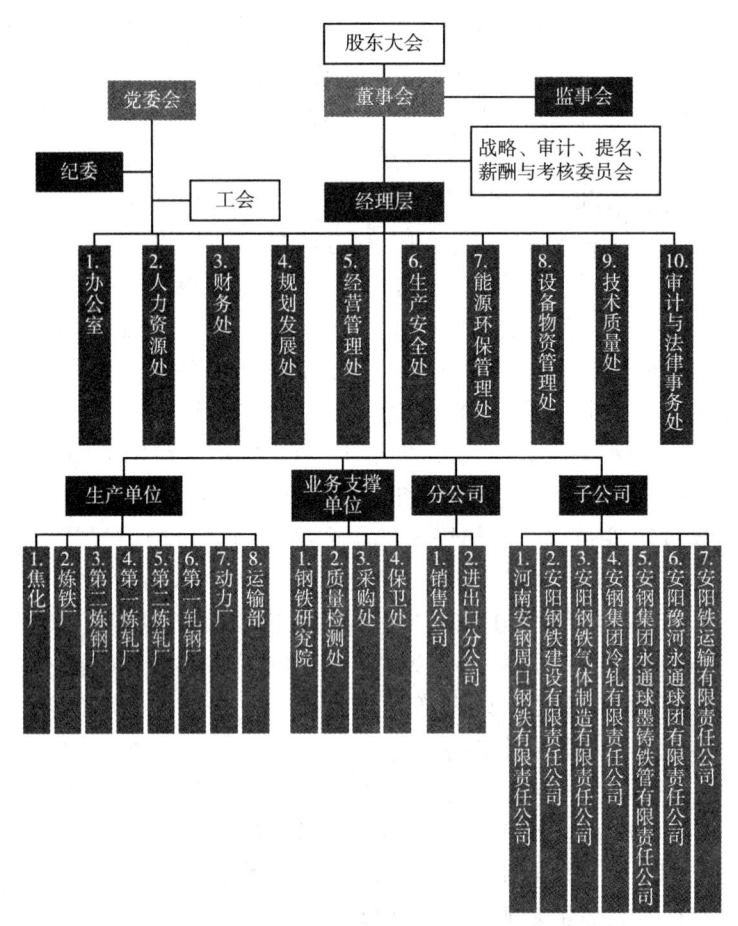

图 5-1 安阳钢铁股份有限公司的组织结构

与该种组织架构相适应,安阳钢铁的生产经营流程包括供应、生产和销售三大环节,均对应相应职能部门为生产单位提供相关服务。

第一,原燃材料采购由采购处(2016 年以前为采购处和煤炭处)和进出口分公司等部门负责,主要采用公开招标、邀请招标等采购方式。

第二,生产管理由生产安全处(2016 年以前为生产管理处)负责,根据公司产能供应和市场需求状况制定下年度生产经营计划,同时按照产线效益高低和生产资源变化,适时调整各产线生产计划,优化资源配置。

第三,钢材销售由销售公司负责,根据对市场需求的判断,结合区域市场布局,巩固拓展销售渠道,制定年度销售计划,明确销售目标。

知识链接:直线—职能型组织结构。

直线—职能型组织结构是一种按经营管理职能划分部门,并由最高经营者直接指挥各职能部门的体制,是现代工业中常见的一种结构形式,在大中型组织中较为普遍。这种组织结构的特点是:以直线为基础,在各级行政主管之下设置相应的计划、销售、供应、财务等职能部门从事专业管理,作为该级行政主管的参谋。直线人员直接参与组织目标的实现;而职能参谋人员则是间接参与,他们为组织目标的实现提供服务。在直线—职能型结构下，下级机构既受上级部门的管理，又受同级职能管理部门的业务指导和监督。各级行政领导人逐级负责，高度集权。

直线—职能型组织结构维持成本低且责任清晰，既保持了传统直线型结构集中统一指挥的优点，又吸收了职能型结构分工细密、注重专业化管理的长处，有助于提高管理工作效率。缺点有四，一是属于典型的"集权式"结构，权力集中于最高管理层，下级缺乏必要的经营自主权；二是各职能部门之间的横向联系较差；三是直线—职能型组织结构建立在高度的"职权分裂"基础上，各职能部门与直线部门之间如果目标不统一，则容易产生矛盾，需要多部门合作的事项往往难以确定责任归属；四是信息传递路线较长，反馈较慢。

这种组织结构适用于流水线作业方式和规模化生产，美国钢铁公司、美国标准石油公司以及福特公司都是使用这种组织结构的先驱。

5.3　安阳钢铁成本管理会计工具方法应用特色

安阳钢铁股份有限公司的组织结构设置，反映其生产经营模式特征：作为典型生产制造业，安阳钢铁多年的经营重点在于生产和销售，不管是"以产定销"还是"以销定产"，经营模式中供应、生产和销售环节管理是管理控制系统中的重中之重。与生产经营模式及产品生产制造特点相适应，安阳钢铁在多年运营中形成的成本管理范式具有多步骤规模化生产的钢铁制造行业典型特征，其主要产品生产工艺流程如图 5-2 所示，主要分为铁前板块（包括原料、铁前）和钢后板块（包括炼钢、精炼、连铸、轧钢和热处理）两个阶段，这两个阶段的成本

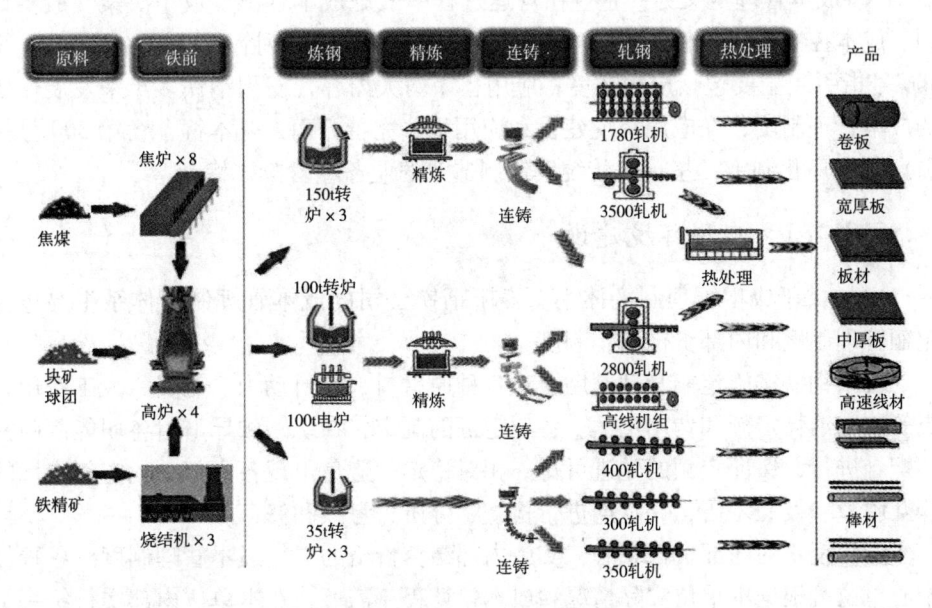

图 5-2　安钢公司主要产品工艺流程

和费用管理工作是该公司生产经营管理的核心内容，贯穿于生产经营活动全过程。另外，表5-1比较了安阳钢铁2013年和2020年主要产品成本构成情况，可以看出，在安阳钢铁各种主要产品成本构成中，原材料和燃料等能源动力占比达95%左右，显而易见，安阳钢铁生产制造过程中的成本控制重点在于材料物资费用的控制和利用，精益生产、优化生产工艺、改进生产效率，是生产过程中降成本的重要途径。

表5-1 安阳钢铁股份有限公司2013年和2020年主要业务和主要产品成本构成 单位：%

项目	2013年				2020年			
	钢铁	型材	建材	板材	钢铁	型材	建材	板材
材料	92.51	92.42	94.08	91.75	92.81	90.18	91.7	93.2
能源动力	3.43	3.63	3.22	3.52	3.31	3.08	3.51	3.28
人工	1.14	2.54	1.24	0.98	1.16	4.37	1.96	0.72
制造费用	2.92	1.41	1.46	3.75	2.78	2.37	2.82	2.8
合计	100	100	100	100	100	100	100	100

资料来源：根据安阳钢铁股份有限公司2013年和2020年年度报告整理计算。

5.3.1 成本管理制度建设

我国《管理会计应用指引第300号——成本管理》（以下简称《第300号指引》）将成本管理定义为：企业在营运过程中实施成本预测、成本决策、成本计划、成本控制、成本核算、成本分析和成本考核等一系列管理活动的总称。《第300号指引》主要包括应用环境、应用程序两大内容，安阳钢铁多年来发展形成的成本管理制度，在应用环境建设和应用程序完善方面，基本符合《第300号指引》的程序化制定，呈现出传统钢铁制造业的业务经营模式特点。

5.3.1.1 应用环境建设

（1）关于成本管理制度体系。安阳钢铁公司的成本管理制度体系主要包括定额管理制度和内部责任成本制度。

安阳钢铁实施定额管理制度，对各种原材料、燃料动力、工具、人工费用开支等制定消耗定额和费用定额。各项定额的制定，在统一领导下由各职能部门密切配合进行，保证定额的先进可行、相对稳定，避免出现各内部单位定额指标的相互脱节、彼此矛盾，并定期进行检查、分析、考核和修订。

安阳钢铁的内部责任中心，实施内部结算价格的责任成本管理制度。各责任中心单位可根据本单位实际情况和成本核算程序需要，在本单位内部实行统一结算价格，作为内部成本计价和结算的依据。财务部门是各单位实行内部结算价格的主管部门，负责制定和修订各种原燃料、辅助材料、备品备件、半成品、产成品、废次品以及各种劳务供应的内部结算价格。内部结算价格一般按不包括企业管理费用的实际水平制定，实行内部结算价格的内部责任中心，成本核算对象只计算到按内部结算价格计算的车间成本、工厂成本，不包括实际价格与内部结算价格的差异。

（2）关于成本原始记录。成本数据是企业进行成本管理和控制的基础，现代企业应建立健全成本原始记录体系，完善成本数据的收集、记录、传递、汇总和整理工作，确保成本基础信息记录真实、完整。如表5-1所示，安阳钢铁产成品的成本构成包括原材料、能源燃料、人工和制造费用，制造费用主要包括设备等固定资产折旧等间接生产费用。基于此，安阳钢铁的原始记录体系主要包括四个方面的原始记录建设。

第一，反映材料物资的收、发、领、退等物流过程的原始记录，包括各种原材料的领退消耗，在产品、半成品的交互转移记录，废品废料回收记录，产成品数量质量检验记录和物资清查盘点相关记录等。

第二，反映职工人数、考勤、工资基金、工时利用、停工情况等各项劳动工资原始记录。

第三，反映设备验收、交付使用、维修、调拨、报废情况的设备使用原始记录，例如固定资产验收单、固定资产调拨单、在建工程转固定资产验收单等。

第四，动力消耗方面的原始记录，不仅包括水、电、汽、风等实际耗用量记录，同时做好能源消耗统计报表建设。

（3）关于存货计量、验收、领退和清查制度。制造业的各种存货占用了大量流动资金，加强存货资金管理是现代制造业管理的一项基本要求，安阳钢铁建立有完备的存货计量、验收、领退和清查制度。

第一，存货计量和验收制度。要求对材料、工具、在产品、半成品、产成品等收发和转移都必须进行计量、点数和质量验收，并基于存货分类建立了存货计量验收制度。

对于购入材料的计量验收，应在材料运达仓库后，由仓库管理人员根据发票所列的品名、规格和数量，分别采取点数、过磅、检尺、量方等适用计量方法，经检验部门质量检定后，按实际合格数量入库。属于材料的定额损耗，可在规定允许损耗范围内点收入库。对于数量和质量不符以及破损等情况，要查明原因，分清责任，要求有关方面赔偿或扣付货款。

对于在产品、半成品在内部责任单位之间或责任单位内部转移，应根据工艺流程记录凭证，经质量检验合格后进行点数、交接。报废的半成品应及时查清数量和原因，填制有关的原始凭证，以保证投入、产出数量记录的准确性和连贯性。

对于完工产成品计量验收，应详细填制完工产品入库单，经检验合格签证后，送交仓库点收入库。

第二，存货的领发料制度。安阳钢铁的领发料基于消耗定额控制管理，领料部门要根据消耗定额或生产计划精打细算，实事求是，不得以购代耗。发料部门要加强计划性，有消耗定额的材料物资，实行定额发料；没有消耗定额的材料物资，实行金额控制或计划发料。

第三，存货清查制度。实施定期盘点制度，各内部责任单位至少每月对大宗原材料、燃料库存量进行实地盘点，各单位所属生产工段、班组的周转物料月末要及时清点，办理退料手续。定期或不定期对所有财产、物资进行盘点，做到账实、账证、账账、账表相符。

5.3.1.2 应用程序建设

安阳钢铁在应用成本管理领域的工具方法时，将成本管理分为事前成本管理阶段、事中成本管理阶段和事后成本管理阶段。

（1）事前成本管理阶段。主要是对未来的成本水平及其发展趋势所进行的预测与规划，一般包括成本预测、成本决策和成本计划等步骤。

安阳钢铁根据资源、价格、产品品种、质量、销量等各种市场数据信息，并结合价值工程决定产品结构的优化组合，运用本量利分析方法，进行产品成本预测，参与生产经营决策；实行主要产品目标成本管理；编制先进可行的成本费用预算和增产节约计划，组织制定降低成本的措施。

（2）事中成本管理阶段。主要是对营运过程中发生的成本进行监督和控制，并根据实际情况对成本预算进行必要的修正，即成本控制步骤。

安阳钢铁实行成本费用分级归口管理制度，通过分解成本费用指标，落实成本管理责任，控制生产耗费；通过相关管理制度和授权审批制度，加强成本费用控制，主要包括采购价格控制，材料耗用控制，能源消耗的控制，人工、费用开支的控制等。

（3）事后成本管理阶段。主要是在成本发生之后进行的核算、分析和考核，一般包括成本核算、成本分析和成本考核等步骤。

安阳钢铁的成本费用核算以实际成本发生额为原则，按内部结算价格进行核算的责任单位，应调整为实际成本；不同品种、不同规格的产品，原则上应单独核算成本；多步骤（厂级、车间级）连续加工产品，以每一生产步骤（工序）为成本核算对象；根据生产规模、产品种类、生产组织类型、工艺技术特点以及成本管理的要求，各责任单位可选择品种法、分步法、分批法、分类法等不同成本核算方法，或结合使用。

以公司炼钢产品成本核算为例，炼钢产品成本核算对象可以按冶炼方式分为电炉、氧气顶吹转炉，也可以按化学成分分为碳素结构钢、低合金钢、优质钢等。产品成本中的材料费用核算，按材料性质不同可采用不同方法：首先，应按成本核算对象汇集和计算所消耗的原料及主要材料，在同一个车间或同一炼钢炉冶炼，但品种不同、浇铸方式不同时，所消耗的钢铁料按出钢量和消耗记录分配，合金料消耗按钢种汇集和分配，根据实际消耗情况，采用定额比例法进行分配，月终炼钢车间发生的原料盈亏应调整当期消耗；其次，炼钢生产发生的共同性熔炼费用按冶炼方法和浇铸方法不同分别汇集，按各钢种标准产量进行分配；最后，炼钢精炼炉精炼过程所消耗的主要原燃料，按钢种和消耗记录归集分配到有关原燃料成本项目上，其他精炼炉费用按标准产量分配到炼钢熔炼费用中。炼钢的制造费用按各钢种标准产量分配，炼钢产品成本核算产量依据为合格的连铸坯产量。

公司建立各级成本费用分析制度，通过准确、及时核算产品成本，控制和监督成本费用预算执行情况的同时，按月、季、半年、年度定期进行成本分析。成本分析以单位产品成本分析为重点，分析产品产量、质量变动对成本的影响，分析材料、能源消耗定额差异，分析技术经济指标变动对成本的影响等。对一些影响成本较大或对完成成本预算可能产生重大影响的问题，及时组织专题分析，查明原因，提出整改措施。

5.3.2 安阳钢铁生产过程降本增效管理发展与创新

"十一五"时期以来，随着生产经营重心向降本增效的转移，安阳钢铁生产经营模式由"生产型"向"市场型"转变。公司一方面基于标杆管理推进"对标找差距，向管理要效益"；另一方面依据"系统管理，精益生产"的原则，稳步推进规模生产向规模定制转变，实行按订单、按合同组织生产，加强供产销运协调，以销定产、以效定产，努力实现产销平衡，实现了由注重产量增长向注重品种、质量成本效益的转变，品种开发、质量改进、成本指标控制等各方面均大幅提升。在稳步推进工序管理向系统管理的改变过程中，公司坚定低成本战略，不断深入推进产销研一体化，通过优化工艺操作，改进生产技术指标，发展和完善"铁前降本钢后增效"的成本管理模式，大力提升生产运行质量，持续改进关键指标，通过增效益增效率实现降成本目标。

5.3.2.1 以产销研一体化建设协同采购、生产、销售和研发部门，联动实现优化产品结构、降本增效的成本管理目标

安阳钢铁强力推动产销研一体化建设，整合优化生产、销售、科研资源，加强营销、研发力量，实现公司层面的产销研系统协同、高效互动，不断依据市场需求变化调整和优化品种结构，增强市场响应能力，逐步形成具有安钢特色的主导产品和精品生产线。

（1）采购控制方面。公司切实做好物资采购工作，致力于从供应源头降成本。

第一，以确保当前物资供应和打造长期物资战略为重点，积极拓宽采购渠道，培育新的战略合作伙伴，巩固原燃料供应基地，提高资源保障能力。

第二，加强市场研究，跟踪市场发展趋势，着眼于生产经营对原燃料需求的变化，有计划降低原材料库存，优化原料结构，缩短运营周期，最大限度做到采

购成本最低。

（2）生产组织方面。公司生产组织部门以市场为导向，按照产线品种成本效益排序进行排产，优化产品结构，积极开展节铁增钢、购坯轧材、来料加工等业务，最大限度实现钢后品种增效、结构增效、挖潜增效，确保有限资源效益最大化。

第一，优化生产结构，根据不同时期的不同特点，综合考虑产量、结构、物流、成本、原料等因素，坚持以财务数据指导生产，根据边际贡献和效益高低，动态调整，对亏损严重的生产线和产品实行停产限产，对有市场有效益的产品放量生产，提高生产有效性，同步实现增产增效和结构增效。

第二，生产组织以市场为导向，根据效益和订单，做好动态计划平衡，实现高水平产销衔接，增强销售对生产的引导和拉动作用。

第三，全面加强成本管控，坚持"按板块、分系统、强工序"，发挥一体化运作优势，持续提高生产组织管控能力，确保生产均衡、稳定、高效运行。持续优化炉料结构，严控钢铁料消耗和合金消耗，降低冶炼成本和轧制费用。严把投资关，压减不必要的费用，严控非生产性支出。

第四，坚持节能环保不放松，加强水、电、风、气等能源介质管理，深入挖掘各工序能源降本潜力，不断提高自发电水平，控制一次能源消耗，扩大二次能源利用。

（3）销售控制方面。公司发挥产销研一体化优势，深化产业链合作营销，拓市场、增品种、创品牌，在供大于求和复杂多变的市场格中，销售部门加强市场走势研判，灵活调整营销策略，开辟新渠道、构建新网络、开发高效品种市场，坚持"双高"引领，紧盯高端客户、重点工程和重大项目，做强高强板、汽车钢、桥梁板、耐候钢等高端品种，全面提高吨钢效益；坚持"以收定支"，销售倒逼采购，系统联动，促进经营效益的全面提升；强调"服务提升"，以客户为中心，大力发展服务型钢铁，强化产销对接，发展直供用户，提升直供直销比例，重点跟踪国家、省内重大项目和产业集聚区建设，主动对接终端客户，深入开展技术营销、服务延伸与战略合作。

（4）研发控制方面。结合市场需求，有针对性研发高端、高效和适销对路产品，推进常规产品和同质化产品向特色产品和高端产品转变，持续打造公司"高端、低成本、差异化"产品竞争优势。

5.3.2.2 铁前降本钢后增效的成本管控

"十一五"时期公司开始运用系统管理思想，把各工序统一纳入公司整体框架，铁前系统降成本，钢后系统重点抓品种开发增效益，构建产销研一体化格局，把建立市场倒逼机制、推进低成本运行作为各项工作的主线，调整结构，强化管理。"十三五"以来，坚持"稳产、高产、低成本"方针，分系统建立"四位一体"的铁前降本中心，分产线建立钢后增效中心，做好产线效益和品种效益核算，全面推行精益生产模式，最大限度拓展增效空间。

（1）铁前降本。推进铁前板块一体化降成本思想，坚持以高炉为中心，深入推进一体化协同、标准化作业、高炉趋势化和采购源头管理，统筹抓好经济资源的采购与使用，合理确定铁前降本路线和高炉布料模式，实现结构降本、稳产高产降本。

第一，围绕市场倒逼目标，公司铁前系统卡死吨铁成本，倒逼原材料采购价格。

第二，打破"精料"思维，坚持"经济料"方针，抓"经济料"使用，提高经济料使用比例。

第三，加大降本攻关力度，加强工艺技术研究，强化铁焦联动，发挥技术指导采购和技术降本作用，突出采购与使用相结合，持续提高大型高炉操作水平以及应变能力，优化配煤、配矿和炉料结构。

第四，以高炉为中心，建立"四位一体"精益生产体系，实现全流程标准化管控。

（2）钢后增效。钢后板块做好产品定位，坚持以市场为导向，优化产品结构，挖潜增量增效益；坚持以效益为中心，严格按照效益排序组织生产，改善各项经济技术指标。

第一，围绕资源效益最大化，突出以效益调结构，以效定产、以效排产，以效益排序为标尺，调整产品结构，把有限资源向高效产品、高端品种倾斜，最大限度发挥高效产线创效潜力、拓展创效空间，实现效益最大化。

第二，调整产线结构，发挥"全覆盖"产线的品种规格优势，根据市场情况灵活调整生产作业计划，适当开展"购坯轧材、来料加工"。

第三，炼钢系统突出挖潜增量，降低钢铁料消耗，探索新方法、新工艺，加大工艺技术攻关，精益操作，开展高效化生产，提高兑铁炼钢比例，降低铁耗，提升炼钢效率，全面挖掘炼钢增产潜力。

第四，轧钢系统瞄准吨材成本，严控轧制费用，提高一次轧成率和成材率，促进成本降低。

第五，强化以连铸为中心的"四位一体"高效化生产攻关，开展高效化生产和降铁耗攻关，优化铁前、钢后工艺流程衔接，"一罐到底"全线贯通。

5.3.2.3 环境成本管理的推进

作为重污染行业，钢铁产业的发展受到社会的广泛关注，安阳钢铁严格遵循国家相关环保法律法规，加强环保管理，实现关口前移、重心下移，严格制定环保工艺参数和操作标准，推进环保深度治理重点工程建设和清洁生产，坚决杜绝不达标排放。与此同时，大力发展循环经济，加强环境成本管理，提高资源利用效率，努力实现环保收益和经济收益同步提升：第一，加快实施高炉鼓风汽改电、空压系统节能改造、固废中心等重点项目，大幅提高资源利用效率，充分挖掘资源创效潜力，促进一次能源节约减量和二次能源回收利用，公司冶金渣、含铁尘泥、氧化铁皮等含铁工业固体废弃物综合利用率达到100%，工业用水重复利用率达到97.5%；第二，大力发展绿色物流，持续加大"公转铁"力度，将电动重卡纳入清洁运输方式，调整运输结构，提高装卸效率，形成以铁路运输为主、以新能源车辆为辅，以清洁能源车辆为补充的绿色物流体系；第三，切实做好水、电、风、气等能源动力介质的调配与平衡，加强水、电、风、气等能源介质管理，充分挖掘节能创效潜力，2017年全年自发电14.25亿千瓦时，自发电比例达到41.2%。

5.4 安阳钢铁管理会计工具方法应用主线：全面预算管理体系和绩效考核评价体系

现代企业管理会计以价值管理活动为管理对象，以全面预算管理体系为核心，借助信息化手段，围绕企业财务资源展开全流程管理，促进投入产出最大化，实现价值创造。管理会计的实施包括四个环节、分别是预算编制、过程控制、报告和考核（孙茂竹等，2020），图5-3描述了基于四环节的管理会计循环过程：预算编制基于战略，是对战略目标和规划的分解，在以战略规划为起点编制的销售计划、资金计划等各种计划的基础上，通过合理配置资源、制定成本费用预算、收入预算等各种详细预算，最终形成预算报表；过程控制是按预算要求对企业生产经营活动进行监督和调整的过程，也是预算执行过程；报告是管理会计信息的载体；考核是对预算执行结果的评价过程，其目标是通过采用适当的指标和方法考核年度预算执行结果，预算是否执行到位起到应有的约束控制作用，对预算执行结果的考核评价至关重要，通过将预算执行结果与考核目标的对比，按照企业考核方案进行考核奖惩，是保证预算达到既有控制目的的必要条件。管理会计实施四环节，即管理会计的循环过程（见图5-3），预算考核的结果会形成下期预算编制的参考，从而形成管理会计闭环控制。全面预算实际上就是指导资源分配以实现战略目标的控制过程，深化全面预算管理，加大对预算指标的管控力度，是现代企业管理控制的核心和基础。安阳钢铁在长期管理会计实践中，依据自身战略、组织结构、业务经营模式特点，以预算管理为核心，以业财融合为基础，以信息化为工具，以绩效考核为激励，逐步形成以全面预算管理体系和考核评价体系为主线的管理会计控制系统，构建了集团化管控模式下的"强激励、硬约束"机制。安阳钢铁预算管理和绩效考核全面纳入集团公司范围，受安钢集团管控，本部分预算管理组织体系和运转体系涉及集团公司相关制度和实践。

预算编制 → 过程控制 → 报告 → 考核

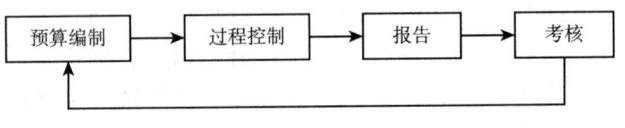

图5-3 管理会计循环

5.4.1 安钢集团的全面预算管理体系

我国《管理会计基本指引》的融合性原则指出，管理会计应嵌入单位相关领域、层次、环节，以业务流程为基础，利用管理会计工具方法，将财务和业务等有机融合；《管理会计应用指引第 200 号——预算管理》进一步指出，预算管理应以业务为先导、以财务为协同，将预算管理嵌入企业经营管理活动的各个领域、层次、环节。预算管理的机构设置、职责权限和工作程序应与企业的组织架构和管理体制互相协调，保障预算管理各环节职能衔接，流程顺畅。安钢集团的全面预算管理体系，目标在于将集团公司内部一切经济业务行为都纳入预算管理范围，实现全员、全方位、全过程的预算管理，无预算、超预算的经营活动不予安排资金，实现预算全面覆盖。集团公司推行全面预算管理的过程，也是企业践行以标准化、规范化、一体化为表现形式的精益化管控过程。

5.4.1.1 预算管理组织体系和运转体系

预算管理的基本架构包括决策机构、工作机构和执行单位三个层次，安钢集团公司决策机构为预算管理委员会，由集团公司主要领导和财务、经营、人事、规划等综合管理部门主要负责人组成；下设预算管理办公室，隶属财务管理部门；安钢集团公司内部预算责任单位的划分基本与企业组织机构设置一致，预算执行单位为各子分公司以及独立核算的分支机构等集团公司所属二级预算单位，安阳钢铁即是集团公司下属二级预算单位。

安阳钢铁预算管理基本流程包括预算编制、预算执行和考核三个阶段，涉及预算编制、审批、执行、评价和考核等环节，根据内部控制原则，所有环节岗位设置坚持岗位不相容原则，以实现相互制约和监督。

公司预算管理实行归口管理、权责统一的基本原则，根据各职能部门的职责分工和管理权限，各归口管理部门制定本部门所辖项目的归口预算管理办法，并报预算管理委员会批准；编制相应的具体业务预算，对预算执行情况进行适时监控，并协调、解决二级单位归口预算方面出现的问题。

5.4.1.2 预算编制内容和编制流程

安钢集团的预算按预算对象分为总预算和分预算，编制流程体现自上而下、自下而上、上下结合的编制原则，依次经集团预算管理委员会、预算管理办公室、归口管理部门和分、子公司，最终细化、分解，落实到车间（科室）和班组。集团公司二级单位是独立预算单元，承接集团公司预算目标，通过二级预算和归口预算，落实、分解总预算，使集团公司总预算落地。

预算按管理属性分为业务预算和财务预算，业务预算由归口业务管理部门负责编制，主要包括销售预算、生产预算（规模、产量、品种结构等）、能源预算、采购预算、检修预算、人工预算、库存预算等。财务预算由财务部门负责编制,主要包括成本费用预算、利润预算、投资预算、筹资预算等。

5.4.1.3 预算执行与追加调整

各预算管理部门建立有预算执行情况内部报告制度,及时掌握预算执行动态及结果。通过运用财务报告和其他有关资料监控预算执行情况,及时向决策机构和各预算执行单位报告或反馈预算执行进度、执行差异及其对预算目标的影响,促进其完成预算目标。

预算内容一经下达,原则上不予调整。如果发生工艺流程变化、市场发生剧烈波动等企业内外部经营环境变化,导致预算编制基础或执行环境发生重大变化,各预算单位必须进行预算调整或追加时,严格执行逐项申报、审核、批准制度。

5.4.1.4 报告和考核

各预算单位在每月、半年、年度终结后,按要求编制预算执行情况分析报告,分析报告要数据真实、内容完整、分析透彻、报送及时。考核部门依据公司年度预算、月度预算,制定绩效考核办法。

5.4.2 安阳钢铁的绩效考核体系

为保证公司生产经营目标的实现,安阳钢铁很早就实行生产指标、经营业绩、工作成绩与月奖金挂钩的薪酬分配制度,实践中逐步发展完善,将公司绩效与个人所得挂钩,建立起科学的绩效考核体系:针对不同岗位和人群,实施不同的绩效与所得挂钩方法;针对不同责任单位和部门,根据其价值创造方式不同,使用不同的绩效考核评价指标。

5.4.2.1 薪酬体系

公司薪酬分配机制坚持"底线思维、增量思维",根据岗位职责和战略发展重心,发展形成以岗位效益工资制为主、多种分配制度并存的薪酬体系。

薪酬分配以公司总体盈亏平衡为目标,以降本增效为中心,工资总额随公司效益增减而增减变动,薪酬分配向营销、研发、生产一线等关键岗位倾斜。

普通职工实行岗位效益工资制,这是公司最基本的薪酬制度,主要包含岗位工资和绩效工资两个基本单元,岗位工资是相对固定部分,绩效工资是可以浮动部分。营销人员和研发人员实行"底薪+提成"工资制,激励营销人员和研发人员积极开拓市场、研发新技术新产品。中层干部实行年薪制。高级管理人员实施年度目标责任考核,依照公司全年经营目标完成情况,结合年度个人考核评价结果,决定高级管理人员的年度报酬。高层次人才实行协商工资制。首席专家实行"岗效工资制+课题创效奖"。

针对不同人群和不同岗位,还通过人才激励、高温津贴、特岗津贴、工资总额与经济效益挂钩浮动等多元化分配方式互补联动,充分发挥薪酬分配激励作用,激发广大员工积极性和创造力,保障和促进各项生产经营活动顺利进行。

5.4.2.2 绩效考核指标体系

我国《管理会计基本指引》第十七条指出,单位应用管理会计,应合理设计评价体系,基于管理会计信息等评价单位战略规划实施情况,并以此为基础进行考核,完善激励机制。安阳钢铁高度重视绩效考核工作,其绩效考核指标以战略发展目标为指引,逐层分解,甚至细化到岗位(员工),基本形成公司层面、所属责任单位层面和岗位(员工)层面的绩效考核指标体系。

(1) 公司层面的绩效考核指标。按照公司"创新驱动、品质领先、提质增效、转型发展"的总体战略定位,公司层面绩效考核实行"效益第一、工效联动"原则,一切以效益为准绳,收入高低严格与效益挂钩,实行内部创效保职工基本收入,外部创利提升职工收入,多创多得。绩效指标和工资总额原则上以基期历史实际值为考核基准,突出效益增长性,激励约束增效增资、减效减资。工资总额增幅整体上低于经济效益增幅。

(2) 公司所属单位(部门)的绩效考核指标。公司绩效考核突出关键指标优化及行业对标进步考核,建立纵向对比和横向对比两个维度相结合的考核方式。我国《管理会计应用指引第600号——绩效管理》提出,绩效目标值的确定可参考内部标准与外部标准。内部标准有预算标准、历史标准、经验标准等;外部标准有行业标准、竞争对手标准、标杆标准等。安阳钢铁所属单位绩效指标纵向考核采用历史标准,横向考核基于跑赢对手和市场的目标采用竞争对手标准和标杆标准。在绩效评价指标选用上,公司对下属单位的考核指标,根据各部门职责及其价值创造模式确定,公司铁前和钢后以及与部分采购、销售、研发单位绩效指标如下。

①铁前单元。根据铁前一体化产线联动降成本的特点,铁前各制造单位绩效考核指标分为两类:一类是产线联动指标,包括各产线生铁成本、吨铁成本行业排名对比;另一类是单位自控指标,主要包括燃料比、入炉焦比、重点费用等横向对比类指标,以及自发电、副产品创利、产量(铁、焦)等纵向对比类指标。根据相关因素分别赋予两类指标权重,铁前各单位所得工资总额计算公式为:

$$各单位所得工资总额 = \sum 考核指标所得工资总额 \times 权重 \qquad (5-1)$$

②钢后单元。根据钢后一体化产线联动稳产高产增效、结构增效的特点,钢后各制造单位绩效考核指标分原则上分为两类:一类是产线联动指标,包括各产线边际贡献总额、重点品种;另一类是单位自控指标,主要包括钢铁料消耗、一次合格率等横向对比类指标,以及重点品种、热送率、工序成本、产量(钢、材)、费用等纵向对比类指标。根据相关因素分别赋予两类指标权重,钢后各单位所得工资总额计算公式为:

$$\text{各单位所得工资总额} = \sum \text{考核指标所得工资总额} \times \text{权重} \quad (5-2)$$

③冷轧公司。作为独立核算的利润中心,主要考核两类指标:一类是生产部分重点考核利润总额、产量、重点品种(高端产品);另一类是销售部分继续实行"底薪＋提成"激励考核,除了继续鼓励创利、销量、开发重点品种(高端产品)之外,把直供直销工作也纳入考核,尽快拓展销售渠道,实现全面达产达效。

④供销单位。销售公司:对销售支持人员实行与销售业绩挂钩浮动机制。

采购处:对该类单位的考核目的重在采购成本和质量,引导采购部门紧盯市场,从源头降低采购成本,其绩效考核指标:一是与铁前生铁成本和钢后边际贡献总额挂钩考核;二是加强废钢采购价效、新资源采购创效(机会收益)考核,保持关键消耗指标(备件、辅耐材)、直采比等考核;三是强化废钢验收人员激励力度,把好验收关口。

⑤相关辅助部门。辅助部门绩效考核与产线创效情况挂钩考核,重点考核关键创效指标,助推降本增效。

运输部:分运输系统和原料系统两部分考核。运输系统重点考核工序成本、内部运量、公转铁比、保运输正点率等;原料系统重点考核总卸车量、混匀料质量以及原料收发存管理等。

动力厂:分鼓风系统和能源介质系统两部分考核。鼓风系统与生铁成本挂钩考核;能源介质系统与边际贡献总额挂钩考核,另外重点考核工序成本、自发电量等。

⑥质量检测处。与产线创效情况挂钩考核,重点考核关键降本指标。一是与铁前生铁成本和钢后边际贡献总额挂钩考核;二是重点考核化验工作量、质检质量、质检样数量(钢材产量)以及质量异议等。

(3) 销售人员、研发人员和中级管理人员的绩效考核指标。对销售人员实行"底薪＋提成"模式考核,提成指标考虑边际贡献总额、重点品种、增加公转铁比以及央企重点客户订单和重大工程进入等考核,以完善"跑赢市场"激励机制。

对产品研发、工艺研究等技术人员,为持续引导工艺研究人员不断改进、优化工艺路线,实现低成本效益;激励研发人员提高重点品种、高端产品、特色新品的研发水平;支撑新资源开发与使用的性能研究和结构优化创效奖励力度,引导铁前重视矿资源性能、成分、价效。公司坚持实行"底薪＋提成"激励考核,执行新产品研发生产成本受损补偿机制:一方面按新产品研发生产量计奖;另一方面合作方按比例分享新产品增效提成。

公司中层干部绩效考核重"绩效"、强"责任"、勇"担当",在考核方式上与责任单位考核模式对接:一是横向对比考核。指标设置例如生铁成本对标位次、入炉焦比、钢铁料消耗、一次合格率等,其中,行业对标指标按照行业排名名次变化执行差异化挂钩浮动年薪,按指标改善或提升幅度增减年薪额。二是纵向对比考核。指标设置例如工序成本、产量等，以月度基数为基准，按指标超降基数额的比例增减年薪额。

（4）公司绩效管理体系建设小结。我国《管理会计应用指引第 600 号——绩效管理》指出，企业可单独或综合运用关键绩效指标法、经济增加值法、平衡计分卡等工具方法构建指标体系。指标体系应反映企业战略目标实现的关键成功因素，具体指标应含义明确、可度量。《管理会计应用指引第 601 号——关键绩效指标法》进一步指出，关键绩效指标法将价值创造活动与战略规划目标有效联系，并据此进行绩效管理。企业可以构建包括企业级关键绩效指标、所属单位（部门）级关键绩效指标、岗位（员工）级关键绩效指标。企业的关键绩效指标一般可分为结果类和动因类。结果类指标是反映企业绩效的价值指标，主要包括投资回报率、净资产收益率、经济增加值、息税前利润、自由现金流等综合指标；动因类指标是反映企业价值关键驱动因素的指标，主要包括资本性支出、单位生产成本、产量、销量、客户满意度、员工满意度等。

从安钢公司绩效考核评价体系的构建来看，围绕公司经济效益这个综合性核心绩效指标，基本形成了包括公司层面、所属单位（部门）层面和岗位（员工）层面三个层面的关键绩效指标体系。公司层面以经济效益指标为核心；所属生产单位和辅助部门的绩效考核指标设置，考虑到不同部门的价值创造特点，大量采用了动因类绩效指标，合理评价公司各二级单位（部门）对于公司整体经济效益的贡献力度；营销人员、研发人员和中层管理人员的绩效考核，结合员工岗位职责和关键工作价值贡献设定，体现了岗位职责。

5.4.3 安阳钢铁生产经营流程中的预算管理与绩效考核结合机制

首先，公司以市场为导向，对主要产品实施目标成本管理，在成本预测的基础上，根据公司当前生产技术条件等因素，以跑赢市场为目标，倒推产品成本，根据目标成本编制先进可行的成本费用预算和增产节约计划，组织制定降低成本措施。在编制成本费用预算的过程中，为落实生产经营目标，公司组织生产、技术、物资供应、能源、劳资等各职能部门，按照降低成本指标的要求，认真编制成本费用预算，使其具有可行性、先进性与完整性，形成明确的成本费用预算指标。成本费用预算中成本项目内容、费用分摊、产品成本计算和实际成本核算方法口径完全一致，以便检查预算执行情况。

其次，结合绩效考核体系，根据各种耗费指标与费用支出预算，制定具有激励作用的奖惩制度和措施，节约或超支与工资奖金挂钩，将成本预算和目标成本的各项指标细化，层层分解，实行成本分级归口管理，确定各责任单位责任指标考核和奖惩标准，提高全体员工降低成本费用的积极性。

再其次，在生产经营过程中，充分发挥预算的约束作用，对实际发生的生产耗费进行严格审核，根据事前确定的目标成本预算指标，准确、及时核算产品成本，控制和监督成本费用预算执行情况，组织生产过程的成本管理工作，有效地控制经济活动,完成目标成本和成本预算,实现成本控制。

最后,在正确核算成本的基础上,开展成本费用分析工作,以检查成本费用预算执行情况,通过本期实际数与预算数对比,分析产品产量、质量变动对成本的影响,分析材料、能源消耗定额差异,分析技术经济指标变动对成本的影响,查找影响目标成本费用升降的因素,揭示节约与浪费的原因,制定进一步降低成本费用的措施。

安阳钢铁的预算编制细化到月度预算目标和经营计划,各工序有效承接公司部署,预算管理与绩效考核体系紧密结合,多年来在预算约束与绩效激励的双重推动下,主要经济技术指标和运行质量大幅提升,保证了铁前降本钢后增效目标的实现。

5.5 安阳钢铁管理会计控制系统优化的绩效表现

安阳钢铁股份有限公司自1993年由安钢集团发起组建以来,在我国钢铁行业20世纪末21世纪初开始的结构调整进程中,锐意进取,通过"三步走"、低成本、高质量等发展战略的实施和不断迭代,分步骤、有计划地逐步实施全面精益生产和精益管理,以产销研一体化建设为纽带,不断优化技术工艺、加强产品品种开发、实现工艺设备和产品结构升级换代,铁前降本钢后增效,以成本费用管理为基础,以全面预算体系和绩效考核体系为主线,在激烈的钢铁行业市场竞争中形成自己的战略定位和竞争优势,在钢铁行业去产能、降成本的微利时代,实现了公司保本盈利的目标。

5.5.1 2006~2020年经营业绩总览

表5-2列示了2006~2020年安阳钢铁部分会计业绩指标。

表5-2　　　　　　2006~2020年安阳钢铁部分会计业绩指标情况

年份	资产(亿元)	固定资产(亿元)	在建工程(亿元)	营业收入(亿元)	归母利润(亿元)	净利润(亿元)	研发投入(亿元)	研发占营收(%)	销售利润率(%)	加权净资产收益率(%)
2006	142.08	78.97	18.11	169.20	6.13	6.13	—	—	3.62	9.67
2007	215.61	111.70	4.13	256.71	10.91	10.85	—	—	4.22	15.37
2008	271.66	124.38	8.72	371.14	1.24	1.24	—	—	0.33	1.20
2009	268.49	117.34	15.00	229.13	1.27	1.31	—	—	0.57	1.23
2010	314.31	119.42	15.13	282.97	0.69	0.76	—	—	0.27	0.66
2011	329.50	113.49	44.18	297.68	0.38	0.34	—	—	0.14	0.36

续表

年份	资产（亿元）	固定资产（亿元）	在建工程（亿元）	营业收入（亿元）	归母利润（亿元）	净利润（亿元）	研发投入（亿元）	研发占营收（%）	销售利润率（%）	加权净资产收益率（%）
2012	322.09	104.96	65.01	209.51	-34.98	-35.01	—	—	—	-39.60
2013	318.22	146.50	27.69	261.38	0.52	0.40	5.93	2.27	1.53	0.73
2014	321.47	136.05	32.67	268.52	0.29	0.33	6.41	2.39	1.22	0.40
2015	322.27	125.96	38.74	203.63	-25.51	-25.48	5.57	2.74	—	-42.75
2016	324.11	140.97	18.98	220.44	1.23	1.08	6.26	2.84	0.49	2.59
2017	331.52	150.41	15.43	270.29	16.00	16.05	6.69	2.48	5.94	28.30
2018	342.83	151.32	12.84	331.77	18.57	18.60	6.70	2.02	5.61	25.12
2019	382.26	146.63	11.84	298.36	2.56	2.38	4.84	1.62	0.80	2.78
2020	405.08	135.32	25.32	318.96	2.29	2.29	8.52	2.67	0.72	2.30

资料来源：根据安阳钢铁股份有限公司2006~2020年年度报告整理计算。

如表5-2所示，在我国钢铁行业去产能、压减钢产量的大背景下，2003~2008年安钢公司通过"三步走"战略，不断优化产品结构，实现工艺设备升级换代，资产规模和营业收入规模都出现大幅增长，为此后经营奠定了良好的基础；自2008年以来，虽然钢铁产业盈利具有周期性特征，受上下游产业影响较大，然而在原燃料持续上涨、钢材价格持续下降、环保压力不断加大的多重挤压下，安阳钢铁在以铁前降本钢后增效为核心的低成本和差异化战略引领下，除2012年和2015年公司大幅亏损外[①]，其余时间安阳钢铁基本保持盈利状态。

5.5.2 公司核心竞争力逐步形成，提质增效效益明显

"十二五"期间，我国重点统计钢铁企业研发投入只占主营业务收入的1.1%，远低于发达国家3%的水平。[②] 如表5-2所示，安阳钢铁多年来保持了远高于行业水平的研发投入，即使是出现大幅亏损的2012年和2015年，公司也没有大幅缩减研发投入，从而保证了公司高端高效产品研发、优化生产工艺、创新增效的资金投入，促进公司不断提高产品技术含量和质量，品种增效、结构增效实现了从常规产品生产向中高端产品生产转变的结构调整，核心竞争力逐步形成。

---

① "十二五"时期以来，我国钢铁行业受经济放缓影响，下游用钢需求严重不足，同质化竞争激烈，钢材价格屡创新低，原燃料价格高位运行，2012年全行业大面积亏损，安阳钢铁出现上市以来首次亏损。2016年初，国务院发布《关于钢铁行业化解过剩产能实现脱困发展的意见》，提出用5年时间再压减粗钢产能1亿~1.5亿吨。受此政策影响，国内钢价发生大幅度反弹后呈现波段性起伏；2018年钢材价格高位运行，进口铁矿石价格保持基本稳定，行业效益达到历史最佳水平；2019年由于钢铁产量增幅加快，钢材价格呈窄幅波动下行走势，再加上铁矿石等原燃材料价格上涨等因素影响，钢铁企业经济效益大幅回落。

② 《钢铁工业"十二五"发展规划》。

5.5.2.1 产品结构调整见成效

表5-3列示了2011~2020年度安阳钢铁品种产品占比增长情况,安阳钢铁品种钢、品种材比例分别自2011年的69.6%、72.8%,增加到2019年的86.04%、88.49%,最高时一年新增新品牌规格达85个。当前,安钢公司产成品以中高端产品为主,基本实现了产品品种的结构调整。

表5-3　　2011~2020年安阳钢铁股份有限公司品种钢、品种材比例和新增新牌号规格情况

项目	2011年	2013年	2014年	2016年	2017年	2018年	2019年	2020年
品种钢(%)	69.60	66.32	72.16	69.82	75.22	79.26	86.04	80.74
品种材(%)	72.80	72.73	80.06	78.75	84.33	84.30	88.49	83.65
新牌号规格(个)	23	50	63	58	85	58	60	63

资料来源:根据安阳钢铁股份有限公司2011~2020年年度报告整理。

5.5.2.2 产品盈利能力提升

表5-4列示了2012~2020年安阳钢铁综合毛利率和主要业务产品毛利率情况,自2013年以来,安阳钢铁虽然受到了钢材价格下降和原燃料成本上升的影响,但由于产品结构的有效转型以及成本管控途径的有效实施,安阳钢铁产品层面均实现盈利,除2015年以外,安阳钢铁各年度均实现了较高的综合毛利率和主要业务产品毛利率,产品盈利能力显著提升,竞争力凸显。

表5-4　　2012~2020年安阳钢铁股份有限公司综合毛利率和主要业务产品毛利率变动　　单位:%

项目	2012年	2013年	2014年	2015年	2016年	2017年	2018年	2019年	2020年
综合	-17.38	6.70	7.93	1.30	9.34	14.29	12.63	9.84	10.26
型材	—	4.88	6.53	4.95	5.26	11.24	13.42	12.38	6.15
建材	—	4.80	4.13	-0.45	5.74	16.21	11.59	10.29	3.55
板材	—	6.39	8.59	1.50	9.90	13.37	11.28	7.61	9.62

资料来源:根据安阳钢铁股份有限公司2012~2020年年度报告整理计算。

5.5.2.3 提质增效效应明显

表5-5列示了2012~2020年安阳钢铁产销量变化。一般情况下,企业产品收入与产销量成正比例增减变动,安阳钢铁的低成本战略与差异化战略相结合,大力发展"双高"产品,推行"产品+服务"战略,致力于产销研一体化,实施采购创效、铁前降本钢后增效、营销增效,2019年公司直供直销比例增加至62%。一方面,安钢公司2012~2020年产销率保持在97.9%~103.97%,产销

平衡；另一方面，2016年以来安钢公司钢材产销量持续下降，与此同时，营业收入连年上升，并且连年盈利，公司提质增效效应显著。

表 5-5 2012~2020年安阳钢铁股份有限公司钢材产销量情况

项目	2012年	2013年	2014年	2015年	2016年	2017年	2018年	2019年	2020年
钢材产量（万吨）	526.14	775.83	841.10	863.41	808.68	756.89	805.36	741.95	797.80
钢材销量（万吨）	547.05	759.59	827.95	854.80	817.06	745.04	821.60	740.50	789.54
期末库存量（万吨）	12.26	28.52	41.69	50.30	41.92	53.77	34.11	35.56	43.82
产销率（%）	103.97	97.90	98.44	99	101.04	98.44	102.02	99.80	98.96
直供直销比例（%）	—	22.69	22.25	—	—	—	—	62	—

资料来源：根据安阳钢铁股份有限公司2012~2020年年度报告整理计算。

5.6 本章小结

21世纪以来，我国钢铁行业整体产能过剩，供需结构性失衡，产品同质化竞争激烈，钢铁行业进入微利时代。在我国"限制总量、调整结构、提高效益"，"限产、保价、压库、增效"等产业方针政策的引导下，以及2014年以来供给侧结构性改革、"三去一降一补"的推动下，安阳钢铁股份有限公司在"三步走""低成本""服务型钢企"等发展战略引领下，不断淘汰落后产能、更新工艺设备、加大研发投入、优化生产流程，实施精益生产，以产销研一体化建设为切入点，协同研发、供应、生产、销售各环节联动，致力于降成本的同时增效益，实现创新增效、品种增效、结构增效。在这个过程中，安阳钢铁充分发挥现代管理会计工具方法的控制与激励作用，基于本公司钢铁生产制造特点、组织结构和经营模式，以系统化成本管理为基础，以铁前降本钢后增效为核心，以全面预算管理体系和绩效考核评价体系为主线，形成预算约束与绩效激励并行的格局，整合使用目标成本、价值工程、边际贡献以及关键绩效指标等多种管理会计工具方法，严控成本费用，激励全体员工大力发展高效高端品种产品，严格按照效益排序组织生产，改善各项经济技术指标，提升直供直销产品比例。

"十三五"规划以来，安阳钢铁股份有限公司主要产品盈利能力增强，生产经营模式实现从生产型、市场型到服务型的不断发展和转变，在实现产品结构调整的同时，市场竞争地位凸显。

参考文献

[1] 财政部．管理会计基本指引．
[2] 财政部．管理会计应用指引第 200 号——预算管理．
[3] 财政部．管理会计应用指引第 300 号——成本管理．
[4] 财政部．管理会计应用指引第 600 号——绩效管理
[5] 财政部．管理会计应用指引第 601 号——关键绩效指标．
[6] 国民经济和社会发展"九五"计划和 2010 年远景目标纲要．
[7] 国务院办公厅转发国家经贸委关于清理整顿小钢铁厂意见的通知．
[8] 钢铁工业"十二五"发展规划．
[9] 国民经济和社会发展第十一个五年规划纲要．
[10] 人民日报评论员：坚持以供给侧结构性改革为主线不动摇——四论贯彻落实中央经济工作会议精神 [N]．新华社，2018-12-18．
[11] 安阳钢铁股份有限公司招股说明书．
[12] 安阳钢铁股份有限公司 2006~2020 年年度报告．
[13] 安阳钢铁股份有限公司官方网站，http：//www.aysteel.com.cn/．
[14] 安阳钢铁集团有限责任公司官方网站，http：//www.angang.com.cn/．
[15] 吴敬琏．"三去一降一补"：深化供给侧结构性改革 [M]．北京：中信出版集团，2017．
[16] 孙茂竹，支晓强，戴璐．管理会计学（第 9 版）[M]．北京：中国人民大学出版社，2020．

讨论与思考

1. 安阳钢铁股份有限公司发展战略的变迁有何特点？
2. 安阳钢铁股份有限公司的成本管理有何特点？
3. 安阳钢铁股份有限公司的绩效考核体系存在哪些可以改进的空间？

第6章 瑞幸咖啡：从营运管理和本量利分析看经营策略

2019年，中国商业模式创业热潮逐步退去，而咖啡市场风云突起，喜茶、奈雪的茶陆续推出咖啡产品，两大咖啡市场领头企业——星巴克（Starbucks Coffee）和雀巢（Nestle）相继推出新系列产品，可口可乐、维他奶、农夫山泉也相继宣布推出咖啡饮品，加入中国咖啡市场的竞争混战。中国咖啡市场相对平稳发展多年之后，2019年似乎成为国内咖啡浪潮再起的新元年。2019年5月，瑞幸咖啡（Luckin Coffee）赴美公开募股（Initial Public Offering，IPO），这个在2018年亏损超过8亿元的互联网企业采用的"流量池"营销理念以及对内迅速扩张的线下门店和高额的价格补贴，2020年，新冠肺炎疫情席卷全球，几乎是在同一时点的2020年1月31日，以做空中概股闻名的研究机构浑水（Muddy Waters）发布一份长达89页的瑞幸咖啡公司做空报告，指责国内互联网咖啡品牌瑞幸咖啡公司（Nasdaq：LK）数据造假，报告称，"在瑞幸咖啡6.45亿美元的IPO之后，该公司从2019年第三季度开始捏造财务和运营数据，已经演变成一场骗局"。该份做空报告，在把用18个月时间实现光速上市的互联网咖啡企业瑞幸咖啡公司推到风口浪尖的同时，引发了对中国咖啡产业经营模式和发展态势的激烈讨论：咖啡行业下游消费端激烈竞争下的瑞幸咖啡公司商业模式和盈利模式在中国是否可行？用管理会计基本方法之一的本量利分析解读瑞幸咖啡公司的盈利模式，从营运管理的角度分析瑞幸咖啡公司的经营策略变化，是管理会计工具方法应用的又一思维。本章案例资料主要来源于Luckin Coffee Inc ADR（LKNCY）SEC Filings | Nasdaq和瑞幸咖啡招股说明书、经审计的2018年、2019年、2020年度报告、财政部调查官方资料等公开披露信息等。[1][2][3]

6.1 案例背景

6.1.1 咖啡行业产业链

咖啡、茶、可可并称为世界三大饮料。根据国际咖啡组织（International Cof-

---

[1] Luckin Coffee Inc ADR（LKNCY）SEC Filings | Nasdaq：https://www.nasdaq.com/zh/market-activity/stocks/lkncy/sec-filings.
[2] 瑞幸咖啡官方网站［EB/OL］. https://investor.lkcoffee.com/financial-information/sec-filings.
[3] 财政部官方披露调查资料数据。

fee Organization，ICO）相关数据，2017~2018 年度全球咖啡生产总量为 1 008 万吨，消费总量为 990 万吨，全球咖啡市场稳步增长。扣除咖啡生产国国内交易的部分，在世界市场流通的咖啡中，约 65% 为阿拉比卡种，35% 为罗布斯塔种。

从咖啡行业产业链来看：上游是种植环节，受限于土地气候等多种因素，成本项目主要包括灌溉、施肥以及人工，利润空间有限，价值贡献比例仅占整个产业链的 1% 左右；中游属于深加工环节，主要进行将咖啡生豆烘焙成熟豆的过程，该环节重资产投入且回报期较长，价值贡献占整个产业链的 6%，品牌厂商规模化运作占据主要市场份额，现有产能几乎能够完全满足需求；下游是流通环节，产品附加值高，多元化渠道丰富，差异化竞争空间较大，是咖啡产业链中最主要的利润产生环节，价值贡献约为整个产业链的 93% 左右。从整个产业链角度来看：咖啡下游渠道是咖啡产业发展的主要推动力，近年来创业机会多出现在该环节。

6.1.2 中国的咖啡消费市场

中国咖啡产业现阶段主要集中在产业链前端，在中国，最适宜种植咖啡的省份主要有云南、海南、广东、广西等，云南省咖啡种植条件优，是我国发展咖啡产业的第一大省。在上游领域，中国云南高端咖啡产业链已相对成熟，对咖啡生豆，特别是精品豆的需求量逐年提高，咖啡消费空间充满潜力。发达国家咖啡产业主要集聚在产业链中后端，我国咖啡产业下游领域经过多年的孕育，现阶段在各方面都有了长足发展。

6.1.2.1 中国咖啡消费市场的发展

我国咖啡产业下游消费端起始于 1989 年，其时速溶咖啡兴起；1997 年台系上岛咖啡进入大陆市场，1999 年星巴克在北京开设第一家门店，随之各种咖啡厅开始设立，咖啡消费渠道向多元化发展；2014 年我国第一家新零售咖啡——连咖啡（Coffee Box）在上海成立，2017 年新零售咖啡代表品牌瑞幸咖啡成立，这些新零售咖啡采用的商业模式摆脱了早期咖啡消费的固有模式，开拓了更多的咖啡消费场景。根据 IT 橘子数据，中国咖啡行业从 2014 年开始获得资本关注，2018 年大量资本聚焦于自助咖啡机和新零售咖啡，中国咖啡行业完成融资金额 36.4 亿元，投融资事件 17 起；2019 年完成融资金额 14.62 亿元，投融资事件 11 起。在资本的推动下，我国咖啡行业进入高速发展期，"互联网+咖啡"模式逐渐显示出勃勃生机。

根据中国食品协会数据，[①] 2018 年中国人均咖啡消费量为 6.2 杯，与发达国家相比，中国人均咖啡消费量仅为美国的 1.6%。据美国农业部（United States Department of Agriculture，USDA）统计（见表 6-1），以 2019~2020 年度中国咖

---

① 该数据在瑞幸咖啡公司的招股说明书中也有披露。

啡消费量 3 250 000 包共计 19.5 万吨为例测算，1 吨为 2 204.62 磅，1 磅咖啡豆可制作约 40 杯咖啡，2019 年我国 14 亿人口，可测算出目前我国人均咖啡消费量为 12.3 杯/年，同比增加 4.8%。随着我国人民生活水平的提高和对咖啡文化认知程度的增长，加之巨大的人口红利，都可能刺激国内咖啡消费。

表 6-1　　　　　　　　2015~2021 年度中国咖啡消费量统计

项目	2015~2016 年	2016~2017 年	2017~2018 年	2018~2019 年	2019~2020 年	2020~2021 年
消费量（包）	2 833 000	3 218 000	3 085 000	3 100 000	3 250 000	3 350 000
环比增长率（%）	—	13.6	-4.1	0.5	4.8	3.1

资料来源：根据美国农业部 2020 年《全球咖啡行业发展趋势》数据整理。

6.1.2.2　中国咖啡消费市场的特征

与美日等国家相比，目前中国咖啡消费量比较低，咖啡消费整体仍处于初期阶段，但近年来咖啡市场增长速度较快，从消费特点来看，具有以下两个明显特征。

（1）咖啡消费主要集中在一线城市和新一线城市，三、四线城市相对较为缺乏。2016 年我国 10 万家咖啡门店分布如表 6-2 所示，其中，16 个城市中门店分布达 3 万余家，而"北、上、广、深"四个一线城市门店分布则达到 14 000 余家。根据德勤中国和穆棉资本发布的《中国现磨咖啡行业白皮书》，至 2020 年中国共有咖啡馆 10.8 万家，主要位于二线及以上城市，数量占比为 75%。截至 2021 年 3 月，根据大众点评数据（见表 6-3），上海咖啡馆数量遥遥领先，是广州的 2 倍；北京咖啡馆数量只有上海的 60%；成都、深圳咖啡馆数量分列四、五位。

表 6-2　　　　　　　2016 年中国城市咖啡门店分布　　　　　　　　单位：家

项目	上海	北京	广州	深圳	厦门	成都	武汉	杭州
门店数	5 567	3 722	2 714	2 290	2 084	1 835	1 812	1 776
项目	重庆	南京	青岛	西安	天津	大连	沈阳	郑州
门店数	1 521	1 453	1 338	1 327	1 002	981	921	663

资料来源：根据《咖门》与《美团点评研究院》推出第一期饮品行业数据报告整理。

表 6-3　　　　　　2021 年中国咖啡馆门店数量 TOP10 分布　　　　　　单位：家

项目	上海	北京	广州	成都	深圳	杭州	苏州	重庆	南京	武汉
门店数	7 481	4 455	3 582	3 565	3 088	2 637	2 596	2 408	1 800	1 780

资料来源：根据大众点评研究院相关数据整理。

一、二线城市已养成饮用咖啡消费者的摄入频次为 300 杯/年，接近成熟咖啡市场水平。从一线和新一线的竞争格局来看，主打"快咖啡"场景的高性价比咖啡品牌和主打"慢咖啡"场景的精品咖啡品牌正在逐渐抢占市场份额。从品牌布局来看，主流品牌咖啡门店地域布局均以华东、华南一线和新一线城市为主：瑞幸咖啡、星巴克咖啡门店以华东为主，华南、华北为辅，并重视西南地区开发，瑞幸咖啡尤其重视下沉城市开发。COSTA Coffee 和太平洋咖啡深耕一线城市，太平洋咖啡重点在华南地区，COSTA Coffee 则重点经营北京、上海地区。

（2）咖啡文化在我国渗透较慢的原因解析。有意思的是，同样是"茶文化"厚重的日本特别喜欢喝咖啡，而我国咖啡的渗透就比较慢。究其原因，一方面是因为日本人对咖啡进行了改良，创造出与欧美截然不同的咖啡流派和咖啡文化；另一方面是日本罐装咖啡价格低廉，学生和上班族都可以消费得起，受到广大消费者的青睐；除此之外，日本的咖啡文化是由男性知识分子普及到社会其他阶层的。

而在我国，根据科达数字 100 公司联合健康时报借助调研云平台所做的调研结果（见表 6-4）[1]。现有咖啡消费人群中，以 25~29 岁的女性为主，然后是在职场奋斗多年的职业人群。

表 6-4　　　　　　　　　我国现阶段咖啡消费人群统计　　　　　　　　单位：%

项目	20~24 岁	25~29 岁	30~34 岁	35~39 岁	40~50 岁	50 岁以上	合计
消费占比	21	35	24	12	5	3	100

资料来源：《2018~2019 中国咖啡消费蓝皮书》。

从价格上看，随着国内咖啡市场逐渐壮大，消费者不再满足于传统连锁咖啡品牌的咖啡产品供给，在相同品质下，价格更低、购买更便利的产品更具有竞争力。本次调研结果显示，国内现有咖啡消费者对于一杯口感和品质不错的咖啡可接受价格范围在 26~35 元的最多，达 36%，然后是 16~25 元，占比 27%；潜在消费者可接受的价格范围相对更低，近半数选择 25 元以下，其中，36% 的潜在消费者选择 16~25 元。

6.1.2.3　我国咖啡市场的竞争态势

我国咖啡下游环节竞争最为激烈，随着星巴克等国外品牌入驻中国，本土咖啡创业品牌不断涌现，根据《咖门》与《美团点评研究院》第一期饮品行业数据报告：2016 年中国咖啡馆数量突破 10 万家，但全年净闭店率也达到 13.5%；2016 年 1 月，全国咖啡店总数为 105 157 家，2016 年 12 月 16 日则下降为 90 943 家。中国咖啡行业充满变数，其原因主要有三点：第一，咖啡市场基础薄弱；第二，非商业驱动的个体创业者忽视商业经营本质；第三，细分市场供需不匹配。

随着人们对咖啡认知的改变以及消费结构升级，越来越多的人开始接触咖

---

[1]　健康时报网，https://www.jksb.com.cn/html/2019/.

啡，我国咖啡市场具有较大的消费潜力。在消费升级的大背景下，随着人们收入水平的提高和咖啡文化的渗透，或将带动我国咖啡市场快速发展，使同样是"茶文化"的中国可以像日本一样，接受咖啡文化。然而，价格和品质是一对矛盾体，各咖啡品牌在竞争的同时，应做好战略定位，价格品质一起抓，吸引和留住自己的目标消费群体。

6.2 案例公司简介

6.2.1 瑞幸咖啡公司简介

瑞幸咖啡（中国）有限公司总部位于厦门，从2017年10月第一家门店开业，截至2018年5月8日正式营业，经过产品、流程和运营体系的磨合，瑞幸咖啡已开设525家门店；而在中国开拓了12年之久的COSTA，截至2017年也不过开设420家门店。作为一个新兴品牌，至2019年底，瑞幸咖啡直营门店数达到4 507家。随着2017年、2018年前后资本对于咖啡行业的关注，瑞幸咖啡在成立后数度完成资本注入，并于2019年成功在美国纳斯达克上市，其成立后各轮次融资额度及相应公司估值变化如表6-5所示。数次融资带来的巨额资本，给瑞幸咖啡完成预定互联网新零售企业的商业模式提供了丰厚的资金支持。2020年2月，美国证券交易委员会（SEC）披露的5份瑞幸咖啡持股文件显示，截至2019年12月31日，瑞幸咖啡实控人陆正耀持股比例23.94%，投票权36.86%；首席执行官（CEO）钱治亚持股比例15.4%，投票权23.76%。另根据瑞幸咖啡招股说明书及2019财报股权结构分析验证（截至2020年1月，陆正耀持有瑞幸咖啡484 851 500股B类普通股，相当于36.86%的投票权）。第三大股东为陆正耀的姐姐（Sunying Wang），[1] 持股比例9.72%。陆正耀与钱治亚投票权合计达到60.62%，陆正耀与其关联方"Sunying Wang"合计持股46.58%，陆正耀实际主导了瑞幸咖啡的决策权[2]。

表6-5　　　　　　　　　　　瑞幸咖啡融资汇总

时间	融资轮次	融资额	融资后估值
2018年7月	A轮融资	2亿美元	10亿美元
2018年12月	B轮融资	2亿美元	11亿美元
2019年4月	B+轮融资	1.5亿美元（其中，BlackRock私募基金投资1.25亿美元）	29亿美元

---

[1] MAyer investment Fund 的实际控制人是陆正耀的姐姐（Sunying Wong）。
[2] 资料来源：根据2020年2月美国证券交易委员会（SEC）披露的5份瑞幸咖啡持股文件和瑞幸咖啡招股说明书及2019年财报分析整理。

续表

时间	融资轮次	融资额	融资后估值
2019年5月	美国纳斯达克上市（首次公开募股共发行3 300万股美国存托凭证（ADS），每股定价17美元）	6.95亿美元	42亿美元
2020年1月	增发并完成可转债发行	11亿美元	

资料来源：根据瑞幸咖啡公开披露信息整理。

6.2.2 瑞幸咖啡的商业模式和营销策略

6.2.2.1 愿景、商业模式与客户定位

瑞幸咖啡（Luckin Coffee）是中国新零售咖啡典型代表，以"从咖啡开始，让瑞幸成为人们日常生活的一部分"为愿景，通过充分利用移动互联网和大数据技术的新零售模式，致力于成为中国领先的高品质咖啡品牌和专业化的咖啡服务提供商，为客户提供高品质、高性价比、高便利性的产品。瑞幸咖啡宣称，其不止于提供一杯高品质的新鲜咖啡，同时将互联网体验融入咖啡的消费流程，开创全新商业模式，以高性价比改变咖啡消费观念，以规格原料与制程改变咖啡消费品质，以新零售模式改变咖啡消费体验。[①] 瑞幸咖啡公司将客户定位于职场和年轻一代消费者，位于一线、二线城市的白领，尤其是25~29岁阶段的白领。

瑞幸咖啡实行线上、线下协同营销的方式，即App线上预定，线下门店配送。从本质上看，瑞幸咖啡模式属于快消费零售的一种新型O2O商业模式（张新民和陈德求，2020）。瑞幸咖啡能够实现快速上市的一个重要原因，是其宣称实施的移动互联网企业商业模式，即以技术为驱动、以数据为核心、通过互联网方式销售咖啡。

6.2.2.2 营销策略

瑞幸咖啡采用"门店+外送"的新零售模式，致力于"做每个人都喝得起、喝得到的好咖啡"，产品和用户定位明晰，营运模式与同行业相比，颇具特色。

（1）品牌和产品定位。瑞幸咖啡采用升维型定位，[②] 即避免与竞争对手在低层次展开竞争，直接升级到一个更高维度，创造蓝海类产品市场，瑞幸咖啡将自己定位为全新品类的、互联网的、新零售国民咖啡。

（2）营销渠道。瑞幸咖啡营销布局目标在于全场景覆盖，同时涉足传统门店、无人零售和外卖三个领域，对应优享店、快取店和外卖厨房店，发展初期重点在快取店。2019年瑞幸咖啡所有门店中快取店占比超过90%。因此，瑞幸咖

---

① 资料来源：瑞幸咖啡官网。
② 流量池思维将品牌定位分为三种：对立型定位、USP定位、升维型定位。

啡门店大多具有的特征有：门店面积小；位置大多集中在写字楼大堂、企业内部以及人流量较大的地方；可以在更贴近客户的同时降低店面成本。

（3）下单模式。瑞幸咖啡不设置收银台，采用 App 下单模式，所有交易依赖手机客户端完成，通过手机客户端与客户形成连接，能够沉淀用户数据，在节约门店员工工作量、提升咖啡制作效率、减少顾客到店时间、降低人力成本的同时，App 下单产生的大数据将顾客喜好、消费时段和热点地段描述得一清二楚，便于分析客户消费行为，进行定向差异化营销，也可为新门店选址提供可靠依据。

（4）配送服务。瑞幸咖啡的配送服务选择成本高但质量好的顺丰，将配送时间稳定在 10~15 分钟，超过 30 分钟则 App 自动配送一张免费咖啡券，以任性"烧钱"的模式优化客户体验。

作为一个互联网的新零售品牌，瑞幸咖啡从营销到配送的互联网化经营模式，迅速在传统的咖啡消费企业中脱颖而出。

6.2.2.3　价值链管理

基于上述商业模式，为了降低成本、提高效率，瑞幸咖啡致力于"线下买到电商价"，深化价值链管理，意图在客户和供应商之间搭建一个高效的销售渠道和流通平台。

在供应商方面，瑞幸咖啡深化供应链管理理念，一方面，通过智能供应链管理系统运用智能仓储管理和订单管理，准确地管理库存、预测需求，分析库存并直接跟供应商联系，倾力打造全球优质咖啡产业供应链联盟。瑞幸咖啡已与法国路易达孚、瑞士 Schaerer、瑞士 Franke、法国 MONIN、日本 UCC 集团、韩国 CJ 集团、DHL 以及顺丰集团等国内外著名企业建立深度战略合作关系；另一方面，瑞幸咖啡通过与全球产品供应商的深度合作，大规模采购和定制化策略可以获得优惠的采购价格，以为客户提供高品质、高性价比和高便利性产品。

在销售端，除了"线上订单线下配送"模式之外，2020 年 1 月初，瑞幸咖啡推出无人咖啡机"瑞即购"和无人售卖机"瑞划算"，计划实施无人零售领域的新战略，期望通过无人终端减少渠道成本，使客户在享受无人售货机便利的同时，享受到电商的低价。无人零售不仅省去了高昂的人工和装修费用，同时大幅减少了租金，从而拥有更低的交易成本，能够深入瑞幸咖啡门店无法触及的"碎片化"消费场景，最终提高消费频次并扩大客户规模。作为瑞幸咖啡的核心发展战略之一，无人零售战略在随即发生的造假事件爆发期间叫停。

6.2.2.4　潜在的危机

瑞幸咖啡公司主打高品质、高性价比产品，高品质通过优质原材料、优质设备实现，并通过上述供应链管理、批量采购等措施尽量压低成本。同时，多个轮次的融资使瑞幸咖啡有充足的资金可以用高补贴的方式进行折扣优惠。面对折扣力度极高的前期折扣优惠，花不到 10 块钱就可以喝上一杯采用"上等阿拉比卡豆"制成的现磨咖啡,瑞幸咖啡积累了相当大的销售量,然而问题是:优惠幅度消失后,又会有多少人愿意花 20 元以上的代价喝上一杯 Luckin Coffee 呢?当与星巴克的价格落差缩小到 10%～20%,"虚假繁荣"的 Luckin 泡沫又会被挤掉多少呢?通过补贴模式实现的高性价比产品定位如何维持?

6.2.3 瑞幸咖啡造假事件描述[①]

2020 年 1 月 8 日,瑞幸咖啡(NASDAQ:LK)宣布 2019 年全年总门店数达 4 507 家,正式超越星巴克成为国内连锁咖啡第一品牌,同时发布进军无人零售领域的新战略,当日美股开盘后,瑞幸咖啡股价涨超 12%,报收于 39.46 美元/股,市值达到 94.83 亿美元,次日股价再度上涨 12.44%,达 44.37 美元/股,市值达到 110.92 亿美元。瑞幸咖啡自赴美上市,仅半年股价上涨幅度超过 115%,瑞幸咖啡至此达到一个事业巅峰。然而,2020 年 1 月 31 日,国际知名做空机构浑水(Muddy Waters Research)在其推特官网上发布的一份关于瑞幸咖啡的做空报告,将瑞幸咖啡从峰顶拉回现实,当日瑞幸咖啡股价盘中最大跌幅 26.5%,收盘跌收 10.7%。

该做空报告称,瑞幸咖啡从 2019 年第三季度开始捏造财务和运营数据,夸大门店的每日订单量、每笔订单包含的商品数、每件商品的净售价,从而营造出单店盈利的假象;通过夸大广告支出,虚报除咖啡外其他商品的占比来掩盖单店亏损的事实;2019 年三季度瑞幸咖啡门店营业利润被夸大 3.97 亿元。

2020 年 4 月 2 日,瑞幸咖啡成立特别委员会启动内部调查,该特别委员会提请公司董事会注意:从 2019 年第二季度开始,公司首席运营官(COO)兼董事刘剑及其几个下属,涉嫌从事捏造交易的不当行为,从 2019 年第二季度到 2019 年第四季度与虚假交易相关的总销售金额约 22 亿元人民币。在此期间,某些成本和费用也因虚假交易而大幅膨胀。瑞幸咖啡是 2019 年 5 月 17 日上市的,这意味着,瑞幸咖啡上市后的销售数据大部分都是伪造的。研究机构浑水发布报告指出,瑞幸咖啡在 2019 年第三季度和 2019 年第四季度,每店每日商品数量分别夸大了至少 69% 和 88%。财政部、市场监管总局、证监会最终调查结果[②]证实了这一指证:2019 年 4~12 月,瑞幸咖啡及瑞幸北京公司在多家第三方公司帮助下,虚增收入,通过开展虚假交易、伪造银行流水、建立虚假数据库、伪造卡券消费记录等手段,累计制作虚假咖啡卡券订单 1.23 亿单,通过虚构商品券业务增加交易额 22.46 亿元;不仅如此,瑞幸咖啡及瑞幸北京公司与多家第三方公司开展虚假交易,通过虚构原材料采购、外卖配送业务,虚增劳务外包业务、虚构广告业务等方式虚增成本支出,平衡业绩利润数据,表 6-6 列示了瑞幸咖啡 2019 年第二、第三、第四季度虚增收入、费用情况。截至 2020 年 4 月 7 日正式停牌前

---

① 资料来源:根据瑞幸咖啡官方披露信息,以及相关股市交易价格整理编写。
② 资料来源:财政部、证监会官方网站 2020 年 7 月 31 日相继发布的信息。

夕，瑞幸咖啡市值相比2020年1月17日曾经到达过的最高点跌去90%，停牌前最终成交价为4.39美元，市值仅剩11亿美元，蒸发约110亿美元。

表6-6 2019年第二、第三、第四季度瑞幸咖啡虚增收入、成本费用　　单位：亿元

项目	第二季度	第三季度	第四季度	合计
收入虚增	2.5	7	11.7	21.2
成本费用虚增	1.5	5.2	6.7	13.4
利润虚增	1	1.8	5	7.8

注：根据财政部市场监管总局、证监会调查于2020年7月31日公开披露的信息，2019年4~12月，瑞幸咖啡公司通过虚构商品券业务增加交易额22.46亿元人民币，虚增收入21.19亿元人民币（占对外披露收入51.5亿元的41.16%），虚增成本费用12.11亿元人民币，虚增利润9.08亿元人民币。

资料来源：根据瑞幸咖啡官网2020年7月1日公告整理。

2020年4月7日，瑞幸咖啡在美国纳斯达克停牌；5月19日，瑞幸咖啡发布公告称被纳斯达克要求摘牌退市；6月29日瑞幸咖啡停牌退市备案。随后瑞幸咖啡调整董事会和高级管理层，CEO钱治亚和COO刘剑被暂停职务，郭谨一担任CEO和董事长，曾英（Ying Zeng）和杨杰（Jie Yang）为独立董事，陆正耀、刘二海、黎辉、邵绍锋不再担任董事会成员。

瑞幸咖啡自成立以来，以惊人的速度开店扩大经营规模，截至2019年末，线下门店达到4 507家，超过星巴克门店的4 292家，与星巴克一起成为我国国内两大连锁咖啡专营店巨头。2020年4月，瑞幸咖啡财务造假事件全面爆发，企业形象遭遇重创。截至2020年11月30日，瑞幸咖啡因造假事件关闭数百家门店，门店数回落至4 000家以下。2020年12月17日，美国证券交易委员会宣布，瑞幸咖啡同意支付1.8亿美元（约11.8亿元人民币）和解对其会计欺诈的指控。

6.3　瑞幸咖啡盈利模式之惑

2019年，当风险投资（venture capital，VC）、私募股权投资（private equity，PE）、创业者乃至公众都在反思上一轮共享单车资本泡沫时，身披互联网外衣的瑞幸咖啡轻资产模式被认为是其颠覆传统盈利模式的核心所在。传统零售业门店的最大成本是房租与人工，减少房租可以有效控制成本继而提升利润，瑞幸咖啡的投资人和高管一直着重强调的是：瑞幸咖啡利用互联网新零售模式，改变了传统零售业门店的成本结构，无论是租金成本、获客成本还是人工成本，都远远低于同行。其商业模式可以在保留社交功能的前提下，尽可能地减少成本。然而，让人始终无法理解的是，究竟是怎样的互联网模式，可以达到线下几千家门店依然能够做到轻资产？零售行业的线下门店，需要先进强大的供应链支持和物业管理能力作为后盾，而这意味着巨大的成本。即使是以轻资产见长的中国互联网翘楚阿里，其线下零售的盒马鲜生最终也是走向重资产模式。事实上，以线下运营

为主的传统咖啡店中，房租、设备、人员成本等门店费用占比一般较大，在资产结构配置中属于重资产类企业，而瑞幸咖啡通过采用线上运营、线下配送的服务模式，其迅速开店扩张的行为，显然已经形成重资产模式（张新民和陈德求，2020；韩洪灵，2020[①]）。成本和收入是商业经营永恒不变的主旋律和基本常识，如果成本和收入持续处于失衡状态，只是依靠外在宣传"包装"和内在数据造假的商业模式很难持久。

6.3.1 企业盈利模型与本量利分析

从管理会计的视角来看，将企业成本、费用按照成本形态分解为变动成本和固定成本后，企业利润的计算公式为：

$$利润 = 收入 - (变动成本 + 固定成本) \tag{6-1}$$

在本量利分析的基本假设下，销售价格、固定成本和单位变动成本为常数时，影响利润的关键因素即为业务量。我国《管理会计应用指引第 401 号——本量利分析》（以下简称《第 401 号应用指引》）中明确指出，本量利分析，是指以成本性态分析和变动成本法为基础，运用数学模型和图式，对成本、利润、业务量与单价等因素之间的依存关系进行分析，发现变动的规律性，为企业进行预测、决策、计划和控制等活动提供支持的一种方法。其中，"本"是指成本，包括固定成本和变动成本；"量"是指业务量，一般指销售量；"利"一般是指营业利润。本量利分析的基本公式为：

$$营业利润 = (单价 - 单位变动成本) \times 业务量 - 固定成本 \tag{6-2}$$

《第 401 号应用指引》中对本量利分析基本公式的规定，在扩展式（6-1）的同时，引入了管理会计中贡献毛益的概念，即将产品的单价抵减变动成本之后的结果定义为单位贡献毛益，从而揭示了企业的基本盈利模型本质，这个盈利模型表明了企业盈利的根本在于以下两方面。

（1）只有当产品的销售价格高于单位变动成本时，产品才能获利，即企业要想盈利，先要在企业产品层面获利。

（2）企业是否盈利取决于对销售量的控制，只有企业生产足够多能够产生盈利的产品，其产生的贡献毛益总额足以抵补企业固定成本的时候，企业整体才可能获利。

如果将这个模型应用于瑞幸咖啡，瑞幸咖啡的商业组织架构意味瑞幸咖啡要依次实现三个层面的盈利后，企业整体才能够获利。

（1）瑞幸咖啡的产品要能够盈利，产品单价要大于产品单位变动成本，即产品有贡献毛益。

（2）瑞幸咖啡单个门店层面要能够盈利，产品总贡献毛益，即（单价 - 单

---

① 瑞幸风波背后到底隐藏了什么？ http://www.som.zju.edu.cn/2020/0415.

位变动成本)×销售量,要大于单个门店的固定成本。

(3) 瑞幸咖啡整体上要盈利,其所有门店的盈利之和,应能够抵补总部的固定成本。

简而言之,瑞幸咖啡要盈利,不仅产品层面要盈利及有产品贡献毛益,而且要有足够的销售量产生足够的贡献毛益总额抵补店面费用和总部费用。

6.3.2 基于瑞幸咖啡 2019 年第二、第三季度数据的本量利分析

6.3.2.1 瑞幸咖啡 2019 年第二、第三季度收入、费用和盈利增长情况描述

表 6-7 列示了瑞幸咖啡 2019 年第二、第三季度收入、费用和相关盈利情况[①]。

表 6-7　瑞幸咖啡未经审计的 2019 年第二、第三季度全面收益比较　　　单位:亿元

LUCKINKIN COFFEE INC
UNAUDITED CONDENSED CONSOLIDATEDSTATEMENT OF COMPREHENSIVE
MONTHS ENDED JUNE 30, 2019 AND SEPTEMBER 2019

	2019 年第二季度 RMB	2019 年第二季度 US $	2019 第三季度 RMB	2019 第三季度 US $
Net revenues:				
Freshly brewed drinks	6.5916	0.9602	11.453	1.6024
Other products	2.1084	0.3071	3.4785	0.4867
Others	0.3912	0.0570	0.4839	0.0677
Total net revenues	9.0912	1.3243	15.416	2.1568
Cost of materials	(4.6582)	(0.6786)	(7.2113)	(1.0089)
Store rental and other operating costs	(3.7146)	(0.5411)	(4.7731)	(0.6678)
Depreciation expenses	(0.8849)	(0.1289)	(1.0852)	(0.1518)
Sales and marketing expenses	(3.9010)	(0.5683)	(5.5767)	(0.7802)
General and administrative expenses	(2.6578)	(0.3872)	(2.4609)	(0.3443)
Store preopening and other expenses	(0.1717)	(0.0250)	(0.2177)	(0.0305)
Total operating expenses	(15.988)	(2.3289)	(21.3248)	(2.9835)
Operating loss	(6.8971)	(1.0046)	(5.9089)	(0.8267)
Interest income	0.1413	0.0206	0.31853	0.0446
Interest and financing expenses	(0.0849)	(0.0124)	(0.0767)	(0.0107)
Foreign exchange gain, net	0.0558	0.0081	0.3280	0.0459

---

① 表 6-7 根据瑞幸咖啡披露的未经审计的 2019 年季度财务报告编制,后被查证有虚增收入和费用现象,具体情况见后面。

续表

	2019 年第二季度		2019 第三季度	
	RMB	US $	RMB	US $
Other expenses	(0.0280)	(0.0041)	0.0205	0.0029
Change in the fair value of warrant liablity	—	—	—	—
Net loss before income taxes	(6.8128)	(0.9924)	(5.3186)	(0.7441)
Income tax expense	—	—	—	—
Net loss	(6.8128)	(0.9924)	(5.3186)	(0.7411)

资料来源：根据瑞幸咖啡 2019 年第二、第三季度未经审计的财务报告（英文公告版）整理。

如表 6-7 所示，瑞幸咖啡 2019 年第二季度实现总营业收入为人民币 9.09 亿元，较上期增长 165%；来自产品的营业收入为人民币 8.7 亿元（1.267 亿美元），较 2018 年同期 1.090 亿元相比增长 698.4%，鲜制饮料净收入 6.592 亿元（9 600 万美元）；其他产品净收入为 2.108 亿元（3 070 万美元）；其他收入 0.391 亿元（570 万美元）；第二季度平均每月交易客户数为 620 万个，比 2018 年同期的 120 万个增长 416.7%；平均每月总销售量为 2 760 万份，比 2018 年同期的 400 万份增加了 3 590%；交易客户数量从 290 万个增加至 2 280 万个，第二季度新增客户 590 万个。截至第二季度末，瑞幸咖啡的门店总数为 2 963 家，比 2018 年同期的 624 家门店增长了 374.8%，2019 年第二季度顾客每月消费杯数达到 3.41 杯，较此前公开招股书公布的第 1 季度 2.97 杯有较大幅度增长。与此同时，作为瑞幸咖啡商业模式发展的必然结果，伴随着这些收入数字增加的还有费用的大幅增长，第二季度瑞幸咖啡总营业费用为人民币 15.98 亿元（2.329 亿美元），较 2018 年同期的 4.65 亿元增长 243.9%。其中，原材料费用 4.658 亿元（6 790 万美元），租金和其他经营费用 3.715 亿元（5 410 万美元），折旧费用 8 849 万元（1 289 万美元）；销售和市场费用 3.901 亿元（5 683 万美元），一般管理费用 2.658 亿元（3 872 万美元），经营性损失 6.897 亿元（1.005 亿美元），经营净损失 6.813 亿元（9 920 万美元）。

如表 6-7 所示，瑞幸咖啡 2019 年第三季度实现总营业收入为人民币 15.416 亿元，较 2018 年同期增长 540.2%；净亏损 5.319 亿元，同比扩大 9.7%，但比 2019 年第二季度净亏损 6.8 亿元有所缩小。就 2019 年第三季度具体收入明细而言，鲜制饮料净收入 11.454 亿元（1.602 亿美元），其他产品的净收入为 3.478 亿元（4 870 万美元），其他收入（主要包括送货费）为 4 840 万元（680 万美元），分别占 2019 年第三季度总净收入的 74.3%、22.6% 和 3.1%。瑞幸咖啡第三季度门店层面运营利润为 1.863 亿元（约合 2 610 万美元），并获得 12.5% 的利润率，而 2018 年同期为亏损人民币 1.26 亿元。2019 年第三季度末，瑞幸咖啡门店数量为 3 680 家，较第二季度末的 2 963 家总门店数新增 717 家。瑞幸咖啡于 2019 年"双十一"期间启动"第二届 Luckin 狂欢节"，推出长达 16 天的"充 10 赠 10"的活动，这意味着瑞幸咖啡继续以加大补贴力度的方式提升用户活跃度和下单量。第三季度，瑞幸销售和营销费用为 5.57 亿元，在营收中占比约 30%，相比于第二季度的 3.90 亿元增长幅度达 42.56%。

6.3.2.2 基于瑞幸咖啡 2019 年第二季度公告数据的本量利分析

（1）基于瑞幸咖啡 2019 年第二季度公告数据的本量利分析。根据瑞幸咖啡 2019 年第二季度公告披露的销售量、单价和成本数据，从产品层面的营利性、单店层面的营利性、企业整体层面的营利性三个层面，对瑞幸咖啡营利性进行的本量利分析如下所述。

第一，瑞幸咖啡产品层面的盈利分析。瑞幸咖啡商品单价为商品全价扣除折扣额后的有效单价：10.5 元；测算单位变动成本 = 5.6 + 3 + 0.99 = 9.59（元/件）（其中，每件鲜制饮料原材料成本预计 5.6 元；门店包括人工费的每件运营成本预计 3 元；每个订单提供了人民币 5 元的送货补贴，销售总商品中预计 19.8% 是通过快递购买，每件产品应负担的送货费为 5 × 19.8% = 0.99（元/件））；由此计算产品贡献毛益为：10.5 - 9.95 = 0.91（元）。瑞幸咖啡的产品层面，虽然有着极大幅度的让利优惠，但还是赚钱的。

第二，瑞幸咖啡门店层面的盈利分析。瑞幸咖啡门店基本上开在一线、二线城市，但新零售模式特征使其门店占用面积较小，因而平均门店月固定成本大概测算为 2.75 万元：其中，门店月租金预计平均为 1.5 万元/月，水电费预计平均为 0.5 万元/月，设备和店面装修的折旧 0.75 万元/月（测算设备和装修费用每个门店平均为 45 万元投入，已预付，会计政策按 5 年内摊销）。

根据计算公式：保本点销售量 = 固定成本/（单价 - 单位变动成本）；测算瑞幸咖啡单个门面月保本点销售量应为：27 500 ÷ (10.5 - 9.59) = 30 220（件），每天至少应售出 30 220 ÷ 30 = 1 007（件）才可实现单个门店不盈不亏。

瑞幸咖啡公告的第二季度单个门店每天销售量为 345 件（根据月均交易量 2 760 万份和门店数量测算），小于保本点销售量 1 007 件，每天亏损大概为 (345 - 1 007) × 0.91 = -602.42（元），每个月单个门店发生亏损 -602.42 × 30 = -18 072.6（元），如表 6 - 12 所示，第二季度初瑞幸咖啡门店总数 2 370 家，季末总数达到 2 963 家，门店层面亏损合计余额为：

-18 072.6 × [(2 370 + 2 963)] ÷ 2 = -48 190 588（元）

第三，瑞幸咖啡企业层面的盈利分析。如表 6 - 6 所示，瑞幸咖啡 2019 第二季度总部管理费用 2.66 亿元，销售和营销费用等为 4.07（3.90 + 0.17）亿元，扣除这些总部层面的固定费用后，根据本量利分析，在既定经营情况下，预测瑞幸咖啡第二季度亏损 7 亿元以上。

（2）从 2019 年第二季本量利分析得出的结论。这些本量利分析结论可以和表 6 - 7 中瑞幸咖啡披露的未经审计的 2019 年第二季度财务报告损益相印证：瑞幸咖啡 2019 年第二季度净亏损 6.81 亿元，其中，经营亏损 6.7 亿元；店面层次盈利 0.252 亿元 [(9.091 - 0.391) - 4.658 - 3.715 - 0.885]。

（注：根据瑞幸咖啡造假检查结果，瑞幸咖啡财务报告采用的盈余管理手段

之一,是将店面层次的固定费用转移至总部,因此,未经审计的瑞幸咖啡第二季财务报告显示店面层次盈利)

瑞幸咖啡2019年第二季度财务报告反映的损益结果与基于市场单价和成本数据预测利用本量利分析法得出的上述结论是一致的。从基于第二季度瑞幸咖啡产品单价和成本预测数据分析可以看出,根据企业盈利的基本模型,瑞幸咖啡要想扭亏为盈,有三条途径。

第一,依次减少单店层面和企业总部的固定成本。第二,提高产品贡献毛益,包括提高产品单价和降低单位变动成本两个途径。第三,提高销量。

6.3.2.3 基于瑞幸咖啡2019年第三季度公告数据的本量利分析

事实上,根据瑞幸咖啡2019年第三季度公告信息,瑞幸咖啡采取了多种途径以提升盈利水平。

(1)通过降低价格优惠将产品有效单价10.5元提升至11.8元。(2)通过将送货补贴由0.99元/件降低至0.55元/件,从而将预计单位变动成本由9.59元降低至9.15元。(3)单个门店每日平均销量由345件提高至495件。(4)由于瑞幸咖啡轻资产的布局,其固定成本降无可降。

当影响瑞幸咖啡盈利模式的各因素发生变化之后,基于本量利分析重新测算企业产品、单店层面和企业整体盈利性的过程如下。

(1)瑞幸咖啡单个产品贡献毛益为:

11.8 - 9.15 = 2.65(元)

(2)由于产品盈利性增加,单个门店保本点销售量变为:

27 500 ÷ (11.8 - 9.15) = 10 378(件/月)

(3)门店层面每天保本点销售量下降为:10 378 ÷ 30 = 346(件);从而每个门店每月盈利:(495 - 346) × 2.65 × 30 = 11 845.5(元);如表6-12所示,瑞幸咖啡第三季度门店总数达到3 680家,故门店层面总盈利达到:

11 845.5 × [(2 963 + 3 680) ÷ 2] = 39 344 828(元)

(4)如表6-7所示,瑞幸咖啡2019年第三季度总部管理费用2.46亿元,销售和营销费用等为5.78(5.57 + 0.21)亿元,扣除这些总部层面的固定费用后,根据分析,瑞幸咖啡第三季度亏损7亿元以上。

这些数字可以和表6-7瑞幸咖啡披露的未经审计的2019年三季度财务报告损益相印证,瑞幸咖啡2019年第三季度净亏损5.319亿元,其中,经营亏损5.9089亿元;店面层次盈利1.862(亿元)[(15.415 - 0.484) - 7.211 - 4.773 - 1.085]。

6.3.2.4 瑞幸咖啡财务造假的直接动机

创业初期的互联网企业财务指标效益往往不强,测度其发展前景的指标一般是运营指标,包括用户量、访问量、活跃度、留存率等指标,互联网真正的价值是建立在这些运营数据的基础上,这些数据的增长可以变现为以后的收益。因此,创业初期的互联网企业都是"烧钱"的,前期亏损很正常,用户量等营运指标处在财务账面核算体系之外，对瑞幸咖啡经营的本量利分析也是基于运营指标能够转化为产品销售量为前提的。

根据浑水公司发布的研究报告：瑞幸咖啡 2019 年第四季度每个门店销售量仅为 263 件，远少于此前瑞幸咖啡披露的 495 件；基于调查的 25 843 张数据显示，有效瑞幸咖啡单品价格只有 9.97 元，低于瑞幸咖啡第三季披露的 11.8 元人民币；截至 2019 年底，瑞幸咖啡月均售出 3 003 万杯鲜制饮品，据此计算，瑞幸咖啡平均单个交易用户月均消费 2.59 杯，而 2018 年同期则约为 3 杯，瑞幸咖啡的用户消费能力出现了大幅下滑的情况。

瑞幸咖啡 2019 年第四季度财务报告在财务造假爆出后迟迟未能披露，不能不说其时瑞幸咖啡的盈利模式不如其本量利分析所预示的前景：瑞幸咖啡的价格弹性相当大，当瑞幸咖啡打折力度降低提高产品单价的同时，客户交易量显著降低（张新民和陈德求，2020），影响瑞幸咖啡盈利水平的关键因素——销售量远远未能达到预期，互联网企业的经营指标未能出现转化为盈利的趋势。据公开披露的相关数据，瑞幸咖啡造假的焦点在于伪造交易量，通过夸大门店每日订单量、每笔订单商品数、每件商品净售价，营造出单店盈利的假象；继而通过夸大广告支出、虚报除咖啡外其他商品的占比（夸大其他商品收入近 400%），掩盖单店亏损的事实。

经审计的（2018~2019 年）瑞幸咖啡财务报告中相关盈亏数据如表 6-8 所示。[①] 瑞幸咖啡 2019 年大幅亏损，营运亏损 32.12 亿元，净亏损 31.6 亿元，几乎是 2018 年亏损的 2 倍。

表 6-8　　　　2018~2019 年瑞幸咖啡经审计的财务报告盈亏数据

时间	营业收入（亿元）	运营亏损 亏损额（亿元）	运营亏损 亏损率（%）	净亏损 亏损额（亿元）	净亏损 亏损率（%）
2018 年度	8.40	15.98	190.2	16.19	192.7
2019 年度	30.25	32.12	106.2	31.60	104.4
合计	38.65	48.10		47.79	

数据来源：根据瑞幸咖啡公司 2018 年度和 2019 年度财务报告整理。

6.4　从营运管理和本量利分析看瑞幸咖啡商业模式的可行性

6.4.1　管理会计工具方法：营运管理和本量利分析

我国的《管理会计应用指引第 400 号——营运管理》为概况性应用指引，其

[①] 2021 年 7 月，瑞幸咖啡经审计的 2019 年度财务报告。

中将企业的营运管理定义为：为了实现企业战略和营运目标，各级管理者通过计划、组织、指挥、协调、控制、激励等活动，实现对企业生产经营过程中的物料供应、产品生产和销售等环节的价值增值管理。该指引明确指出，营运管理领域应用的管理会计工具方法一般包括本量利分析、敏感性分析、边际分析和标杆管理等，企业应根据自身业务特点和管理需要，选择单独或综合运用营运管理工具方法，以更好地实现营运管理目标。企业应用营运管理工具方法，一般按照营运计划的制定、营运计划的执行、营运计划的调整、营运监控分析与报告、营运绩效管理等程序进行。企业应用多种工具方法制定营运计划的，应根据自身实际情况，选择单独或综合应用预算管理领域、平衡计分卡、标杆管理等管理会计工具方法；同时，应充分应用本量利分析、敏感性分析、边际分析等管理会计工具方法，为营运计划的制定，提供具体量化的数据分析，有效支持决策。企业在制定营运计划时，应以战略目标和年度营运目标为指引，充分分析宏观经济形势、行业发展规律以及竞争对手情况等内外部环境变化，同时还应评估企业自身研发、生产、供应、销售等环节的营运能力，客观评估自身的优势和劣势，以及面临的风险和机会。企业应当科学合理地制定营运计划，充分考虑各层次营运目标、业务计划、管理指标等方面的内在逻辑联系，形成涵盖各价值链的、不同层次和不同领域的、业务与财务相结合的、短期与长期相结合的目标体系和行动计划。

可见，本量利分析方法等管理会计工具方法，作为为企业制定营运计划提供量化分析的决策支持工具，在企业营运管理中起到重要作用。《管理会计应用指引第 401 号——本量利分析》中指出，本量利分析主要用于企业生产决策、成本决策和定价决策，也可以广泛地用于投融资决策等。企业在营运计划的制定、调整以及营运监控分析等程序中通常会应用到本量利分析。本量利分析方法通常包括盈亏平衡分析、目标利润分析、敏感性分析以及边际分析等。

如本章前述基于瑞幸咖啡 2019 年第二季和第三季公告数据的本量利分析所示，瑞幸咖啡公司的产品层面一直是有贡献毛益的；2019 年第三季度分析显示，在提高单位产品售价、降低产品变动成本以及提高销售量的举措下，瑞幸咖啡门店层面可以实现盈利 3 900 余万元，如表 6-7 瑞幸咖啡未经审计的财务报告所示，瑞幸咖啡门店层面实现盈利 1.862 亿元；然而，在企业整体经营层面，高额的总部营销、管理等固定成本，导致企业在当前经营模式下尚未能达到盈利条件。

事实上，如表 6-8 和表 6-9 所示，从 2017 年瑞幸咖啡创办以来，截至 2019 年第三季度，瑞幸咖啡累计亏损 48 亿元，2018 年第四季度至 2019 年第三季度四个季度单季净亏损额度在 6 亿元上下浮动。2018 年全年瑞幸咖啡卖出 9 000 万余件商品，营业收入达到 8.407 亿元，净亏损 16.19 亿元，瑞幸咖啡每卖出一杯咖啡就亏损约 20 元。

表6-9　2018~2019年瑞幸咖啡收入、成本费用以及利润指标汇总

项目	2018年 第一季度	第二季度	第三季度	第四季度	2019年 第一季度	第二季度	第三季度
收入（亿元）	0.1295	1.2150	2.4079	4.6543	4.7851	9.0911	15.416
成本费用（亿元）	1.3817	4.6496	7.2641	11.0920	10.0560	15.988	21.325
净利润（亿元）	-1.3222	-3.3299	-4.8493	-6.6899	-5.5178	-6.813	-5.319
亏损率（%）	1 021	275.2	201.39	143.74	115.31	74.94	34.505

资料来源：根据瑞幸咖啡2018~2019年度未审计的季度财务报告整理。

在瑞幸咖啡高额亏损的同时，不能忽视的是硬币的另一面：瑞幸咖啡财务报告中显示的亏损率收窄。如表6-8所示，根据经过审计的瑞幸咖啡2018年和2019年度财报数据，瑞兴咖啡的净亏损率已经从2018年度的190.2%/192.7%收敛到2019年度的106.2%/104.4%，季度数据所显示的亏损幅度下降趋势更为显著，如表6-9所示，不考虑2018年度第一季度初始开业特殊时期的巨额亏损幅度，瑞幸咖啡季度亏损幅度从2018年第二季度的275.2%下降到2019年第二季度的74.94%，再到2019年第三季度的34.5%，持续下降。据测算，新客补贴的重要指标——相关产品促销费用，由2018年第二季度的11.8元/人降至2019年第二季度的6.5元/人。

企业如何弥补亏损，扭亏为盈，如前所述，根据产品市场价格和企业估算的成本费用，基于企业盈利模型的本量利分析给出了瑞幸咖啡可能的解决途径：提升单价、降低单位变动成本，以及扩大销售量。虽然瑞幸咖啡当前尚未走出亏损，但其营运管理策略，无疑扩展贯彻了本量利分析的可行营运结论，持续扩大销售基数，迅速扩张。业界很多人由此评价，这是瑞幸咖啡的"战略性亏损"，瑞幸咖啡行销长也曾在公开场合表示，不会因而停止补贴。

6.4.2　从本量利分析和营运管理看瑞幸商业模式的未来可持续性

瑞幸咖啡的商业模式能够实现瑞幸咖啡退市之后再启航吗？基于管理会计工具方法的分析和应用，可能会令人在混乱的现象中抽丝剥茧，得窥一斑。基于本量利的分析，从企业盈利的基本模型可以看出，瑞幸咖啡经营成败的关键在于：一是企业是否有足够的销售增长；二是企业是否有足够的产品贡献毛益。

6.4.2.1　瑞幸咖啡的销售量增长目标是否能够达成

商业模式引导企业组织战略和经营方式，一个好的商业模式是否能够实现企业的经营战略，实现企业可持续发展，首先要有较强的市场需求；其次可以保持用户的黏性。瑞幸咖啡采用的互联网新零售商业模式有效实施的前提，是中国咖啡消费市场潜力很大，消费者对核心功能性咖啡需求是增加的。互联网新零售模式下，由于互联网用户基数庞大，再加上其独特的传播环境，致使企业在这种商

业模式下可以采用的基本经营逻辑为：首先，通过采取"免费"商业模式来推广公司商品，吸引用户，将用户转化成流量；其次，在获得大量用户的基础上，通过该商品后期的增值服务（如流量、广告、产品增值服务或者开发新产品），在保持用户黏性的同时，采用延伸价值链或其他增值服务方式实现前期成本投入回收以及企业盈利。

瑞幸咖啡在2019年之前的经营过程中，确实是基于上述经营逻辑的，为增加客户群、保留现有客户、推广新产品，一方面，瑞幸咖啡推出了免费和补贴策略，定期发放优惠券，瑞幸咖啡App里的1.8折、5.5折券不断刺激着消费者买单；另一方面，瑞幸咖啡花费了高额的市场营销费用。表6-10汇总了瑞幸咖啡自成立以来相关会计期间营销费用支出情况，为获取新客户，瑞幸咖啡营销费用以惊人速度增长，然而瑞幸咖啡2019年度第三季度财务报告同样披露，累计交易客户数增至3 070万个，当季月均交易用户达到930万个，两者同比增长4倍。而且瑞幸咖啡经审计的2019年年度报告显示，截至2019年底，瑞幸咖啡累计交易用户为4 061万个，同比增长224%；月均交易用户为1 159万个，同比增长168%。整体来看，在高额补贴下，瑞幸咖啡的销售规模保持增长态势。

表6-10　　　　2017年6月至2019年第三季度瑞幸咖啡营销费用　　　　单位：亿元

会计期间	2017年6月16日~12月31日	2018年度	2019年第一季度	2019年第二季度	2019年第三季度
营销费用	0.255	7.46	1.681	3.90	5.58

资料来源：根据瑞幸咖啡公司相关会计期间财务报告整理。

然而，瑞幸咖啡采取的这种借助于产品价格折扣和消费补贴模式吸引用户销售产品，虽然能够在一段时间内吸引客户关注瑞幸咖啡，但是依托于同样的产品来保持客户黏性是否可行呢？能否保持已获取客户的忠诚度呢？事实上，瑞幸咖啡在财务造假危机暴露之前，由于其自身没有能够进一步成功开发新的产品收费项目，从而导致用户购买量对该产品的价格敏感性很强，用户黏性受到价格促销的影响极大。

6.4.2.2　瑞幸咖啡的产品是否有足够的贡献毛益

从上述对瑞幸咖啡2019年第二季度和第三季度的本量利分析来看，瑞幸咖啡在产品层面上，折价情形下还是具有一定的贡献毛益的。因此，瑞幸咖啡产品是否能够产生足够的贡献毛益，本质问题在于是否能够产生足够的贡献毛益用以抵补门店层面的固定运营成本和总部层面的固定运营成本，继而将问题下沉到两个方面：一方面是能否实现企业业务的持续增长，保持用户黏性，实现足够的产品销量以达到盈亏平衡点销售量并持续增加；另一方面是能否够提高产品层面的贡献毛益。进一步深入分析，这两个方面的问题又回归到一个问题，即寻找新的业务增长点和新的收费方式增长点，不断开发咖啡的衍生产品和附加值，通过企业专有属性的产品、服务和文化等具有附加值和增值服务的产品线,在保持用户黏性的同时,引导用户在消费咖啡时对其附加产品增加消费需求,从而才有可能实现业务的持续增长和企业盈利。

从瑞幸咖啡2020年退市之前的经营过程和效果来看,在以本质为"技术为驱动,数据为核心,与客户建立密切联系"的商业模式驱动下,瑞幸咖啡更多实施的是以软件形式驱动的技术驱动方式,其技术研发多集中在移动应用程序和商业网络这两个主要方面,而这两个方面的技术研发和创新也确实能够优化瑞幸咖啡的业务流程、提高操作效率、迅速扩大业务规模。但是瑞幸咖啡在产品技术层面上的驱动,尤其是咖啡产品研发并没有真正实现突破。瑞幸咖啡的技术驱动,可以利用大数据分析和人工智能分析用户行为与交易数据的优势,从而不断提高产品和服务,实施动态定价和改善用户体验,然而其主营业务咖啡饮品方面的设计与创新不足,背离了消费连锁经营的本质:产品才是消费者真正需要的。

瑞幸咖啡以技术为核心的颠覆性互联网新零售模式,尽管在资本扶持下创下18个月"闪电"上市纪录,但企业经营无法回避如何实现盈利、实现可持续发展价值创造等实质性商业经营问题。瑞幸咖啡客户从接触瑞幸的第一天开始被培养的是通过优惠券、免费咖啡与公司互动,而不是通过产品、通过品牌建立密切联系。瑞幸咖啡的招股说明书中也提到,瑞幸咖啡的产品不是专利产品,如果不能有效竞争,可能会失去市场份额和客户。瑞幸咖啡要想扭转退市之后的实质性市场困境,应该围绕本质问题,专注提升自身核心竞争力,改进创新模式,不断改善用户消费体验,向用户提供高质量的产品和服务。技术研发应该为产品服务,为实体服务,才能够为企业的可持续健康发展提供保障。瑞幸咖啡的经营,一是,需要不断提升核心产品质量,变用户需求为用户喜爱,保持用户黏性;二是,在产品的设计与研发中,尝试开发衍生产品或新增附加值产品,开发当前用户流量,增加销售收入,提高经营活动现金流;三是,除了开发用户流外,还需要在价值链上充分开发产品流、信息流和资金流,在价值创造方面实现协同创新与价值共创。

6.5　2020年瑞幸咖啡退市后的战略调整

在美国纳斯达克退市之前的瑞幸咖啡,其高速扩张和"烧钱"的营销方式,虽然为企业经营埋下了隐忧,但不可否认的是,瑞幸咖啡和"互联网咖啡"概念的推销获得了极大成功,瑞幸咖啡跻身于国内最为著名的咖啡品牌之一,尤其是深入互联网用户之中。在陆正耀掌权时代,瑞幸咖啡用"以补贴换用户"的闪电战打法迅速在我国互联网咖啡市场中占据一席之地,然而2020年退市后的瑞幸咖啡缺乏资本输入,之前通过大额补贴获取客户的做法无疑是行不通的,危急时刻,随着瑞幸咖啡退市后新管理层的稳定,"互联网模式"经营的瑞幸咖啡,需要回归商业本质,实行"自救"。退市之后,瑞幸咖啡在战略定位不变的前提下,基于本量利分析的企业盈利模式,深度聚焦企业盈利影响因素,及时转变经营策略，采取多种业务提升措施，持续专注于客户留存和购买频率，采用有针对性的扩张以进一步扩大销售规模，专注核心业务、优化产品组合以提高产品和店面层面的盈利性等经营策略，并进而优化成本控制，实现了退市之后的再次起航。表 6-11 列示了瑞幸咖啡 2019 年一至四季度及 2020 年一至三季度收入规模增长情况，瑞幸咖啡 2020 年前 3 季收入相比于 2019 年同期均有大幅增加。据瑞幸咖啡 2020 年季度财务报告披露，瑞幸咖啡公司净收入和自营店收入持续增长的原因主要有：消费者数量增加；消费者购买频次提升；产品价格提高（降低折扣力度）；产品组合日渐丰富。瑞幸咖啡任命的临时清盘人 2020 年 12 月发布公告宣称：自 2020 年 5 月起，瑞幸咖啡单个门店层面的盈利能力持续提高，公司于 2020 年 8 月首次实现门店层面收支平衡。截至 2020 年 11 月，瑞幸咖啡 3 898 家门店中，超过 60% 自营店实现盈利，超过 70% 的加盟店接近瑞幸咖啡要求的毛利润水平。

表 6-11　　　　　　　　2019~2020 年瑞幸咖啡季度收入增长

项目	2019 年				2020 年		
	第一季度	第二季度	第三季度	第四季度	第一季度	第二季度	第三季度
净收入（亿元）	4.79	6.53	8.43	10.50	5.65	9.80	11.45
同比增长（%）	—	—	—	—	18.10	49.90	35.80
其中：自营店收入	4.45	6.14	7.93	9.71	5.12	8.43	9.76
同比增长（%）	—	—	—	—	15.10	37.30	23.10

资料来源：根据瑞幸咖啡 2019~2020 年季度财务报告整理编制。

6.5.1　营销模式的变化：门店 + 外卖咖啡 + 私域社群模式

瑞幸咖啡从 2020 年开始采用私域社群的营销方式，利用微信推文、线下门店进群领取优惠券，不同时段推送各种秒杀券、优惠抽奖、特价产品，定期在社群中发送产品优惠券活跃社群等方式，将用户沉淀到专属福利社群中。尽管私域社群的主要营销方式还是发放优惠券，但相比之前大量发放 3.8 折、1.8 折的优惠，瑞幸咖啡门店社群普遍都是以 4.8 折优惠限时限量发放，瑞幸咖啡 App 显示，目前瑞幸咖啡的在售饮品普遍价格在 15~25 元。

纳斯达克退市后的瑞幸咖啡选择了 "门店 + 咖啡 + 私域社群" 的营销模式，利用社群营销为主的私域流量稳固老客户、增加新客户，成功 "自救"。据统计，2020 年 7 月，瑞幸咖啡的私域用户超过 180 万人，每天直接贡献 3.5 万杯，月活用户增长 10%。

对于瑞幸咖啡而言，要想在激烈的中国咖啡消费市场竞争中讲好自己的故事，关键在于用户群体增长速度能否支持其业务数据，关键在于客户消费量能不能达到并且超过盈亏临界点保本销售量，关键在于咖啡产品的性价比是否能够满足客户需求，吸引新客户的同时拉住老客户并形成复购习惯。走"接地气"路线的瑞幸咖啡，不同于高端定位的星巴克，其平价外卖咖啡、极力拉高坪效的小门店以及社群化运营拉新等模式，目前依然被证明是行之有效的。但是，退市之后的瑞幸咖啡，用户增长主要依赖私域流量，私域用户的黏性并没有想象中那么高，而折扣优惠依然是用户入群的主要动力，补贴依然是社群与用户链接的桥梁之一，这既可能成为瑞幸咖啡的未来核心竞争力，也可能成为未来发展的阻碍。

瑞幸咖啡想要进一步扩大营业规模，门店数量、消费品类及频次等都需要与用户增长相匹配。当务之急，瑞幸咖啡需要用产品说话，以高性价比的产品对用户产生强吸引力，形成品牌忠诚度和稳定的顾客群。

6.5.2 门店扩张策略的变化：从快速扩张向针对性扩张转变

瑞幸咖啡的目标定位，以及前述基于本量利的分析表明，扩张对瑞幸咖啡的业务增长起着决定性作用，因此，扩张依然是退市之后瑞幸咖啡的发展战略，但"砸钱"拓客以迅速占领市场的盲目扩展策略显然不再适合退市之后的瑞幸咖啡。实际上，瑞幸咖啡发展战略的重心已经从快速扩张转向针对性扩张，以提高企业盈利能力和现金流。

基于有针对性扩张的发展战略，瑞幸咖啡采取了一系列措施优化门店设置，包括有针对性地选址、严格控制开店标准、关闭经营业绩不良表现不佳的门店等。此外，为了以超过自然增长的速度进行扩张计划，瑞幸咖啡开发了一种合作伙伴关系模型，通过合作模式的改变，瑞幸咖啡推动了加盟店业务线的周转，2020年11月，70%以上的加盟店达到最低毛利门槛，加盟店达到最低毛利门槛之后需要与瑞幸咖啡分享利润，从而增加了企业总体盈利。

表6-12汇总列示了2019~2020年度瑞幸咖啡门店规模变动情况，瑞幸咖啡门店总数变动情况特征如下。

表6-12　　　　2019~2020年瑞幸咖啡门店规模变动情况　　　　单位：家

项目	2019年				2020年			
	第一季度	第二季度	第三季度	第四季度	第一季度	第二季度	第三季度	10~11月
自营门店总数	2 370	2 963	3 680	4 507	4 511	4 267	3 952	3 898
新开自营门店数	407	630	776	882	69	134	133	76
关闭自营门店数	110	37	59	55	65	378	448	130
加盟店数	—	—	—	282	501	824	879	894

资料来源：根据瑞幸咖啡2020年相关期间财务报告数据整理。

（1）2019年，瑞幸咖啡以快速扩张为主，自2019年第一季度的2 370家自营门店，到第四季度达到4 507家自营门店，1年之间，瑞幸咖啡自营门店开店个数几乎翻了一番，其中，新增门店2 695家，关闭门店总数仅为261家，门店主要以自营门店为主。

(2) 自2020年以来，截至2020年11月30日，瑞幸咖啡开业门店数字不增反降，从2019年末的4 507家减少至3 898家。2020年1~11月，瑞幸咖啡关闭了1 021家表现不佳的门店，同时新开412家新店。加盟店个数也有了质的飞跃，2019年加盟店仅为282家，至2020年11月，加盟店增长至894家。

瑞幸咖啡门店规模变化情况充分展示了公司扩张战略变化带来的影响，2020年以来，瑞幸咖啡一方面加强对新开业门店选址的控制，新门店均开设在增长潜力强劲的地区；另一方面对开业店铺业绩进行审查，并加强了店铺开业标准，关闭了部分表现不佳的门店。

6.5.3 业务发展重心的变化：专注发展核心业务，优化产品组合、产品定价和折扣政策

6.5.3.1 专注发展核心业务，调整非核心业务

为了集中精力发展竞争优势，瑞幸咖啡决定着重发展其核心咖啡业务（包括自营店和加盟店），将资源向核心业务倾斜，为了将资源集中于核心业务咖啡系列，瑞幸咖啡对非核心业务的资源重新分配，调整非核心业务。

(1) 主打下沉市场的小鹿茶停止招商加盟。在主打咖啡业务迅速发展的同时，2019年，瑞幸咖啡开始经营小鹿茶门店，期冀通过对小鹿茶的经营，在业务多元化布局上形成瑞幸咖啡门店与小鹿茶门店的强势互补。从战略布局上看，瑞幸咖啡门店将侧重一线、二线城市，注重办公场景，主打咖啡业务的同时也销售部分经典款小鹿茶产品；小鹿茶门店将侧重下沉到二线、三线、四线城市的消费市场，注重休闲场景，定位于为新一代消费者提供高品质、高性价比、高便利性的时尚新式茶饮，注重丰富茶类产品的同时，也销售全系列瑞幸咖啡大师产品。2019年9月，瑞幸咖啡宣布将小鹿茶作为瑞幸咖啡独立品牌独立运营，为配合小鹿茶门店的发展，瑞幸咖啡推出全新零售合伙人模式，该加盟模式具有零加盟费、共担风险、超强品牌、丰富产品、全域流量支持、数字化运营六大优势，自此，小鹿茶门店形成两种经营方式：自运营门店和代运营门店。此前，瑞幸咖啡采用的是100%直营模式。2020年4月3日，受公共卫生事件影响，小鹿茶在全国范围内暂停加盟。2020年6月，退市后的瑞幸咖啡在减缓扩张速度的同时，停掉绝大多数"烧钱"项目，小鹿茶停止加盟招商，小鹿茶经营团队打散，负责加盟业务的员工并入其他部门。

(2) 砍掉部分无人零售业务。瑞幸咖啡曾经的"核心战略"之一是通过无人咖啡机"瑞即购"（Luckin Express）进入无人零售市场，由于财务造假事件的影响，直至2021年1月18日，瑞幸咖啡重启无人咖啡机加盟计划，发布新零售合作伙伴招募计划；3月8日，瑞幸咖啡"瑞即购"在38个城市正式开启招商。目前瑞幸咖啡公司运营着大约150台无人咖啡机，虽然当前该业务依然处于亏损

状态，但由于咖啡是瑞幸的核心业务，着眼于长远布局，瑞幸还是安排了一支专门负责优化运营的团队致力于提高其盈利能力。

除了"瑞即购"外，还有一条服务线——零食贩售机"瑞划算"（Luckin Pop），由于需要进一步投资并扩大经营规模才能盈利，公司决定关闭该服务线。事实上，2020年6月瑞幸咖啡即不再对"瑞划算"商品进行补贴，仅维持现有运营。

6.5.3.2 优化店面产品组合及定价策略，审慎采用折扣政策

产品的品质和对顾客的吸引力，是保障企业生命之树常青的关键所在，一味地以价格战抢占市场，不是企业经营之道。得益于产品形态及渠道的多样化，咖啡产品的零售环节是最能产生创新模式创造价值的地方。瑞幸咖啡要想创造长期价值，必须不断进行产品创新，才能在咖啡消费市场的激烈争夺战中突破重围。瑞幸咖啡的用户定位是25~29岁的年轻白领，解决这类人群的咖啡需求是瑞幸咖啡推出新品的不二法则。在主打咖啡业务的同时，瑞幸咖啡产品迭代和新品上新速度也在加快，每个月都会推出两个系列的新品。

咖啡产品不断推陈出新的同时，瑞幸咖啡经营产品的品类越发丰富，品类不再仅限于咖啡，而是扩展至茶饮、[①] 果汁、甜品、烘焙、午餐组合、轻食等，甚至包括矿泉水。瑞幸咖啡的发展，正遇到我国国内新茶饮市场发展的火热良机，业界人士认为，茶饮和咖啡品牌未来势必会彼此频繁跨界，逐步成为两个界限模糊的融合市场。我国当前咖啡消费有着惊人的增长速度，为了迎合不同时间段和不同消费群体需求，喜茶、奈雪的茶、蜜雪冰城等茶饮品牌都在拓展品类，目标对准咖啡品类，茶饮和咖啡业务正在日益融合。

瑞幸咖啡所做的不仅如此，打开瑞幸咖啡App，现在已经变成"瑞幸商城"，为了提升客单价、增强用户黏性，瑞幸咖啡App增添了颜值水杯、家居日用、保健办公、潮玩、冲调零食等产品。

产品定价方面，瑞幸咖啡也确实变贵了，3.8折的大额优惠券如今已经难觅踪迹，但比起星巴克，瑞幸咖啡的定价还是低得多。表6-13对比了瑞幸咖啡与其他三家咖啡品牌相关指标，相对其他三个国内知名咖啡品牌，瑞幸咖啡的价格定位较低，并有一定的顾客满意度，差评率也较低。

表6-13　瑞幸咖啡与其他咖啡品牌价格、顾客满意度及差评率比较

公司名称	客单价（元）	顾客满意度	差评率（%）
瑞幸咖啡	18.93	8.34	2.12
星巴克	42	8.41	5.96
Manner Coffee	22.52	8.84	1.60
Tims Coffee	30.70	8.25	3.33

资料来源：根据NCBD（餐宝典）的《2021中国咖啡线上评论挖掘研究报告》数据整理。

[①] 小鹿茶系列已回归瑞幸咖啡门店。

表 6-14 以网络大数据为基础,揭示了瑞幸咖啡产品品质及经营方面被顾客提出的差评。瑞幸咖啡 11 个差评分布点中,产品方面的差评比例最高,达到 41.7%,这一点与星巴克咖啡产品的品质形成鲜明对比。可见,产品品质才是企业经营的王道,以折扣扩大销售量只能用于创业初期,而长久的企业发展需要生产出满足顾客需求的品质产品,度过了盲目扩张期的瑞幸咖啡,应慎用折扣政策,注重产品品质。

表 6-14　　　　　　　　　　瑞幸咖啡顾客差评分布　　　　　　　　　　单位:%

差评分布	服务不行	产品不行	环境不行	出餐太慢	分量不足	喝出异物	涉嫌欺骗	不能用券	性价比低	拉肚子	其他
差评率	25	41.7	3.9	2.7	1.0	1.2	1.7	0.7	0.7	5.3	16

资料来源:NCBD(餐宝典)的《2021 中国咖啡线上评论挖掘研究报告》。

6.6　本章小结

从 2017 年注册成立开始试营业,到 2018 年正式营业,再到 2019 年实现 18 个月在美国纳斯达克"闪电"上市,定位于互联网新零售商业模式的瑞幸咖啡,通过广告轰炸、低价促销等多种方式,在资本的帮助下,快速实现了在全国大中城市的门店布局。然而在门店快速扩张的同时,低价竞争的"烧钱"模式吸引的是大量中低端客户,缺乏产品独特性的瑞幸咖啡,新获取客户的黏性难以维持,他们对于价格的敏感度很高,一旦优惠消失,产品价格上升,销售量就会随之大幅下降,从这一点来看,瑞幸咖啡前期高额补贴的战略性亏损难以为继,长期收入不能弥补成本支出带来的是巨大的财务压力,为了获得扩张所需资金,瑞幸咖啡 2020 年爆出的财务造假似乎是应有之义,为了吸引更多资本维持以"烧钱"模式扩大销售业务规模的商业模式,管理层只能粉饰财务报表拉高股价,以在资本市场筹集更多资金。

从本量利分析的本质上看,瑞幸咖啡采取的迅速扩大门店数量以达到保本点销售量的经营策略是没有问题的,有问题的是瑞幸咖啡在以"互联网+高额补贴"的模式吸引到大量客户后,不能够维持客户黏性,不能够以精准的产品性价定位留住老客户吸引新客户。商业经营的本质是生产出目标用户群喜欢的产品,以产品品质和独特性拓展销售渠道扩大销售规模。从这个角度来看,或许瑞幸咖啡被做空机构盯住继而迅速通过造假问题爆出商业模式的弊端,对于瑞幸咖啡的长期发展是件利大于弊的事情。

2020 年,瑞幸咖啡在美国纳斯达克退市之后,痛定思痛,迅速开展"自救"行为,专注于业务运营和发展,继续拓展核心的咖啡业务和长期增长,改盲目扩展为有针对性扩张,集中精力发展咖啡类核心业务,不断创新产品和延伸价值流，增加产品附加值，不仅在 2020 年下半年实现了 60% 单个门店层面的盈利，而且以改进后的业务模式和长期发展前景继续吸引资本投入。2021 年 4 月 15 日，瑞幸咖啡发布公告宣布，与现有公司大股东大钲资本和愉悦资本达成了总额为 2.5 亿美元的股票投资协议，根据投资协议：（1）大钲资本同意通过公司定向增发认购公司总额为 2.4 亿美元的高级可转换优先股；（2）愉悦资本同意通过公司定向增发认购总额为 1 000 万美元的高级可转换优先股。在特定情况下，大钲资本和愉悦资本可按比例追加投资 1.5 亿美元投资。该交易的交割取决于数项条件，其中包括瑞幸咖啡与持有 4.6 亿美元可转债持有人的债务重组计划完成情况，2021 年 6 月，瑞幸咖啡宣布根据与公司 4.6 亿美元可转换优先债券持有者签订的"重组支持协议"（RSA），完成了"融资里程碑"。根据协议，融资完成后，大钲资本对瑞幸咖啡的持股将上升为 17.2%，拥有公司投票权增至 45.2%，或成为公司第一大股东。

瑞幸咖啡公司在退市以后的积极应对，重获资本信任，而公司是否可以在新的经营战略下实现可持续发展，我们拭目以待。

参考文献

[1] 财政部. 管理会计应用指引第 400 号——营运管理.

[2] 财政部. 管理会计应用指引第 401 号——本量利分析.

[3] 韩洪灵，陈帅弟，陆旭米，陈汉文. 瑞幸事件与中美跨境证券监管合作：回顾与展望 [J]. 会计之友，2020（9）：6-13.

[4] 韩洪灵，刘思义，鲁威朝，陈汉文. 基于瑞幸事件的做空产业链分析——以信息披露为视角 [J]. 财会月刊，2020（8）：3-8.

[5] 张新民，陈德球. 移动互联网时代企业商业模式，价值共创与治理风险——基于瑞幸咖啡财务造假的案例分析 [J]. 管理世界，2020，36（5）：74-86.

[6] Luckin Coffee Inc ADR（LKNCY）SEC Filings | Nasdaq: https://www.nasdaq.com/zh/market-activity/stocks/lkncy/sec-filings.

讨论与思考

1. 思考我国《管理会计应用指引第 400 号——营运管理》与《管理会计应用指引第 401 号——本量利分析》之间的联系。

2. 瑞幸咖啡商业模式下的盈利逻辑是什么？利用本量利分析方法，思考和讨论瑞幸咖啡与星巴克盈利模式的不同。

3. 商业模式创新与企业传统商业经营本质冲突吗？以此为出发点，讨论瑞幸咖啡财务造假退市的必然性。

第 7 章 安图生物：医疗器械企业管理会计工具方法应用与整合*

近 30 年来生物材料科学的迅速发展，对医学领域的发展起到不可忽视的贡献作用，生物材料在医学领域的重要应用途径之一即是在医疗器械方面的应用。医疗器械，是指直接或者间接用于人体的仪器、设备、器具、体外诊断试剂及校准物、材料以及其他类似或者相关的物品，包括所需要的计算机软件。医疗器械的效用主要通过物理等方式获得，药理学、免疫学或者代谢等方式即使参与也只起辅助作用。21 世纪以来，随着人民生活水平提高、老龄化加剧、医疗健康需求增加，相关产业政策陆续出台、医疗卫生体制改革不断推进，种种社会经济科学因素使我国医疗器械市场得以快速扩张，当前已步入黄金发展期。郑州安图生物工程股份有限公司（以下简称"安图生物"），主要经营体外诊断试剂和仪器的研发、生产和销售，其所属医疗器械行业的发展背景、行业特征以及竞争态势，使其在企业经营过程中采用的管理会计工具方法别具一格。本章案例在分析安图生物内外部经营环境的基础上，深入细致探究了公司竞争优势和良好业绩之后的管理会计控制和激励体系特色，继而探讨了随着行业进入发展成熟期，管理会计工具方法应用的前景和趋势。本章案例为校企合作开发案例，资料主要来源于郑州安图生物工程股份有限公司相关实践经验，以及公司年度报告、招股说明书、临时公告等公开披露信息资料。

7.1 案例背景

医疗器械行业是技术创新推动型行业，推陈出新快，市场需求多元化，行业标准不断提高，作为临床医学中不可或缺的工具和医疗手段，在我国相关政策"有形之手"和市场"无形之手"的双重调节下，医疗器械行业获得了前所未有的发展。

---

* 本章案例为校企合作开发案例，其中，企业方参加者：郑州安图生物股份有限公司冯超姐、杨玉红、王冬冬；高校方参与者：河南财政金融学院李朝芳。

7.1.1 行业背景

7.1.1.1 市场需求的推动

进入 21 世纪，我国医疗事业发展、医院设备更新换代以及新医改政策的实施等，引致我国医疗器械设备市场需求急剧增长，客观上推动了我国医疗器械行业的高速发展，其在整个医疗行业中所占比重由 2002 年的 8.8% 提升至 2012 年的 12%~15%。根据中国医药工业信息中心生产口径市场数据测算，2010~2014 年，我国医疗器械行业市场总量从 1 284 亿元增长至 2 556 亿元，年复合增长率达 20.8%。2014~2020 年中国医疗器械市场继续保持高速增长态势，市场规模在 2018 年底达到 5 304 亿元，2019 年增至 6 017 亿元，2020 年突破 7 000 亿元，增速虽略有放缓，但仍保持高速增长态势。

7.1.1.2 资本市场的推动

从资本市场的角度来看我国医疗器械行业发展，大致可分为三个阶段：1997~2008 年，每年 1~2 家企业上市；2009~2016 年，创业板上线后，每年上市企业 5 家左右；2017 年至今，科创板上线后，大批医疗器械企业 IPO 上市。截至 2021 年 6 月，国内共有 123 家医疗器械企业上市：其中，科创板 38 家，占比 30.89%；创业板 37 家，占比 30.08%；A 股主板 24 家，占比 19.67%；港股 22 家，占比 18.03%；美股 2 家，占比 1.64%。

7.1.1.3 行业发展特点

中国医疗器械行业起步较晚，但是随着经济发展和人们健康意识的提高，从医院高端医疗器械配备到便捷家用医疗器械都迎来需求的大幅增长，我国医疗器械行业现已成为一个产品门类比较齐全、创新能力不断增强、市场需求旺盛的朝阳产业。医疗器械行业是一个多学科交叉、知识密集、资金密集型的高技术产业，产品技术含量高、利润高、进入门槛较高，故此技术壁垒高、创新性强、在各细分领域具有规模优势的公司会取得竞争优势地位。

我国当前医疗器械行业总体趋势是高投入、高收益，国内医疗器械行业销售收入由 2011 年的 2 280 亿元上升至 2019 年的 6 819 亿元，年复合增长率为 14.68%。

7.1.2 政策背景

7.1.2.1 直接推动行业发展的相关政策法规

为推动我国医疗器械行业的健康发展，鼓励医疗器械创新和技术升级，为国产创新医疗器械开辟绿色通道，推动进口替代，我国相继出台了多项针对医疗器械行业的政策法规，在明确监管要求、完善评价标准体系、推动行业国产化与产业化、鼓励技术创新及新产品研发等领域，不断改善行业发展环境，有效促进国产医疗器械设备质量的提升，加速推动国产医疗器械设备在基层医疗市场的发展。

（1）关于规范医疗器械注册、生产和经营方面的政策法规。《医疗器械注册管理办法》规定，国家药品监督管理部门对第一类医疗器械实行备案管理；对第二类、第三类医疗器械实行注册管理[①]。《医疗器械生产监督管理办法》和《医疗器械经营监督管理办法》等规定，从事医疗器械生产、经营的企业必须向药品监督管理部门提出申请，通过药品监督管理部门的审核，获得相应的生产、经营许可证或依照规定进行备案后方可从事医疗器械的生产、经营活动。

（2）关于医疗器械标准制定方面的政策法规。为了加强医疗器械标准工作，保证医疗器械的安全、有效，《医疗器械监督管理条例》[②]《关于改革药品医疗器械审评审批制度的意见》《医疗器械标准管理办法》等，对医疗器械标准工作提出明确要求，明确产品技术要求的法律地位，明确了医疗器械国家标准、行业标准以及强制性标准和推荐性标准的关系。发布《大型医用设备配置许可管理目录（2018年）》，以促进大型医用设备科学配置和合理使用。

（3）关于鼓励产品创新、完善审评制度、推进国产医疗器械发展方面的政策法规。《创新医疗器械特别审批程序（试行）》《创新医疗器械特别审查程序》（新修订）、《医疗器械优先审批程序》《关于改革药品医疗器械审评审批制度的意见》《关于深化审评审批制度改革鼓励药品医疗器械创新的意见》《接受医疗器械境外临床试验数据技术指导的原则》等，针对特定医疗器械产品开通绿色审批通道，完善药品医疗器械审评审批制度，推进创新性强、技术含量高、临床需求迫切的医疗器械上市，鼓励企业自主研发新型医疗器械，加快高端医疗器械进口替代，促进医疗器械产品结构调整和技术创新，提高注册审查质量。

7.1.2.2　其他推动行业发展的相关政策：新医改政策以及两票制

2009年3月《中共中央、国务院关于深化医药卫生体制改革的意见》启动我国新医改政策，提出有效减轻居民就医费用负担、切实缓解"看病难、看病贵"的近期目标，提出建立健全覆盖城乡居民的基本医疗卫生制度的长远目标。随着新医改政策的逐步深入，为缩短流通环节，降低医院采购成本，2016年《国务院办公厅关于印发深化医疗卫生体制改革2016年重点工作的通知》明确指出，积极鼓励公立医院综合改革试点城市推行"两票制"。

表7-1列示了根据中国医药工业信息化中心以生产口径为基础（扣除家用医疗设备）测算的2014年我国医疗器械行业产品各环节市场空间，医疗器械行

---

① 按风险程度由低到高，医疗器械的管理类别依次分为第一类（Ⅰ类）、第二类（Ⅱ类）和第三类（Ⅲ类）。
② 2020年12月21日，国务院第119次常务会议修订通过《医疗器械监督管理条例》。

业各产品领域中间营销渠道环境的价值增量是生产环节的101%，占最终消费环节成本的47.93%，医疗器械行业产品流通环节成本较高。所谓两票制，指的是医药产品从生产厂家销售给中间渠道商开一次发票，渠道商销售给医院终端再开一次发票，以"两票"取代之前常见的"四票"或"五票"。2016年当年，即在陕西、宁夏、贵州等多个省份试点执行医疗器械两票制，在高值耗材领域初步建立起以省级为单位的统一政府招采平台。随着两票制的逐渐落地，整个医疗保健和医疗器械行业面临着不小的冲击，医疗器械生产商和代理商必将发生一次剧烈的改革潮。

表7-1　　　　2014年我国医疗器械行业产品各环节市场空间　　　　单位：亿元

项目	医疗设备	高值耗材	IVD	低值耗材	合计
生产环节	994	359	442	331	2 126
营销渠道环节	1 420	1 276	980	602	4 278
医院终端消费环节	4 490				4 490

注：依据产业链价值相关调研：（1）渠道环节四个板块市场空间价值，分别依据70扣、45扣、55扣和28扣测算；（2）医院终端销售市场空间，按国内终端平均加价5%测算。

资料来源：根据中国医药工业信息中心和广发证券股份有限公司研究报告《医疗器械流通渠道变革深度研究》整理。

两票制下，医疗耗材以及试剂生产商必然面临业务模式的转型，不仅有渠道模式的转变，还牵扯代理商的分类和重新选择、价格调整，以及税务、财务和法律合规方面的考虑。在转型过程中，生产企业必须根据自身产品特点、目标市场和客户所在地、成本模型以及其他相关因素，合理选择代理商并建立新的合作关系。代理商则需要根据自身能力和核心竞争力进行战略性规划，并与生产商就其新的角色和责任重新谈判并形成新型合作关系。[①]

7.1.3　医疗器械行业的产品细分、产业链和商业模式

7.1.3.1　医疗器械行业的产品细分

我国《医疗器械分类目录》按照产品用途把医疗器械产品分为43大类，根据市场定位和销售特点可将其归为四大类：第一类，医疗设备产品，主要包括IVD设备、CT、B超等；第二类，高值耗材，主要包括骨科植入材料、心脏植入等；第三类，体外诊断（In Vitro Diagnostic，IVD），主要包括生化、免疫和分子检测试剂等；第四类，低值耗材，主要包括麻醉耗材、透析管路、留置针、注

[①] 《国务院深化医药卫生体制改革领导小组关于进一步推广福建省和三明市深化医药卫生体制改革经验的通知》提出，综合医改试点省份要率先推进由医保经办机构直接与药品生产或流通企业结算货款。医改政策推动下，两票制有了向一票制改进的趋势，所谓"一票制"是指医保目录内药品流通次数不得超过1次，医院及各种医保定点医疗机构从生产企业直接采购医保药品并根据发票结算货款，药品生产企业和医药商业公司（配送公司）结算配送费用。

射器、卫生材料、手术材料等。

表 7-2 列示了我国医疗器械行业 2014 年和 2018 年细分产品市场容量情况，从医疗器械细分领域来看，我国中低端医疗设备占比最大，高值耗材、IVD 领域我国占比较低，存在较大发展空间。

表 7-2　我国 2014 年和 2018 年医疗器械行业细分产品市场容量情况

年份	项目	高值耗材	低值耗材	IVD	医疗设备	合计
2014	金额（亿元）	359	331	442	994	2 126
	占比（%）	16.89	15.57	20.79	46.75	100
2018	金额（亿元）	1 046	641	604	3 013	5 304
	占比（%）	19.72	12.09	11.39	56.81	100

资料来源：2014 年数据根据中国医药工业信息化中心以生产口径为基础，扣除家用医疗设备测算。

7.1.3.2　医疗器械行业的商业模式

医疗器械由于其复杂的技术参数、繁多的品名规格、专业化的临床应用等特点，使除少数 OTC 产品外，大多数医疗器械非专业医务人员无法使用，故此，医疗器械行业的商业模式有别于其他药品行业：经营模式相对较多、流通环节相对较长、经营专业性相对较强。医疗器械行业经营模式主要包括直销、投资共建、租赁、投放（仪器拉动）、赠予等模式，经营上具有产品高技术附加、装机环境改善、安装调试、临床培训、跟台、售后维修等专业过程。医疗器械四大类产品各具特点，其采用的商业模式也有所不同，一般情况如下。

（1）医疗设备类产品的商业模式。由于需要提供专业的设备维护和保养服务，医疗设备类产品往往采用设备租赁的商业经营模式；对关键客户群体销售高毛利产品线时，生产厂商往往采用直销模式；在难以直接接触或服务的区域，厂商也会引入一级（最多二级）经销商协助销售，经销商往往在融资租赁方面为中小客户提供协助。

（2）高值耗材类产品的商业模式。高值耗材类主要采用差异化产品供应和专业临床科室服务商业模式，并且需要代理商能够提供手术跟台服务、专业及时的配送服务，以及承担存货库存资金的压力。近年来，集中化代理配送平台应运而生，但平台专业能力稍嫌不足。

（3）体外诊断（IVD）类产品的商业模式。IVD 产品一般采用在医院免费投放设备，从试剂方面获取更高利润的商业模式。该方面产品的生产商对于代理商的要求是，具备设备进院能力以及售后服务能力（包括设备进院后的设备维修、软件培训、试剂配送等方面的能力）。

（4）低值耗材类产品的商业模式。低值耗材产品由于竞争产品和品牌同质性高，一般采用广覆盖铺货的商业模式。其营销需要依赖代理商高效的经销网络、对医院资源的掌控能力，以及良好的成本控制能力。

7.1.3.3 医疗器械行业产业链现状

医疗器械行业产业链包括生产环节、营销渠道环节和医院终端消费环节。

我国国内医疗器械生产厂家普遍存在研发投入不足的现象，据中国医药物资协会医疗器械分会统计，相比于国外医疗器械厂家研发投入占比15%的普遍情况，我国医疗器械生产厂商研发投入占比平均为3%。研发投入的严重不足，导致我国医疗器械产品同质化严重，多年来技术含量低、差异化程度低的Ⅰ类、Ⅱ类器械占据国内整体医疗器械的绝大比例。国内医疗器械厂商根据自身产品定位、推广和管理能力的特点，即产品差异化和渠道把控能力，可采取的传统营销渠道模式主要有底价代理、高开高返和直销直营。其中，底价代理和高开高返都需渠道领域代理商的经销。

渠道领域是医疗器械产业链中承上启下的中间环节，医疗器械四大类产品的渠道各有特点：医疗设备类产品渠道销售频次低，后期维护由厂家/代理商承担；高值耗材类产品渠道壁垒高，渠道十分重要；大宗低值医疗耗材渠道类产品类似于药品渠道；IVD类产品渠道壁垒高，渠道十分重要。由于受经销产品的同质化、耗材招标降价压力、低成本高效率互联网B2B供应平台的加入等市场性因素影响，以及两票制、营改增和流通领域整治环节等政策性因素影响，国内医疗器械渠道领域正在发生巨大变革，引起整条医疗器械产业链的价值与利益重构。

7.2 案例公司简介及其业务特征

7.2.1 案例公司简介

郑州安图生物工程股份有限公司（以下简称"安图生物"），前身是郑州安图绿科生物工程有限公司，设立于1999年9月，2012年整体变更为郑州安图生物工程股份有限公司。2016年9月，郑州安图生物工程股份有限公司在上海证券交易所挂牌上市（股票代码：603658），是国内第一家在上海主板上市的体外诊断生产企业。

安图生物所处行业为医疗器械行业体外诊断产品（IVD）制造业，主营体外诊断试剂和仪器的研发、制造、整合及服务，其中，仪器包括第Ⅱ、第Ⅲ类医疗器械，产品涵盖免疫、微生物、生化、分子等检测领域，能够为医学实验室提供全面的产品解决方案和整体服务。截至2020年，安图生物公司资产规模达到81.37亿元，年营业收入29.78亿元，实现税后净利润7.57亿元，拥有产品注册证528项，并取得322项产品的欧盟CE认证，产品技术含量高，产品线丰富，2017年12月被认定为河南省第一批高新技术企业。该企业研发能力强，建有国家认定企业技术中心、免疫检测自动化国家地方联合工程实验室、河南省免疫诊断试剂工程技术研究中心等，先后承担国家项目11项，省级项目15项，市区级项目23项，完成科学技术成果鉴定（评价）10项，全面参与83项行业标准制定，其中包括"863计划"项目两个。目前公司在建的安图生物体外诊断产业园，建设用地面积250余亩，建筑面积逾50万平方米，全面建成后，有望成为中国大型的体外诊断产业基地之一。

该公司注重产品高品质，以国际领先产品为标杆，与国际先进企业和团队进行技术合作，通过科学的研发流程建设与严格的评审制度，充分保障产品性能。目前生产产品已通过GMP、体外诊断试剂质量管理体系、ISO9001国际质量管理体系认证和ISO13485医疗器械质量管理体系认证等认证和考核。从产品应用领域来看，公司目前已形成传染病与非传染病应用领域均衡发展的局面，在两个领域均拥有较为齐全的产品线，是国内综合实力较强的生产厂商之一。

7.2.2 安图生物公司组织结构、人员构成及业务经营特点

7.2.2.1 组织结构和人员构成

图7-1描述了安图生物的公司组织结构，安图生物既没有采用常见的直线式、直线职能式组织结构，也没有完全用事业部制组织结构，而是将职能部门、生产经营部门和事业部混合设置，这是由其业务经营特征和公司发展阶段决定的，而这样的业务经营特征也反映在其总体员工构成上，如表7-3所示，多年来，随着公司规模的扩大，安图生物人员总数随之增加，但其基本构成保持不变，不同于一般的工业制造业，其生产人员总量和占比远远低于研发技术人员和营销服务人员。

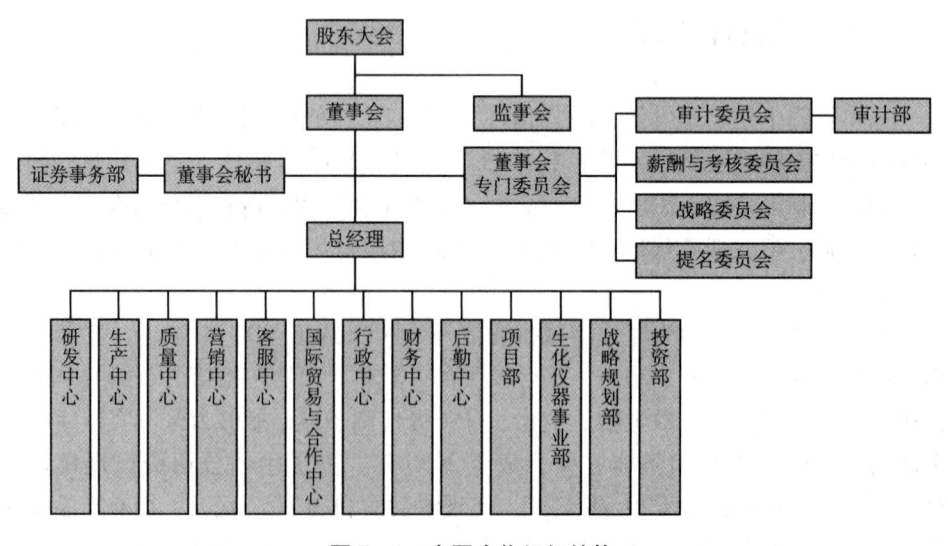

图7-1 安图生物组织结构

表 7-3　　　　　　　　　　　安图生物员工构成

年份	项目	研发技术人员	生产人员	营销服务人员	财务人员	行政人员	合计
2016	人数（人）	433	570	762	22	136	1 923
	占比（%）	22.52	29.64	39.63	1.14	7.07	100
2017	人数（人）	649	642	817	25	159	2 292
	占比（%）	28.31	28.01	35.65	1.09	6.9	100
2018	人数（人）	928	737	1 152	34	208	3 059
	占比（%）	30.34	24.09	37.66	1.11	6.8	100
2019	人数（人）	1 180	850	1 492	43	229	3 764
	占比（%）	31.35	22.58	39.64	1.14	6.08	100
2020	人数（人）	1 443	1 031	1 761	52	257	4 544
	占比（%）	31.76	22.69	38.75	1.14	5.66	100

资料来源：根据安图生物 2016～2020 年年度报告分析整理。

7.2.2.2 业务经营特点

安图生物定位于医药器械行业中的体外诊断（IVD）产品研发、生产和销售（见表 7-2），我国目前体外诊断（IVD）产品领域细分市场在医药器械行业中占比较低，随着我国诊断技术不断进步、分级诊疗制度推行以及体外诊断市场需求持续增长等多种因素，国内体外诊断产业迅速发展趋于产业成长期，竞争加剧；加上 IVD 产品高技术含量及产品更新换代快的特征，意味着要在体外诊断产业中占据一席之地，需要良好的产品创新和更新换代能力；而"在医院免费投放设备，从试剂方面获取更高利润"的 IVD 商业模式，则意味着 IVD 生产厂家需要做好 IVD 设备的售后技术服务及试剂产品的配送，营销和服务也是体外诊断企业经营的重中之重。

（1）高研发投入。表 7-4 列示了 2013～2020 年度安图生物的研发投入情况，安图生物多年来一直保持高额研发投入，从 2013 年的 0.48 亿元增长至 2020 年的 3.46 亿元，研发投入占营业收入比重保持在 10% 以上，远高于医疗器械行业的研发投入占营业收入的均值。

表 7-4　　　　　　　2013～2020 年安图生物研发投入概况

项目	2013 年	2014 年	2015 年	2016 年	2017 年	2018 年	2019 年	2020 年
研发投入（亿元）	0.48	0.58	0.64	1.04	1.48	2.17	3.12	3.46
营业收入（亿元）	4.09	5.63	7.16	9.80	14.00	19.30	26.79	29.78
研发投入占营业收入比重（%）	11.64	10.32	8.54	10.60	10.54	11.23	11.64	11.63
研发资本化比重（%）	—	—	—	1.75	3.36	1.82	0	1.03

资料来源：根据安图生物 2013～2020 年年度报告计算整理。

数量众多的研发人员和高额的研发投入，保证了安图生物的技术创新之源，促使安图生物成为业内新产品上市活跃的企业之一，产品种类不断丰富。至 2020 年，公司已形成生化、免疫、微生物、分子全领域产品布局，在磁微粒化学发光领域具有良好竞争优势，全自动生化免疫流水线、全自动酶标分析仪、全自动加样系统、全自动微生物鉴定药敏分析仪等产品陆续上市，在各级医院装机量有较大拓展空间，市场潜力大。

(2) 高技术含量产品带来的高毛利盈利模式。安图生物生产经营产品的高技术含量特征，带来的是其盈利模式的高市场定价特征，产品毛利率高，表 7-5 列示了 2015~2020 年安图生物盈利情况和相关指标，安图生物 2015~2020 年试剂类产品和综合毛利率都处于较高水平。

表 7-5　　　　　2015~2020 年安图生物盈利情况及毛利率一览

项目	2015 年	2016 年	2017 年	2018 年	2019 年	2020 年
营业收入（亿元）	7.16	9.80	14	19.30	26.79	29.78
营业成本（亿元）	1.95	2.74	4.55	6.49	8.96	11.99
销售费用（亿元）	1.09	1.47	2.35	3.16	4.41	4.64
销售费用占营收比重（%）	15.22	15	16.79	16.37	16.46	15.58
净利润（亿元）	2.78	3.50	4.46	5.75	7.87	7.57
毛利率（%）	72.62	72.04	67.50	66.37	66.55	59.74
其中：试剂类（%）	75.73	75.28	76.16	—	67.41	67.15
免疫诊断（%）	—	—	—	81.55	82.54	
微生物检测（%）	—	—	—	51.17	53.17	
生化检测（%）	—	—	—	65.85	70.01	
仪器类（%）	41.98	37.56	24.89	38.34	41.78	31.71
销售净利率（%）	38.83	35.71	31.86	29.79	29.38	25.41

资料来源：根据安图生物 2015~2020 年年度报告整理计算。

(3) 注重营销服务。安图生物的营销环节分为两大模块：市场推广和客户服务。安图生物的经营模式遵循了当前体外诊断（VID）产业的商业模式特征，秉承以"仪器带动试剂销售"的经营特点，其仪器销售毛利率相对于试剂类产品并不高（见表 7-5）。因此，安图生物的仪器售后服务及技术咨询服务，对于试剂类产品的销售有着举足轻重的推动作用（见表 7-3），安图生物的营销服务配置人员是研发、生产、销售、财务和行政方面中最多的，而相应销售费用的发生金额（见表 7-5）也随着经营规模的扩大逐年增加，由 2013 年的 0.78 亿元增至 2020 年的 4.64 亿元，并基本保持占营业收入的 15% 以上。

7.2.3 安图生物公司发展战略定位及经营竞争优势

7.2.3.1 发展战略

安图生物的企业愿景是,"成为具有品牌影响力的医学实验室产品与服务的提供者;回报员工,回报投资者,回报社会。"为此,公司定位于差异化发展战略,坚持平台式发展,以高质量的产品研发及技术创新能力为依托,稳步推进免疫、微生物、生化诊断三大产品战略,不断丰富产品线,继而以高品质和多元化产品为核心,推进积极营销策略,吸引优质渠道资源,其所带来的竞争优势越来越明显。尤其是上市以来,随着公司资本规模和融资能力的大幅提升,在医疗器械行业市场和医改政策等多因素影响下,为适应行业竞争的加剧和医疗体制改革的冲击,公司开始积极尝试推广整合多种商业模式,试图通过并购实业公司、收购优质渠道资源、涉足第三方检验、争取知名品牌代理权、实验室托管经营等多种方式取得综合性经营竞争优势。多年来,公司秉承"战略深布局;服务强品牌;拓展营销力;科研跨台阶;产能强储备;管理增效益"的工作方针,经营规模日益扩大,在研发、营销服务、生产等多方面日益形成经营核心优势,当前在免疫类产品生产经营中,居全国同行业前列。

7.2.3.2 经营竞争优势

(1)研究开发方面。安图生物高度重视产品研发及技术创新,一直将提升研发创新能力作为提升企业核心竞争力的重要手段,高度重视研发技术人才和研发投入,以国际先进技术水平为标杆,严格研发流程管理,表7-6列示了安图公司上市以来产品注册证(备案)数量,自上市以来,安图生物新产品注册证取得数量迅速上升,至2020年新产品注册证(备案)数量增长至528项,增长幅度达184%,产品竞争优势日益显著,目前安图生物是业内注册文号较多、产品线较全面的企业之一。公司尤其注重核心原材料——生物活性材料(抗原、抗体等)的研发,为保证核心原材料供应的稳定性和安全性,通过十余年潜心研究和技术积淀,截至2020年底,公司创建了多达2.41万个抗原表位的诊断抗体库,已注册的251种免疫诊断试剂抗原、抗体自给率达到75.8%以上。中国免疫市场的高增长加上公司在免疫诊断产品上的优势,形成了公司免疫产品销售高增长的内外双向驱动力。

表7-6 2016~2020年安图生物新产品注册证(备案)数量   单位:项

项目	2016年	2017年	2018年	2019年	2020年
产品注册证	287	436	449	491	528
其中:免疫诊断产品	198	203	211	236	251
微生物检测产品	83	88	92	104	123

续表

项目	2016年	2017年	2018年	2019年	2020年
生化检测产品	6	139	139	141	141
分子检测（备案）等		6	—	3	6
欧盟 CE 认证	42	87	119	162	322

资料来源：根据安图生物 2016~2020 年年度报告整理。

(2) 生产制造方面。安图生物的产品主要包括试剂生产和仪器制造。在生产制造环节，公司严格关注产品质量和品质，实施精益化管理，追求精良制造。通过 GMP、ISO9001 和 ISO13485 等质量体系认证，严格质量管理考核；通过变异管理、台间差控制、平台技术应用研究等工作，稳步向精良制造迈进。

在试剂生产方面，以生产计划为核心，系统地进行人、机、物、场地的有效调配和综合利用；引入自动化生产线，提高产品自动化和流水作业程度，持续开展精益化生产管理工作，实现多个品种工时效率提升；多区域投入 AGV 机器人，实现智能化物流。

仪器制造方面，倡导追求卓越、精益求精、不断优化的工匠精神，持续加大精细化管理力度，主要产品生产效率不断提高，仪器生产总量和装机数在 2020 年度创历史新高。

(3) 服务和营销方面。安图生物以"用户至上，创造价值"为服务理念，尤其注重以服务带动销售的经营策略，坚持以用户为中心，不断提升服务标准和能力，为全国各地用户提供专业、及时、周到的技术服务。在产品技术服务方面目前已具备规模化流水线服务的能力，同时具备为医学实验室提供质量控制服务和整体服务的能力，整体服务业务包括实验室质量管理水平的标准化建设、6S 精细化管理、PCR 标准化实验室验收、实验室生物安全服务等多个方面的系列服务方案。

截至 2020 年 12 月 31 日，安图生物共有千余家经销商，基本形成了覆盖全国的营销网络，公司产品已进入二级医院及以上终端用户达 5 900 多家，其中，三级医院 1 700 多家，占全国三级医院总量的 63%。在国际营销方面，公司产品已销售至欧洲、亚洲、中东、南美以及非洲等地区。

(4) 价值链资源整合方面。随着我国医学检验事业的发展，医学实验室对自动化、物联化、信息化、智能化的要求越来越高，安图生物注重研发自主创新和生产精良制造的同时，注重全球资源整合。通过对研发创新资源，乃至行业先进产品的整合，可为医学实验室提供更加丰富的产品。

7.2.4 安图生物的主要经营风险

(1) 宏观经营风险。安图生物的宏观经营风险主要积聚在市场风险和行业风险方面。从市场环境方面来看，快速增长的体外诊断市场，吸引了国内外体外诊断生产企业加入竞争的同时带来行业中的激烈竞争态势，一方面，长期来看，日益激烈的市场竞争必然会带来产品毛利率的下降；另一方面，从当前竞争格局来看，国际跨国公司利用其产品、技术和服务等各方面的优势，在我国体外诊断高端市场中占据相对垄断地位，在国内三级医院等高端市场中拥有较高的市场份额，而国内多数企业以生产中低端诊断产品为主，尚未形成稳定的市场格局。从整体行业发展方面来看，在两票制影响下，上市公司整合医疗器械渠道资源的进程远远达不到预期，生产厂商的商业模式转型存在不确定性，如何向下游医院终端作业务延伸存在不确定性。

（2）新产品研发风险、推广风险和降价风险。体外诊断产品研发具有周期长、技术难度大、风险高的特点，新产品研发从立项到上市一般需要3~5年的时间，整个流程包括立项、小试、中试、上市和售后评价，研发过程中的任何一个环节都关系着研发的成败，研发风险较高。新产品研发成功后需经过产品标准（技术要求）制定和审核、注册检测、临床试验、质量管理体系考核和注册审批等阶段，才能获得国家、省级食品药品监督管理部门颁发的产品注册证书，申请注册周期一般为1~2年。新产品上市后，面临着客户是否接受的推广风险，同类产品提前出现带来的降价风险，以及产品生命周期缩短的更新换代风险等。

（3）核心技术泄密和核心技术人员流失风险。体外诊断试剂的关键之一在于诊断试剂的配方和制备技术，这些配方和制备技术也是公司的核心竞争优势。考虑到体外诊断试剂产品的特殊性，为了保护核心技术，公司并未完全对核心制备技术和配制方法申请专利，因而无法受到《专利法》保护。此外，我国体外诊断行业迅猛发展，业内人才竞争也日益激烈，若公司核心技术人员流失，可能会带来新产品技术的流失、研究开发进程放缓或暂时停顿的风险。

（4）原材料采购风险。体外诊断试剂生产上游主要是一些生物活性材料（抗体、抗原等）、化学类材料（无机盐、化合物等）以及辅助材料。虽然公司自2005年开始，建立了体外诊断用生物活性材料研发所必需的技术方法，生物活性材料研究处于国内行业较高水平，并进一步努力提升生物活性材料的自给率（现在其活性材料均由子公司提供）。但由于开发领域技术含量高、资金投入大、开发周期长，生产工艺流程复杂、技术掌握和革新难度大、质量控制要求高等原因，一些特定原材料（如部分产品所需抗原、抗体）只能从特定供应商购买。如果原材料品质和数量不能够保证，会给公司生产经营带来不可估计的影响。

7.3　安图生物的现代管理会计工具方法应用描述

安图生物公司所处的医疗器械行业特征及公司采取的差异化竞争策略，以及公司所面临的经营风险，意味着公司现阶段及之前的管理控制重点在于研发、销售和人员激励，其在研发、营销、生产等领域形成了独特的管理会计工具方法应用特色。

7.3.1 公司财务部门设置及业务财务管控

安图生物公司财务部门下设三个分支机构,分别是会计部、财管部和质控部。会计部主要负责:会计核算;财务共享中心建设、完善和运营;对子公司的业务监控。财管部主要负责:预算管理(事前、事后监管)、财务分析(含研发、采购生产、资产管理、财务审批(预算执行审核、业务审批)、合同审核。质控部主要负责:信息披露、分析审核、财务工作质量。

从人员配置来看,当前大部分财务人员还处在会计部从事会计核算工作,随着财务共享中心的升级和完善,管理会计工作重要性的增加,一方面,财管部人员数量会随会计部人员减少而增加;另一方面,实际上目前安图生物公司很多管理会计方法,不是专业财务人员在做,而是相关业务部门与财务部门一起通过管理会计工具方法的应用,共同实施对公司的管理控制工作。

我国《管理会计基本指引》中明确指出,管理会计应嵌入单位相关领域、层次、环节,以业务流程为基础,利用管理会计工具方法,将财务和业务等有机融合。近年来,安图生物的财务工作深入体现了《管理会计基本指引》的融合性应用原则,逐步向业务财务一体化方面深入发展,定位于"形成嵌入以产品流/订单流为载体的公司运营活动以及公司支持活动的业务财务管理机制,以结果为导向,推进公司价值最大化",安图生物已经初步形成包括预算管理、生产财务、研发财务、营销财务、基建财务、税务管理、数据分析、内控管理等在内的业务财务框架体系,有效贯彻落实"业务走到哪里,财务跟到哪里"的管理会计控制原则。

7.3.2 研发财务的管理会计工具方法应用

7.3.2.1 研发阶段的项目管理流程

安图生物的新产品研发工作由研发中心负责,研发中心在新产品研发方面的职责主要是:跟踪和研究行业技术发展趋势,拟定公司技术和产品的发展规划;开发新技术和产品,建立相应的质量标准质控体系;提供新技术和产品在产业化过程中工艺设计与评价验证、产品调试及全面的技术支持;负责产品注册与管理工作。据此,安图生物的新产品研发阶段主要包括五大节点,即立项、小试、中试、上市和售后评价,每个节点完成后都需要经过评审,因此,公司研发阶段的项目管理流程可以分解为如表7-7所示的立项、产品开发和注册上市三个阶段,具体分为项目建议、立项分析、项目评审、小试、小试评审、中试、中试评审、注册、上市评审、生产、售后跟踪及项目结题11个具体环节,其中,立项、上市、售后三大节点的评审由营销、生产、客服、质量、研发等相关人员参加。研发中心同时与相关业务部门建立了物料警戒系统、风险评估和控制系统、产品质量控制系统、客户反馈处理系统，确保研发过程的运营安全。

表7-7　　　　　　　　　　安图生物研发项目流程具体环节

研发项目阶段	具体流程环节
立项阶段	项目建议、立项分析、项目评审
产品开发阶段	小试、小试评审、中试、中试评审
注册上市阶段	注册、上市评审、生产、售后跟踪及项目结题

资料来源：根据安图生物公司研发项目流程整理。

7.3.2.2　研发过程中的标杆管理

标杆管理（Benchmarking），也称基准管理法，1979年首创于美国施乐公司，西方管理学界将其与企业再造、战略联盟一起并称为20世纪90年代三大管理方法。标杆管理方法是指以行业中的领先企业或某项指标竞争力最强的企业为标杆，将本企业的产品、服务、管理、实践等的实际情况与标杆企业进行定量化评价和比较，分析标杆企业的竞争优势产生原因，并在此基础上制定、实施改进策略和方法。标杆管理不仅是企业寻求变革的前奏，而且是企业获得一流竞争力和提升业绩的源泉。通过对标杆公司的比较和分析，寻找企业与标杆公司的差距，可以促使企业调整经营行为，改进业务流程，较好地体现了现代知识管理中追求竞争优势的本质特性。安图生物在研发过程中，为研发出一流性能的产品，在产品立项之后，选择雅培（Abbott）、罗氏（ROCHE）等IVD体外诊断行业中的一流企业作为标杆企业，参照这些企业产品的性能指标，通过实验室研究（小试）开发符合标准要求的产品，中试工艺研究验证生产可行性，临床考核以及注册确认产品是否符合标准要求，售后跟踪确认和解决产品的剩余风险。力求通过标杆管理，确保研发出具有市场竞争力的高性能产品。

知识链接：罗伯特·C. 坎普（Robert·C. Camp, 1989）的标杆管理五阶段模型。

罗伯特·C. 坎普是标杆管理的倡导者和先驱人物之一，他在《标杆瞄准——寻找产生卓越业绩的行业最佳管理实践》（Benchmarking-The search for industry best practices that lead to superior performance）中，将整个标杆管理活动划分为五个阶段，每个阶段包括2~3个步骤，具体如下。

第一阶段，计划阶段。这个阶段也是"树标"的过程，通常包括确定三个步骤：一是确定对哪个流程进行标杆管理；二是确定用于做比较的公司；三是确定收集资料的方法并收集资料。

第二阶段，分析阶段。这个阶段也是"对标"的过程，通常包括确两个步骤：一是确定本企业目前的做法与最好的做法之间的绩效差异；二是拟定未来的绩效水准。

第三阶段，整合阶段。这个阶段通常包括两个步骤：一是在本企业内部就管理过程中的发现进行交流并获得认同；二是确定部门目标。

第四阶段，行动阶段。这个阶段通常包括两个步骤：一是根据目标制订行动计划；二是实施明确的行动并检测进展情况，实施有效的反馈。

第五阶段，完成阶段。这也是标杆管理的结果阶段，这个阶段通常包括三个步骤：一是使本企业处于相关领域领先地位；二是为追求更好的绩效结果，全面整合企业中的各种活动；三是重新调校标杆，向更高的目标前进。

7.3.2.3 研发过程中的目标成本管理和预算管理

安图生物的产品成本控制采用目标成本管理方法，并将目标成本管理和预算管理贯彻到研发阶段的产品功能设计与研发过程。

(1) 研发立项阶段的成本控制：目标成本和预算控制。研发部门在立项阶段，其大项目立项，除了相关研发、营销、生产、客服、质量等相关人员参加外，财务部门全面参与立项建议、分析和评审环节，通过预估拟立项产品成本，决定新项目是否立项。其具体过程如下。

对于拟立项产品，市场部门根据市场反应提供至少5年预计市场需求数据，研发部门确定拟立项产品研发投入、根据产品功能设计确定产品目标成本，财务部门据以测算拟立项产品上市后的预计毛利及相关财务指标，市场、研发和财务部门同频预测，然后进入项目立项流程。

与此同时，拟立项项目是否能够立项，存在严格预算控制，在预算资金充足的情况下，若多个项目同时满足除资金预算外其他立项评审标准，则均可予以立项；若满足其他立项评审标准的拟立项项目过多而预算资金不充足，则预算资金内限额立项。

在整个研发项目立项阶段，以财务部门测算的目标利润为指导，通过预立项项目支出预算、生产制造成本估算及销售目标，严格对预立项项目进行成本分析和评审。

(2) 研发项目立项后的成本控制：预算管理。新产品研发项目立项后，在通过预算管理将研发总费用（包括固定资产折旧费用）控制在年度营业收入的11%~12%的基础上，在各研发节点进行严格的费用支出预算管控：一方面，将预算职责下放到研发中心的财务机构，研发中心财务机构可以直接对接外部研发中心；另一方面，在项目立项后的开发阶段和注册上市阶段各环节执行过程中的费用支出控制，将预算指标分解到每一年，采用按季度通过预算监控研发项目费用支出的管控方法，并准备进一步细化到按月进行监控。

整个研发过程由相关质量部门控制研发项目计划执行情况，把控研发质量。

(3) 研发开发过程中的新产品目标成本控制。研究开发阶段的新产品，同样有着市场控制其生产制造成本的要求，达到预计功能设计的研发新产品，要再次根据市场价格、目标利润测算目标成本，若研发新产品的生产制造成本不能达到市场倒推成本要求，则退回重新设计，直至研发的新产品满足以市场价格倒推的目标成本以后，继续下一个研发环节。

7.3.3 营销财务的管理会计工具方法应用

安图生物的营销和客户服务分别由营销中心和客服中心负责。

营销中心主要负责制订国内营销与市场的计划及战略目标，实现市场营销规划与实施、区域管理、销售管理等营销目标，以及公司销售订单统计与管理和成品物流管理。在营销方面，安图生物的成本费用管理主要体现有：第一，营销方案的预测分析，通过市场数据预测进行产品定价策略管控；第二，通过对投放资产监控、合同执行率（含单机单耗的管理）监控等监控免费投放仪器和存货使用效率，并继而分析所带动的相关产品线盈利情况；第三，在预算管理方面，以部门预算设定指标为依据，通过监控人均贡献等，对接部门考核指标，分析预算执行情况，落实预算执行责任；第四，深入参与营销业务管理中，对资产买断及报废等非常规业务以及非标准化合同审核进行相应成本费用分析工作。

客服中心主要负责产品的售前、售中、售后的技术支持工作，负责客户信息收集与处理，联络处理客户各类意见及建议、公司产品终端使用问题的收集和记录。在客户服务方面，安图生物的成本费用管理主要体现有：第一，实施质量成本管理，全面分析市场质量成本、仪器维修成本；第二，预算管理方面，通过部门预算设定指标，全面控制部门费用支出，通过人均贡献监控等，对接部门考核指标，分析预算执行情况，落实预算执行责任。

7.3.4 生产财务的管理会计工具方法应用

安图生物的生产部门负责试剂生产工作，其职责主要为：合理调配、应用各种资源，按照公司年度销售预测组织供应合格产品，具体包含生产性物料的采购、原辅料仓储管理、试剂产品的制备三部分工作。安图生物产品的成本项目构成如表7-8所示，试剂类产品中直接生产成本占据70%以上，而直接成本中又以原材料费用为主，原材料成本几乎占据生产成本的50%以上；仪器类产品中直接生产成本达到95%左右，其中，原材料费用几近90%。很显然，原材料费用控制和风险控制，是安图生物产品制造成本控制中的重点。

表7-8　　安图生物产品成本构成

项目		2013年		项目		2013年	
		金额（万元）	占比（%）			金额（万元）	占比（%）
试剂类	直接材料	3 901	54.97	仪器类	直接材料	4 327	88.58
	直接人工	1 120	15.78		直接人工	306	6.27
	制造费用	2 075	29.25		制造费用	252	5.15
	合计	7 096	100		合计	4 884	100

续表

项目		2019 年			2020 年	
		金额（万元）	占比（%）		金额（万元）	占比（%）
体外诊断	直接成本	63 081	75.72	体外诊断	直接成本	81 805	73.5
	间接成本	20 224	24.28		间接成本	32 336	26.5
	合计	83 305	100		合计	114 141	100

资料来源：根据安图生物招股说明书数据及 2013~2020 年年度报告整理。

7.3.4.1 原材料存货供应成本管理和在产品存货生产成本管理

（1）原材料存货供应成本管理。原辅料采购方面，密切关注采购市场价格变动及采购价格合理性，严格审核供应商供应价格和渠道选择，以优化原材料供应成本；在预算管理方面，通过年度预算执行结果的分析，监督和控制年度总采购额及节约超支差异额。

第一，原材料的采购批量管理。安图生物原材料在存货总额中占比一直较大，表 7-9 描述了 2015~2020 年安图生物的存货构成，历年来原材料均占据存货总额的 40% 左右，主要是由于公司从事的是体外诊断行业的免疫诊断和微生物检测领域，其中，免疫诊断试剂又以化学发光产品为主导，各种产品中均需要一些独有原材料，一方面，部分物料存在最低采购量要求，产品种类多导致原材料库存较多；另一方面，生物活性材料（如抗原、抗体）是影响产品品质的关键原材料，此类物料批间差大，为保证产品品质稳定，公司会将试样合格的批次集中采购，一般超过 1 年的使用量，采购时点具有一定的非连续性。

表 7-9　　　　　2015~2020 年安图生物存货中各主要项目构成变动

项目	2015 年	2016 年	2017 年	2018 年	2019 年	2020 年
原材料（万元）	3 697	4 620	8 004	10 227	14 094	21 113
周转材料（万元）	29	27	69	143	324	597
在产品（万元）	2 202	2 455	3 070	3 652	5 117	7 230
库存商品（万元）	2 434	2 150	8 209	11 614	14 687	18 612
合计（万元）	8 362	9 253	19 353	25 636	34 222	47 552
存货周转率（次）	2.66	3.12	3.18	2.88	2.99	2.93
应收账款周转率（次）	7.55	7.34	7.25	6.77	5.47	3.74

资料来源：根据安图生物 2015~2020 年度年度报告整理。

第二，由于安图生物原材料的特殊性，根据对产品质量影响的重要程度、技术含量等因素，公司将采购原材料分为 A、B、C 三类，根据分类确定选择供应商的标准，对原材料采用分类管理模式：A 类原材料是对产品质量、性能起关键作用的重要物料，供应商选择先要考虑技术标准的满足和符合性、供应商法定资质和供货能力；B 类原材料是直接用于产品并对产品质量、性能有影响的一般物料,供应商选择不仅要考虑技术标准的满足和符合性、供应商法定资质和供货能力,还要考虑供货的性价比;C类原材料是对产品起简单辅助作用的简单物料,供应商选择不仅要考虑供货的性价比,还要考虑供应商的法定资质、供货能力充足性及技术标准的满足和符合性。尤其是A、B类原材料,由于其质量对公司产品质量有着决定性影响,因此,除了由采购部门严格审查供应商相关体系认证情况、质量管理情况、主要客户、产品质量与价格、交货能力、服务及支持能力等方面资质外,还应对供应商实施年度评审和动态管理机制,结合定期和不定期现场审查,随时淘汰不合格供应商。

第三,公司产品的质量特性,使公司尤为注意原材料品质,因此,公司除了建立有严格的供方评价制度,定期进行供应商评价和考核外,还与关键物料供应商建立战略合作伙伴关系,从源头控制产品品质。为此,公司甚至将其关键供应商之一、提供活性材料的伊美诺公司,收购为全资子公司,以全面掌控关键原材料供应数量和品质、加强业务整合、延长产业链。

(2)在产品的生产批量管理。安图生物在产品在存货总额中占比也不小,这是因为公司在产品中试剂类在产品占比较高,部分试剂产品共用生产资源,由于体外诊断行业的特殊性,更换生产品种需要对原生产线进行清场以严防污染,所需时间较长,为了合理、高效地利用生产线,提高生产经济性,单批次生产量较大,以尽量降低品种更换的频率,在产品的金额与占比都较高。

7.3.4.2 生产过程中的成本控制:计划与预算

《管理会计应用指引第300号——成本管理》中明确指出,企业应用成本管理工具方法,一般按照事前管理、事中管理、事后管理等程序进行:第一,事前成本管理阶段,主要是对未来的成本水平及其发展趋势所进行的预测与规划,一般包括成本预测、成本决策和成本计划等步骤;第二,事中成本管理阶段,主要是对营运过程中发生的成本进行监督和控制,并根据实际情况对成本预算进行必要的修正,即成本控制步骤;第三,事后成本管理阶段,主要是在成本发生之后进行的核算、分析和考核,一般包括成本核算、成本分析和成本考核等。

安图生物的生产经营过程经历了计划、生产和入库三个阶段,依次经历营销、仓储、生产、质量和采购等环节,图7-2描述了安图生物的具体生产流程,公司生产制造环节由多部门共同协作,财务部门汇总监控成本发生情况,全面贯彻实施了成本管理的事前、事中和事后三个成本管理阶段,并与预算管理一起,有效控制了产品生产环节的制造成本。

(1)在事前成本管理阶段,营销部门通过市场需求测试确定年度、季度及月度销售预测,然后根据销售预测由生产部门做出相应年度、季度及月度生产计划。采购部门在生产计划基础上做出相应年度、季度及月度采购计划,负责按计划采购原辅材料、经验收合格后入仓储部门保管待生产领料。财务部门按生产计划做出相应期间成本预测及成本计划,并通过预算的形式表现出来。

(2)在事中成本管理阶段,安图生物生产部门根据季度/月度生产计划,进

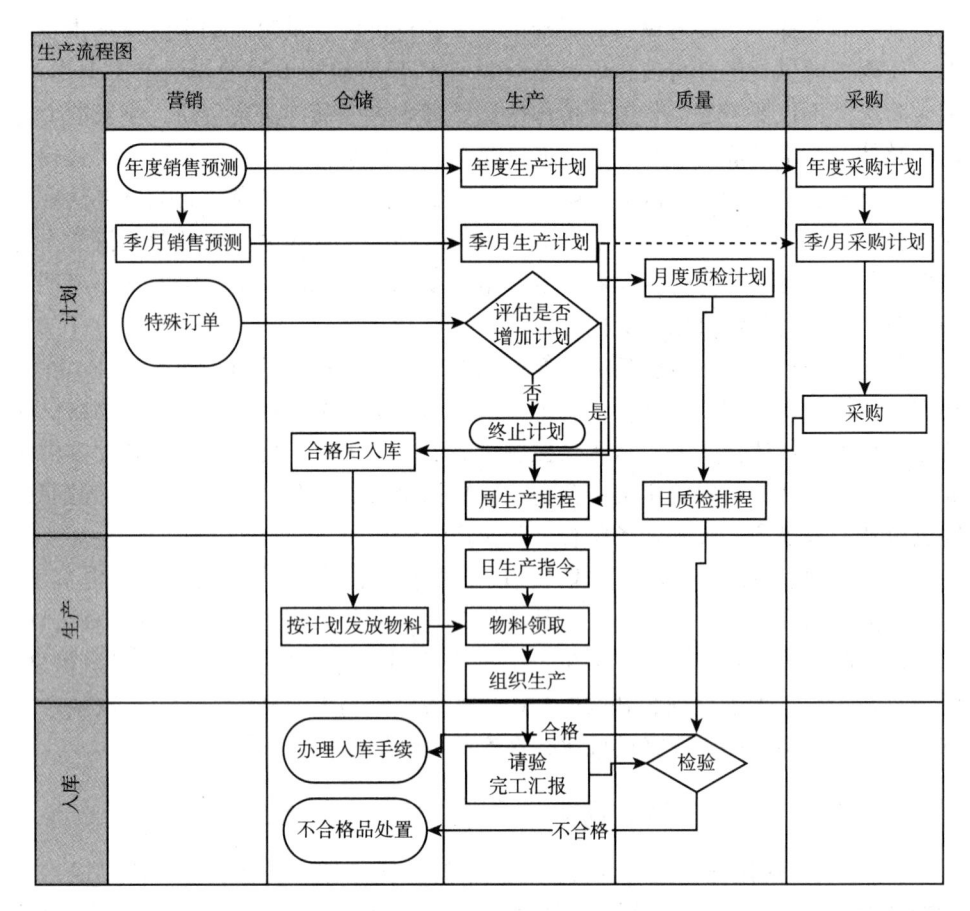

图 7-2 安图生物生产流程

行每周生产排程,下达日生产指令,根据日生产指令按计划由仓储部门发放生产所需原材料,然后组织生产。在这个阶段,通过对原材料领用、费用支出的预算控制,按预计计划和预算目标对成本发生和形成过程的直接材料、直接人工和制造费用等成本动因进行监控,以达到把实际成本控制在预期目标内的成本管理活动任务。

(3)在事后成本管理阶段,由财务部门根据成本核算资料,进行成本差异分析和成本考核,分析成本水平与构成变动情况,查明影响成本变动的各种因素和产生原因,并对成本计划及其有关指标实际完成情况进行定期总结和评价,根据考核结果进行相应奖励和惩罚。

7.3.5 其他管理会计工具方法应用

除上述相关研发财务、生产财务、营销财务所涉及的相关管理会计工具方法应用外,多年来,安图生物在绩效管理、研发创新等领域均不同程度地应用了现代管理会计方法。

（1）2007年公司引入了OEC（全方位、全事件控制）绩效考核管理系统，通过对年计划、月计划、周计划、日计划的制定与考核，保证了整个企业各方面工作的统合综效；通过以绩效为导向的员工差异化管理，营造出企业内部良好的竞争氛围，保证了企业的运转效率。并在此基础上，尝试KPI绩效管理方法。

（2）安图生物在具体生产经营实践过程中，结合目标成本管理制定产品标准成本，与预算管理一起实施成本管理控制，将实际成本费用发生情况与预算标准比较，对产生差异进行深入分析，并与KPI等绩效考核指标对接，奖惩到位，有效激励员工按企业预定的战略方向努力工作。

（3）安图生物定位于差异化竞争战略，产成品技术含量高，毛利率高，因而研发工作在其生产经营流程中是核心的核心。新产品研发需要经历研究和开发两个阶段，如果闭门自己搞创新，采用传统封闭式创新模式开发新产品，容易在研究阶段框定研究边界，在开发阶段进一步收窄产品应用边界，导致大量技术过度开发或者与市场需求相背离而被束之高阁，降低项目研发的性价比。安图生物的研发创新，开放式地采用与外部相关医疗机构战略合作的方式，共同营造流水线产品系列的竞争优势。2021年，安图生物首先宣布与积水医疗开始在凝血检测领域展开全方位战略合作，完成积水医疗CP3000系列全自动凝血分析仪与安图生物Autolas系列医学实验室全自动流水线的连接运行，形成生化·免疫·凝血全系列医学检验流水线。其次安图生物与希肯医疗宣布启动战略合作，期冀通过在凝血检测领域的全方位深度合作，为医学实验室领域提供完善的凝血检测产品与服务解决方案。

7.4 安图生物现代管理会计工具方法整合应用特征

我国《管理会计基本指引》中提出，单位应用管理会计的战略导向、融合性、适应性和成本效益原则。在多年的管理会计实践中，安图生物以提供高品质产品的差异化竞争战略为导向，已经初步形成以价值链管理、目标成本管理与产品生命周期为核心的战略管理会计应用框架；以业财融合性原则为主线，初步形成"以全面预算管理为核心，以机会/风险分析为手段，以关闭差异的行动方案为驱动的完整价值闭环"的业务财务综合管理会计控制体系。安图生物业已应用的管理会计工具方法，与公司自身的单位性质、规模、发展阶段、管理模式、治理水平等相适应，具有自己独特的应用风格。

7.4.1 战略管理会计的应用

《管理会计应用指引第100号——战略管理》将战略管理定义为：对企业全局和长远的发展方向、目标、任务与政策，以及资源配置做出决策和管理的过程。并将企业战略分为三个层次：选择可竞争的经营领域的总体战略；某经营领域具体竞争策略的业务单位战略（也称竞争战略）；涉及各职能部门的职能战略。战略管理领域应用的管理会计工具方法一般包括战略地图、价值链管理等，战略管理会计工具方法可单独应用，也可综合应用，以加强战略管理的协同性。安图生物总体战略目标定位为，成为体外诊断行业"具有品牌影响力的医学实验室产品与服务的提供者"，并将差异化竞争战略的竞争优势形成途径与方法贯穿于公司经营的方方面面。安图生物在董事会下设战略委员会，在具体经营与职能部门设置战略规划部，专门负责产品及市场调研、制定及调整公司中长期产品发展战略（见图7-1）。安图生物在实践中初步形成的战略性管理会计控制方法应用特点如下。

7.4.1.1 在价值创造方面，深化应用价值链管理

现代价值链管理将企业的价值创造拓展到企业外部，认为供应商通过向顾客出售产品对企业价值产生影响，企业通过向顾客销售产品影响顾客价值。生产厂商的产品价值创造，通过采购活动向上延伸至原材料最初供应商，向下延伸到使用产品的最终客户，形成一条从原材料投入到产成品提供给最终客户的所有价值转移和增值环节构成的纵向价值链。价值链管理是"一种基于协作的策略，它把跨企业的业务运作连在一起，以期实现市场机会的共同愿景"。[①] 因此，在这条价值链环节上，价值链管理的基本理念是，企业应该从产品总成本角度考察其经营效果，而不是片面追求企业自身供应、生产和分销等功能的优化。如下所述，安图生物将价值链管理贯穿于产供销研各环节。

（1）在供应阶段，安图生物通过原材料存货的分类管理优化供应商管理，并且进一步通过与关键供应商的战略合作模式，在保证原材料供应渠道的同时，协同创造价值，实现合作共赢。

（2）在营销渠道上，一方面，安图生物不断深化客服业务，挖掘服务价值。安图生物公司在技术服务环节配套了数量庞大的高质量技术服务团队，占营销业务人员的1/2以上。有力的售后服务和技术支持保证了公司能够及时专业地为客户提供详细的产品咨询、产品使用培训和产品售后服务，在确保公司产品顺利销售和销售后稳定使用的同时，能够及时反馈客户对产品质量的意见信息，实施事后质量监控，落实质量责任，继而优化产品品质。另一方面，改革传统体外诊断营销模式，与产业链终端医院等机构建立战略合作伙伴关系，尤其是2020年以来，安图生物以产学研一体化发展为目标，不断深化战略合作模式，启动与山东大学第二医院共建智能化实验室项目，与郑州人民医院战略合作签约共建区域检验中心，与河南省传染病医院战略合作签约，在临床科研、分子诊断试剂研发及成果转化方面开展紧密合作。

---

① 卡利斯·Y. 鲍德温，金·B. 克拉克，等著. 价值链管理 [M]. 北京新华信商业风险管理有限责任公司，译校. 北京：中国人民大学出版社，2020.

(3) 安图生物的产品价值创造，没有局限于产品的供产销环节，并且进一步将价值链管理延展到研发创新环节，扩展价值链边界，与相关医疗机构建立战略合作伙伴关系，如近年来与积水医疗等机构战略合作伙伴关系的确定，开启横向价值链管理模式，提高新产品研发与应用区域，优势互补，共创价值。

7.4.1.2 在产品管理及成本控制方面，采用产品生命周期管理和目标成本管理

安图生物对其生产产品的管理和成本控制，采用产品生命周期管理（product life-cycle management，PLM）模式。所谓产品生命周期，是指某种产品从投入市场开始直到退出市场为止的整个过程，一般分为投入期、成长期、成熟期和衰退期四个阶段。

从产品生产和使用市场方面来看，医疗器械行业属于高风险行业，其产品显现的特征为：产品生态脆弱，项目失败率高；技术进步推动下，大部分产品生命周期都在缩短；市场竞争的日益加剧和对产品多样化需求的增强，即便是先天占据技术与资本优势的大型医疗器械生产商也面临着毛利率不断降低、研发周期过长、跟不上市场需求的困局。为了延长产品的上市生命周期，安图生物实施从新产品立项—产品研发—产品上市—产品停产为止整个生命周期的迭代管理。所谓产品迭代，是指对产品的新需求加以需求评估、设计、开发、测试以及上市的一系列行为。图 7-3 描述了产品迭代管理流程，产品迭代管理的结果，会形成在每一个时间节点、产品会处在不同的生命周期节点上的情形。公司通过分析客户服务过程中收集的反馈信息以及行业趋势数据，通过与客户需求反馈信息互动，结合市场和用户需求，在原有产品上不断重新设计优化产品功能和配方，升级产品版本，延长产品上市生命周期，继而尽力维持上市产品的竞争优势地位和高毛利。

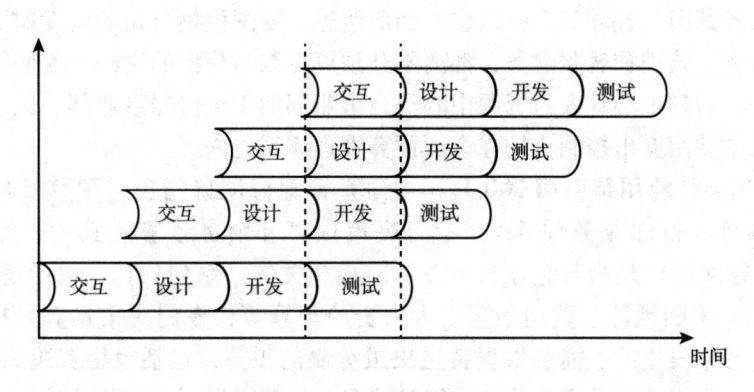

图 7-3 产品迭代流程

产品生命周期，也指每件产品从其形成到消亡历经的开发、设计、制造、使用、废弃的完整循环。从产品生命周期成本方面来看，根据相关国内外资料显示，通过改进产品设计能够降低的制造成本数额占事前成本决策所能降低成本数

额的 70% ~ 80%。将产品的制造成本控制，从产品生命周期的生产阶段前移到开发设计阶段，可以避免后续制造过程中的大量无效作业和成本支出。目标成本是企业在生产经营活动开始之前为产品或工程项目确定的预期成本，是根据产品的性能、质量、价格和目标利润确定的企业在一定时期内必须达到的成本水平。根据目标成本对产品进行成本控制，本质上也是一种对企业未来成本的战略管理。我国《管理会计应用指引第 301 号——目标成本法》中指出，目标成本法是指企业以市场为导向，以目标售价和目标利润为基础确定产品的目标成本，从产品设计阶段开始，通过各部门、各环节乃至与供应商的通力合作，共同实现目标成本的成本管理方法。安图生物从新产品研发阶段，即开始实行目标成本管理，以市场可以接受的价格为基础，通过设定目标利润，在研发阶段即将产品的制造成本考虑在内，保证了研发产品在后续生产制造过程中，可以在不损害企业竞争地位的前提下实现成本控制目标。而产品的迭代管理，又可以促进公司不断地通过公司与客户需求的互动，充分考虑产品使用和废弃成本，不断改进产品设计。

7.4.2 全面预算管理在各环节的实施

我国《管理会计应用指引第 200 号——预算管理》中将预算管理定义为，以战略目标为导向，通过对未来一定期间内的经营活动和相应的财务结果进行全面预测和筹划，科学、合理配置企业各项财务和非财务资源，并对执行过程进行监督和分析，对执行结果进行评价和反馈，指导经营活动的改善和调整，进而推动实现企业战略目标的管理活动。安图生物的管理会计控制以全面预算管理为核心，以机会/风险分析为手段，行动方案以关闭预算差异为目标，以充分发挥管理会计在企业规划、决策、控制和评价活动中的作用。安图生物的全面预算管理贯穿公司各部门、各环节、各岗位。如前所述，安图生物公司的研发财务、供应和生产财务、营销和客服财务，都离不开预算控制与分析的制约，而职能部门如行政中心、后勤中心、人力资源中心等，事业部如生化仪器事业部、医学事业部等，其日常费用支出控制也均在全面预算管理体系之内。

《管理会计应用指引第 200 号——预算管理》明确指出，预算管理主要包括经营预算（也称业务预算）、专门决策预算和财务预算。其中，经营预算（也称业务预算）是指与企业日常业务直接相关的一系列预算，包括销售预算、生产预算、采购预算、费用预算、人力资源预算等；专门决策预算是指企业重大的或不经常发生的、需要根据特定决策编制的预算，包括投融资决策预算等；财务预算，是指与企业资金收支、财务状况或经营成果等有关的预算，包括资金预算、预计资产负债表、预计利润表等。安图生物公司的经营预算由各责任中心（包括各业务部门和职能部门）编制，经"三上三下"程序，最终由上级预算主管部门审核确定预算指标。安图生物公司人力资源中心部分业务预算报表格式如表 7 - 10 至表 7 - 14 所示。

第7章 安图生物：医疗器械企业管理会计工具方法应用与整合

表 7-10　　　　　　　　　年全面预算（业务预算）报表目录

责任单位：人力资源中心

序号	报表名称	页码
一	预算目标	
二	业务预算	
三	费用预算	
四	资本预算（固定资产、在建工程、投资预算）	
五	业务计划（一、二、三）	
六	预算编制说明	
七	年度经营计划	
八	绩效考核表	
九	预算科目说明	

注：业务计划表根据实际业务增减，业务计划表格有两类，可根据业务类别选择使用。

表 7-11　　　　　　　　　全面预算——预算目标

责任中心：人力资源中心

序号	主要指标	单位	全年合计 金额（元）	全年合计 （元/平方米）	第一季度	第二季度	第三季度	第四季度	附件
1	专项费用（归口费用）	元							
2	部门管理费用（可控费用）	元							
	合计	元							

拟订：　　　　　　　　　　　　　　　　　　　　　　　　　　审批：

表 7-12　　　　　　　　　全面预算——费用预算

编制单位：人力资源中心

序号	预算科目	全年合计 金额（元）	一季度 1月	2月	3月	小计	二季度 4月	5月	6月	小计	三季度（略）	四季度（略）
	合计											
	一、专项费用——归口费用											
1	培训费											
2	招聘费											
3	公司福利费											
4	宿舍费用											

续表

序号	预算科目	全年合计 金额（元）	一季度 1月	2月	3月	小计	二季度 4月	5月	6月	小计	三季度（略）	四季度（略）
5	食堂费用											
6	养老保险											
7	失业保险											
8	工伤保险											
9	医疗保险											
10	残疾人保障金											
11	住房公积金											
12	行政工伤补助费											
13	工会经费											
	二、部门费用											
1	工资											
2	办公费											
3	差旅费											
4	车辆使用费											
5	通信费											
6	业务招待费											
7	修理费											
8	运输费											
9	治安费											
10	邮寄费											
11	清运费											
12	排污费											
13	劳动保护费											
14	低值易耗品摊销											
15	绿化费											
16	消防费											
17	区域共建费											
	合计											

拟订： 审核： 审批：

第7章 安图生物：医疗器械企业管理会计工具方法应用与整合

表 7-13　　　　　　　　　全面预算——固定资产预算表

编制单位：人力资源中心

序号	预算科目	全年合计			一季度				二季度			
		数量	单位	金额（元）	1月	2月	3月	小计	4月	5月	6月	小计
合计												
	办公设备购置：											
1	台式电脑	3	台									
2	复印机	1	台									
3	人力资源管理软件	1	套									
4	领夹麦克风	1	套									
5	笔记本电脑	1	台									
6	数码摄像机	1	台									
7	数码相机	1	台									
8	自动双面打印机	1	台									
9	装订机	1	台									

三季度（略）　四季度（略）

拟订：　　　　　　　审核：　　　　　　　审批：

表 7-14　　　　　　　　　全面预算——业务计划（三）

编制单位：人力资源中心

序号	预算科目	业务方案（计划）	内容摘要	预期达成效果	预期财务收益	所需预算资源				支持附件		备注
						一季度	二季度	三季度	四季度	合计	附件名称	页号	
1	培训费用	1											
		2											
2	招聘费用	1											
		2											
3	公司福利费	1											
		2											
4	宿舍费用	1											
		2											

续表

序号	预算科目	业务方案（计划）	内容摘要	预期达成效果	预期财务收益	所需预算资源					支持附件		备注
						一季度	二季度	三季度	四季度	合计	附件名称	页号	
5	食堂费用	1											
6	养老保险												
7	失业保险												
8	工伤保险												
9	医疗保险												
10	住房公积												
11	工会经费												

注：业务计划为费用预算的支持性附件。

拟订： 审核： 审批：

7.5 本章小结

安图生物主要经营医疗器械行业中的体外诊断试剂及仪器的研发、制造、销售和服务，该细分市场在我国处在快速成长时期，根据《中国体外诊断产业发展蓝皮书》数据统计，2017年我国体外诊断市场规模超过700亿元，年增速15.00%左右；截至2020年末，我国体外诊断市场规模已突破千亿元，市场发展前景可观。由于技术和规模优势，国外跨国公司在该产业中一直占据竞争优势地位，我国相关产业政策多年来一直支持该产业领域的产品创新和国产化替代，目前生化、免疫、分子等各诊断领域均在试剂产品上实现了一定程度的国产化，但仪器产品整体国产化率较低。在这样的市场和行业背景下，安图生物以明晰的产品经营战略定位为导向，重视新产品研发、产品营销和服务，自1999年成立以来，高技术含量产品和优质的营销服务在行业中逐步取得领先地位，在保持高毛利率的同时，营业规模大幅增加，并取得高额利润（见表7-5）。

多年的生产经营中，安图生物根据自己的战略导向、经营模式和业务特征，针对企业经营中的主要风险节点，在业财融合的原则指引下，形成了个性化的研发财务、生产财务和营销财务模块，以全面预算管理为核心和主线，初步整合了目标成本管理、标杆管理、营运管理以及价值链管理等一系列管理会计工具方法，成效斐然。然而，随着体外诊断产业发展而来的市场竞争不断加剧，近年来公司综合毛利率有所下降，且销售净利率呈下降趋势，自2015年的38.83%下降至 2019 年的 29.38%（见表 7-5），2020 年由于新冠肺炎疫情的影响，更是跌至 25% 的水平，产品盈利能力下降，虽然公司已经在生产环节运用计划、预算等方式进行事前、事中和事后的成本管理，成本管控方面的一些弊端还是逐步显露出来。这是一个必然的发展和完善过程，我国《管理会计基本指引》应用环境中指出管理会计应用的特点，单位的价值创造模式、组织架构、管理模式、资源保障、信息系统等内部环节因素以及经济、市场、法律、行业等外部环境因素是单位应用管理会计的前提条件，当这些环境因素改变的时候，企业的管理会计应用随之也在发展和完善。

安图生物 2020 年年度报告披露，在产业和相关医改政策的推动下，公司经营模式处在战略性调整过程中：与销售规模相匹配的营销体系建设应同比跟进，探索新的经营模式，加强营销团队与子公司的融合，建立专业的、有一定规模的营销队伍，拓展更多新的、有力的渠道，打开更大的市场空间。与此同时，该公司在积极探索实行基于产品生命周期的迭代管理以维持产品高毛利的基础上，在成本控制方面加重力度，明确提出要对部分有一定独立运营能力的中心、事业部进行成本中心乃至利润中心的责任管理，下达明确的成本、利润、效益等考核指标，通过明晰的责任管理，逐步完善成本控制体系和责任会计体系，向管理要效益。

参考文献

[1] 财政部. 管理会计基本指引.
[2] 财政部. 管理会计应用指引第 100 号——战略管理.
[3] 财政部. 管理会计应用指引第 200 号——预算管理.
[4] 财政部. 管理会计应用指引第 300 号——成本管理.
[5] 财政部. 管理会计应用指引第 301 号——目标成本法.
[6] 郑州安图生物工程股份有限公司 2016 年年度报告.
[7] 郑州安图生物工程股份有限公司 2017 年年度报告.
[8] 郑州安图生物工程股份有限公司 2018 年年度报告.
[9] 郑州安图生物工程股份有限公司 2019 年年度报告.
[10] 郑州安图生物工程股份有限公司 2020 年年度报告.
[11] 郑州安图生物工程股份有限公司首次公开发行股票招股说明书
[12] Camp Robert C. Benchmarking—The search for industry best practices that lead to superior performance [M]. Quality Press, 1989.
[13] 郑州安图生物工程股份有限公司官方网站, https://www.autobio.com.cn/.
[14] 新浪财经, https://finance.sina.com.cn/.
[15] 中国医药工业信息中心官方网站, http://www.cphiic.cn/.
[16] 卡利斯·Y. 鲍德温, 金·B. 克拉克, 等. 价值链管理 [M]. 北京新华信商业风险管理有限责任公司, 译校. 北京: 中国人民大学出版社, 2020.

讨论与思考

1. 安图生物为什么选择了差异化竞争战略？差异化竞争战略下，安图生物的经营模式和盈利模式有什么特点？
2. 安图生物公司研发阶段的管理会计工具方法应用有何特征？
3. 安图生物公司目前的管理会计工具方法应用有何缺陷？
4. 如果你是安图生物的财务人员，在目前的形势下，你会怎样完善安图生物的管理会计系统建设？

第8章 航空工业民品制造业 K 公司：基于风险内控管理体系的"两金"管理实践*

我国自进入"十二五"时期以来，国民经济下行压力加大，增速变缓，市场回落，很多中央企业产能过剩，产销衔接不畅、上下游资金紧张，资金周转压力较大。2015年度中央企业预算布置会议上，"两金"占用资金占比过高、增长过快的问题引起警示。据相关媒体报道，截至2014年三季度末，113家中央企业中企业"两金"占整个流动资产的比例已经超过50%，达到51.7%。[①] 80家中央企业"两金"占用增长已经超过收入增长，超过70%的央企突破年初预算水平。此后，国务院国有资产监督管理委员会（以下简称"国资委"）在中央企业预算布置会上多次提到"两金"占比过高、增速过快影响企业运行效率以及加大企业运行风险的问题，各中央企业集团公司相继开展"两金"清查工作，要求下级企业开展"两金"管控专项工作，提高"两金"流动性和周转率，为中央企业提质增效攻坚战奠定基础。国资委的"两金"指的是企业经营过程中所形成的各类应收款项和存货占用资金。应收款项包括应收账款、长期应收款以及其他应收款等；存货包括产成品或者商品、在生产过程或者提供劳务所需消耗的物料和材料以及处在生产过程中的在产品。中国经济正处在结构调整期，过高的应收款项和存货资金占用，会加大企业触发风险的可能性，并显著影响企业资产质量及成本费用，继而影响企业盈利能力。因此，压减应收款项和存货占用资金，提高"两金"周转速度，加强中央企业的"两金"管控具有重要的现实意义，是中央企业贯彻落实新发展理念，深化供给侧结构性改革，推进去库存、降成本，有效管控风险，坚持提质增效，实现高质量发展的重要举措。中央企业的管理和制度环境与我国许多大型国有企业存在很多相似之处，中央企业"两金"管控过程中所遇到的障碍和阻力，也是我国大部分国有企业面临的共同问题，对中央企业"两金"管控的分析与探究，对我国其他国有企业也具有深刻的借鉴意义。

中国航空工业集团有限公司是我国中央管理的国有特大型企业，也是一家军民结合型企业集团，2021年在世界500强中排名140位，比2020年前移23位。

---

* 本章案例为校企合作开发案例，其中，企业方参与者：中国××导弹研究院范锋、杨笑峰；高校方参与者：河南财政金融学院李朝芳；本章主体部分内容，已发表在《航空财会》2020年第5期。
① 央企负责人业绩考核添"新指标"：https://www.yicai.com/news/.

该集团公司在实践中高度重视"两金"管理工作，认为"两金"压控是提升航空工业经济运行质量和效益、有效防范经营风险、夯实新时代航空强国建设高质量发展的基础工作之一。中国航空工业集团有限公司下属民品制造业 K 公司的"两金"管理实践，以风险内控管理为主线，将"两金"管理工作前移，创新性应用"风险两金"理念，有效减少了"两金"占用，降低了两金风险，改善了企业经营效率和资产质量。本章案例为校企合作开发案例，资料主要来源于公司实践经验，以及航空工业集团公开披露信息资料。

8.1　案例背景

8.1.1　产业背景

军民融合产业，是既承担国防军事等涉"军"任务，又参与"民用"市场经济活动的产业；是以国防科技工业在经济技术方面的优势为核心和依托，通过军、民领域间的双向交流互动所形成的产业；是将军民两用技术应用于生产以及经济社会军事各相关领域，为其提供商品和服务的统称。我国军民融合产业自 20 世纪 70 年代至 21 世纪初进入"军民一体化"阶段（牛振喜，2011），为了促进国防科技工业与国民经济相结合，走上"军民兼容""军民结合"的道路，我国将航天、航空、兵器、舰船等军工总公司改组为 10 个集团公司，实行公司制、合同制和市场化改革，政企分开、供需分开，集团公司由单一面向国防建设转为面向为工业、科技、经济和国防现代化服务，大力发展民品生产和第三产业。军民融合产业类型，有利于在产业内实现军民间彼此融合、双向转换、互相促进、协调发展，一方面能够利用一流成果为国防建设和建成世界一流军队提供支撑；另一方面可以利用军民两用技术培育新动能、促进经济高质量发展。进入 21 世纪以来，我国军工企业坚持走市场化改革道路，紧紧围绕国防建设和经济建设的战略需求，大力发展军民结合型产业，在军工技术向民用产业转化上取得了突出的成绩，军民融合行业市场规模不断扩大，据相关统计，2015 年我国军民融合行业市场规模为 2.58 万亿元；2016 年增长至 2.83 万亿元，同比增长 9.56%；2017 年增长至 3.36 万亿元，同比增长 18.73%。当前我国军工集团公司的产业经济结构中，军品产值占 1/3，军工高技术产业产值占 1/3，其他民品产值占 1/3。军民融合产业具有以下显著特征。

（1）随着科学技术的快速发展，国家战略竞争力、社会生产力、军队战斗力耦合关联越来越紧，军用技术和民用技术彼此融合、相互转化，军民技术通用趋势越来越明显。信息化时代，安全与发展、经济建设和国防建设、军与民、平与战、前线与后方、军用与民用的界限越来越模糊，军民融合产业通用技术研发是有效利用资源、降低生产成本和风险以及加速技术创新的必然选择。军民通用技术涉及军民市场，存在巨大的市场商业价值潜力，能够为军民企业带来新的利润增长点。

（2）军民融合产业组织体系具有"小核心，大协作"的明显特征。当前我国军民融合产业核心层是12大军工集团及相关科研机构，军民融合产业关系国家安全，这一领域必须保持国有企业的绝对控制力；另外，大量民口参军单位，尽管主要为军工集团提供配套服务，但其作用不容忽视，特别是在许多新兴领域，民口单位在技术等方面已经走在前列，这些民口单位的参与有利于形成全要素、多领域、高效益的军民融合深度发展格局。

（3）军民融合企业的市场用户既包括"军"又含"民"，"军""民"市场需求特征明显不同。武器装备是国防独家采购的买方市场，技术需求和产品研制必须满足国防采购要求，专用性较强，需求规模较小；军品研制以解决有无为主，国家利益至上，一项新技术是否可行，取决于是否满足国防需要，功能优先成本次之；军品定价模式与订货规模和市场竞争程度有关，市场竞争弱、价格信息不对称的情况下通常采取成本加利润方式，市场竞争比较充分的情况下则采取市场定价。民品则通用性强，市场规模较大，产品由市场定价，具有规模效益；但创新产品要通过竞争赢得市场，市场风险较大；技术选择以经济可行性为主，生产以盈利为主要目标，坚持成本效益原则。

（4）军民融合产业关联性强，主要体现在"多领域"的军民融合深度发展格局。当前我国军民融合范围已经从基础设施、武器装备科研生产、人才培养、军队保障、国防动员等传统领域，向海洋、太空、网络空间等领域等新兴领域拓展，向新材料、新能源、生物、人工智能等新兴产业延伸，特别是在新兴领域，军民共用性强，军民融合产业关联性更强。

8.1.2 中央企业"两金"压控制度背景

2015年，国资委《关于进一步做好中央企业增收节支工作有关事项的通知》指出，要严格控制、清理压缩"两金"占用规模，加大内部资源整合力度，加快清理低效无效资产，盘活存量提升资产效能。并提出五项措施：第一，从源头上加强"两金"管控，严格信用管理、严控新增欠款规模，从严核定存货实物量和价值量占用标准，严防超额放账、超量库存；第二，全面清理清收现有应收账款和存货，集中催缴以前年度欠款，加快处置积压存货，确保应收账款周转率、存货周转率优于上年；第三，深化内部资源重组，用好近期出台的兼并重组税收支持政策，推动相关子企业整合发展，提高业务协同和资源使用效率；第四，加大资本运作力度，推动资产证券化，用好市值管理手段，盘活上市公司资源，实现资产价值最大化；第五，强化低效无效资产处置变现，积极处置长期不分红、收益低、无战略安排的投资，坚决退出盈利差、管控难、无协同优势的非主业经营业务，全面、按时完成国资委部署的低效无效资产清理处置任务。

其后，国资委一系列文件和措施引导中央企业严格按"两金"管控专项治理工作要求，深入践行中央企业"深化改革、稳定增长、增强能力、提质增效、强弱补短、精益管理"的总体战略，全面开展并落实中央企业"两金"压控工作：2015年6月，国资委《关于中央企业开展两金占用专项清理工作有关事项的通知》提出，要开展为期两年的"两金"占用专项清理工作，并明确九个方面的监管要求和压降目标；2016年，国资委印发《关于印发〈2016年中央企业"两金"压控方案〉的通知》，同年国资委将"大力减压应收账款、加快清理无效库存"纳入中央企业提质增效工作方案及中央企业负责人业绩考核指标体系；2018年，国资委《关于进一步做好中央企业"两金"压控工作的通知》要求，中央企业要加强"两金"管控的组织领导，健全完善工作机制，建立横向到边、纵向到底的"两金"管控责任体系，将非正常类"两金"作为管控工作的重中之重，加大清理处置力度。同年中央企业地方国资委负责人会议指出，中央企业"两金"增幅要低于收入增幅，国资委召开的中央"处僵治困"、降杠杆、压"两金"工作动员会议进一步要求中央企业总体"两金"规模力争不增长。

根据国资委"两金"压控工作要求，各中央企业要认真贯彻落实、充分认识"两金"管控对提升企业经营质量和经济效益的重要意义，从自身实际经营情况出发，建立规范、高效的财务管理体系，高度重视现金流，建立"两金"治理长效机制，科学制定、分解"两金"目标，强化责任落实，建立健全应收款项和库存管理责任考核制度和违规造成损失责任追究制度，有效推动"两金"精益化管理，切实减少"两金"占用，提高"两金"周转效率和使用效益，改善企业整体经营效率资金质量。

8.1.3 中央企业"两金"管控现状背景

中央企业"两金"问题的关键在于：企业生产经营过程中的现金变成应收款项和存货并长期占用，并随着企业经营规模和收入增加不断扩大，引致企业资产流动性和变现力变差，质量下降，不仅造成资产盈利性变差，并由此引发企业营运资金管理方面的风险。从当前情况来看，我国部分中央企业对销售和采购环节的内控流程不够规范等现实状况，造成"两金"占用规模过大、增速过高现象普遍存在。

（1）应收款项资金占用方面的问题。主要表现有：销售合同条款不够规范，付款节点、回款期限、付款方式、逾期责任追究等方面规定不明确；已签订销售合同，但分期发货、未开票或者未入账形成的应收款项未能纳入有效管控；逾期应收款项金额较大，资金占用风险高，坏账准备计提不足；历史遗留问题长期挂账，无有效管控措施；应收款项存在单方挂账情形。从形成原因来看，销售合同签订之前，客户信息不齐全、资信调查不深入、销售过程不透明、风险评估不到位等原因会导致逾期应收款项的形成；销售合同签订过程中，销售人员职权约束不到位，合同条款中对赊销额度与期限未做明确约束和管控，销售人员盲目给予客户宽松赊销条件等原因也会造成逾期应收款项的形成；合同审批过程中，主管人员的疏忽大意未能及时阻止上述情况的发生；应收款项形成后并未进行有效主动管理，及时分析收现能力，仅让其挂在账上，被动催收，结果导致应收款项越积越多。此外，中央企业应收款项单方面挂账形成原因涉及整个产业生态链的不确定性：部分下游中央企业同样涉及"两金"管控问题，为控制存货规模，完成年度管控目标，不要求对方开票或收到发票后暂不入账，导致上游中央企业应收账款存在单方挂账情况；部分原计划付款的下游单位，也由于同样原因拒绝付款。

（2）存货资金占用方面的问题。主要表现有：供应链管理体系、销售和采购环节的内控制度以及存货管理制度的不完善，导致存货管理过程中难以达到最佳资金占用的平衡状态。中央企业一般规模较大，存货的供应链管理体系往往涉及采购、生产、销售、财务、各事业部等诸多部门，现实工作中，各部门权责关系难以明晰，很多管理人员往往身兼多职，容易出现部门之间推诿扯皮的现象，监督约束力不强，从而极易造成残次、毁损、滞销积压存货的形成。再加上部分中央企业负责人为追求企业发展规模和扩展市场地位，盲目加大预投产规模，企业资金集聚、流通与自身发展不同步，导致存货增长幅度较大；另外，大部分中央企业创新投入较大，一方面是国资委指标考核的原因推动；另一方面是自身发展需要技术储备。此外，军品元器件和部分原材料因尚未实现集中采购，难以形成价格优势和规模优势，存货采购成本较高。

8.2 案例公司简介、集团公司"两金"管控要求

8.2.1 案例公司简介

中国航空工业集团有限公司（The Aviation Industry Corporation of China, Ltd.），于 2008 年 11 月 6 日由原中国航空工业第一集团公司和第二集团公司重组整合而成立，2017 年 12 月由全民所有制企业整体改制为国有独资公司。中国航空工业集团公司（以下简称"航空工业集团"）是军民结合型工业集团，下辖 100 余家成员单位、24 家上市公司，设有航空武器装备、军用运输类飞机、直升机、机载系统、通用航空、航空研究、飞行试验、航空供应链与军贸、专用装备、汽车零部件、资产管理、金融以及工程建设等产业，主要经营范围涉及三大领域：军用航空、民用航空和非航空民品及现代服务业。

案例公司航空工业集团民品制造业 K 公司，经营领域即是非航空民品及现代服务业，K 公司是一家产品多元化的科技型企业，公司主要产品领域包括军用光电信息产品、软件嵌入式电子产品、军民两用特种设备、新能源领域的公交车充电桩等。作为军工企业集团的下属民品制造单位，K 公司虽然公司规模较小，但研发能力强，创新速度快。在生产经营中，K 公司结合自身特点，充分

利用其研发能力较强的优势，以快速的市场反应和较强的技术研发能力，根据市场需求变化及时调整企业的产品结构以适应市场竞争，以小众化产品取得市场的"技术利润"，竞争优势明显。但也正是由于 K 公司产品存在更新换代快的特点，比较容易形成"两金"占用：一方面，新旧产品的更新换代转换会让以前产品的多余原材料、半成品和产成品等形成积压存货；另一方面，由于退出一些产品市场领域会让一些客户认为以后合作空间不大，故意拖欠货款，从而造成公司应收款项难以回收。基于此，K 公司多年以来一直高度重视"两金"管理，其在实践中借鉴风险管理思想，初步形成基于风险内控管理体系下的"两金"管理模式。

8.2.2 中国航空工业集团有限公司整体发展战略

航空工业集团的整体发展战略是"一心、两融、三力、五化"："一心"指的是坚定航空报国初心，笃行航空强国使命；"两融"指的是实行军民融合、产业融合的新发展模式；"三力"指的是成为具有"领先创新力、先进文化力、卓越竞争力"的世界一流航空企业集团；"五化"指的是坚持"集约化经营、精准化管理、市场化改革、体系化发展、国际化共赢"的发展路径和原则。

航空工业集团在军民融合产业发展背景下，以明确的长期发展战略为引领，依靠军工企业通用技术优势，大力发展民品制造业，不断瞄准新的利润增长点，在服务国家经济建设的同时，集团公司资产规模连年增长，盈利能力在 2016 年、2017 年达到低点后，自 2018 年出现回升（见表 8-1）。

表 8-1　　　　　2010~2019 年中国航空工业集团有限公司经营业绩

项目	2010 年	2011 年	2012 年	2013 年	2014 年	2015 年	2016 年	2017 年	2018 年	2019 年
资产（亿美元）	712	819	913	1 132	1 289	1 438	1 249	1 338	1 381	1 448
营业收入（亿美元）	310	408	474	565	623	603	553	593	655	659
净利润（亿美元）	7.04	9.30	10.20	7.46	7.60	8.82	4.64	3.63	6.95	5.78
净利率（%）	2.30	2.30	2.20	1.30	1.20	1.50	0.80	0.60	1.10	0.90

资料来源：根据世界财富 500 强信息整理，http://www.fortunechina.com/global500.

8.2.3 中国航空工业集团有限公司"两金"现状、"两金"管控和考核要求

8.2.3.1 中国航空工业集团有限公司的"两金"现状

航空工业集团下属企业的产品一般存在生产周期长、产品交付过程复杂、耗时长、储备物资金额大等特点，这些企业容易形成大额"两金"占用（任鸿翠和卜兴邦，2019），表 8-2 列示了 2018 年中航系统部分上市企业"两金"占用

情况。从"两金"资金占用规模来看,中航飞机"两金"占用金额最高,达到 294.4 亿元,中航电测"两金"占用金额最少,占用金额为 8.1 亿元;从"两金"占资产总额比例来看,中航飞机"两金"占用与资产总额比例最高,达到 61.47%,中航电测最低,只有 39.26%,8 家上市公司"两金"占资产总额平均比例为 50.75%。总体来看,航空工业集团"两金"规模较大,占资产总额的比重较高,加大集团公司"两金"管控,对于提高资金使用效率、提升资产盈利能力具有重要现实意义。

表 8-2　　　　　2018 年中航系统部分上市企业"两金"占用分析

公司名称	应收账款	长期应收	其他应收	预付账款	存货	合计	资产总额（万元）	"两金"占资产总额比例（%）
中航光电 002179	367 600	—	4 500	4 800	196 500	573 400	1 328 600	43.16
中航飞机 000768	1 145 900	20 100	5 600	411 900	1 360 500	2 944 000	4 789 700	61.47
中航沈飞 600760	237 600	—	1 200	48 600	977 100	1 264 500	2 843 900	44.46
中航电子 600372	654 600	—	31 900	25 000	372 500	1 084 000	2 165 100	50.07
中航重机 600765	316 200	500	2 300	13 900	322 300	655 200	1 207 000	54.28
中航机电 002013	677 700	300	16 500	19 900	414 800	1 129 200	2 667 100	42.34
中航电测 300114	45 800	—	1 000	1 600	32 600	81 000	206 300	39.26
贵航股份 600523	77 300	12 400	—	2 300	48 600	147 600	318 100	46.40
合计	3 522 700	33 300	70 000	528 000	3 724 900	7 878 900	15 525 800	50.75

资料来源:根据各公司 2018 年年度报告计算整理。

8.2.3.2　中国航空工业集团有限公司的"两金"管控和考核要求

航空工业集团高度重视"两金"的管控效果,认为"两金"管控是企业自我综合治理能力的集中体现,集团公司要求下属单位对"两金"的管控,要综合考虑显性化和隐形化流程,显性化指的是"采购—生产—交付—收款"的链条,隐性化链条是一套产品生态链的平衡管控链条,开始于客户和产品设计,运行于供应链,终结于产品实物转化。

航空工业集团对下属各单位"两金"的考核指标包括"两金"规模指标和"两金"占营业收入比指标:"两金"规模是量化指标,指的是年末应收款项及存货的时点数据;"两金"占营业收入比指标,反映的是两金的过程管控,在一定程度上也是资本占用与产出的比率,是将"两金"规模数进行月平均后再除以年营业收入计算得到。集团公司"两金"考核指标直接反映企业资产的运行效率及质量。

8.3 K公司的"两金"管理理念和基于风险内控管理体系的"两金"管理方法

8.3.1 K公司的"两金"管理理念

随着国资委对中央企业"两金"管理的重视和工作部署,"两金"管理已经成为中央企业经营管理的重点内容,也是业财融合的难点所在。各中央企业纷纷开展"两金"压降工作,取得了很多经验:在压降存货方面,对长期未使用的原材料,采取先进先出法,让研发部门和生产部门优先使用;对于长期未销售的产成品,降价甚至亏本销售。在压降应收款项方面,为降低应收账款总量,对应收账款采取保理、法律催讨等方式(汪雅萍,2018)。但大多数中央企业的"两金"管理仅仅是处于被动完成上级布置任务的"事后处理"模式,存在一边处理"两金"一边增加"两金"的现象,"两金"规模和占比没有得到根本遏制(孙艳兵,2019),很多企业成立的"两金压控办公室"由于没有内控体系支撑,与企业业务流程两条线,一定程度上变成虚拟办公室,未能发挥应有的作用。

K公司"两金"占用金额较大,在"两金"管理中存在较多问题:很多小额应收款项因为催收费用效比太低,没有及时催收,造成一些金额较小的应收款项长期拖欠,积少成多;一些合同签订时存在漏洞条款,造成与客户的"合同纠纷",客户往往以"合同没有完全履行"为由拒绝付款;有些客户本来信誉不好或者客户经济状况恶化,确实存在因无力支付欠款等造成部分欠款不能回收;K公司应收款项中,有一部分足额收现可能性变小,具有风险应收款资产性质。存货方面,由于公司经营模式带来的产品更新换代快、经常转产的特点,致使公司积压了大量换代前的剩余存货,新换代产品制造不能使用,又没有及时处理,长期积压下来占用资金也颇为不少,形成风险存货。

"两金"占用过大会增加企业负担、加大企业经营风险,但"两金"总量也不是越低越好,在物价不稳定的情况下,适当地增加存货储备是抵御物价变动风险的有效方法;对于有些战略物资,适当储备也是必不可少,是预防企业供应链被竞争对手恶意挤压的重要保障;同样,为增加市场占有率对优质客户适当扩大赊销而增加的应收款项对企业发展也是利大于弊。因此,"两金"管理目的并不是一定压降多少"两金"总量,而是控制企业中有较大坏账风险的"两金"存量(以下简称"风险两金")。

为了能够根据自身生产经营特点量体裁衣,制定有效的压降"两金"管控模式,K公司在公司内部成立控制风险两金相关课题小组进行研究和实践。依据当前中央企业"两金"管控的现状,压降"两金"的有效方法之一是完善"两金"的内部控制。我国《管理会计应用指引第700号——风险管理》中提到,企业风险是指对企业的战略与经营目标实现产生影响的不确定性。风险管理，是指企业为实现风险管理目标，对企业风险进行有效识别、评估、预警和应对等管理活动的过程。压降企业"两金"，加大"两金"管理力度，核心在于及时识别风险两金的形成，建立预警机制。K 公司认为，为了有效遏制风险两金，从源头控制风险两金的形成，可采用基于风险内控管理体系的风险两金管理，即依托 K 公司业已形成并比较完善的风险内控体系，把风险两金管理融合进风险内控管理体系，充分利用风险内控管理体系的完整性、有效性、及时性，将风险两金的管控前移，让风险两金管理可以做到有效预警、提前预防、及时处理，争取把损失降低到最少，企业利益最大化，并实现企业风险两金管理常态化、制度化。

8.3.2 基于风险内控管理体系的"两金"管理方法

8.3.2.1 通过风险内控管理体系识别和发现风险"两金"的风险点并进行有效管控

企业风险"两金"的风险点一般主要集中在"高风险客户"和"高危合同"两个方面。

高风险客户主要是指没有能力履约或者由于管理失败无法履约以及信用很差的客户，高风险客户有可能是销货方，也有可能是供货方。高风险客户的高危表现有：所在行业急剧衰退；地区经济状况严重恶化；经营活动发生显著变化，开工不足，处于停产、半停产或经营停止状态；丧失主要产品系列特许经营权、分销权或供应来源；建设项目的工期延长或处于停缓状态；涉及重大不利诉讼；大宗资金被诈骗；管理层核心人员构成突然发生重大变化等。企业客户一旦成为高危客户，那么与这些企业相关的合同就存在履约风险，经营风险就会加大，相应的风险两金随之产生，并有极大可能形成坏账损失。

高危合同主要是企业签订的不规范、无法履行以及法律条款责任不明确的合同。高危合同的特点主要有：质量要求标准、价款和酬金条款、履行期限、履行方式、知识产权等核心要素不明确，以及在合同签订的时候没有"反欺诈"意识、人为陷入精心设置的陷阱等。企业签订的合同是否高危，不能只依据签订合同时的一次评估就一成不变，因为有些合同刚签订时可能风险并不大，但随着市场变化，客户可能会随之出现很大的经营风险，导致有些合同在签订时被判定为低风险，在合同执行过程中可能会变成高危合同。高危合同一旦不能被风险内控管理体系发现，就会给企业带来很大的经营风险，风险两金形成因之不可避免。

企业在日常工作中应重点加强对大客户、新客户、信用不好的老客户的信用管理，及时识别和重点关注高风险客户和高危合同，严控风险点，只有这样风险两金管理才能落到实处。

8.3.2.2 通过风险内控管理体系及时预警并进行有效的事前控制

企业通过风险内控管理体系对风险的有效预警和事前控制，为风险两金管理奠定了基础。

应收款项方面，一旦风险内控管理体系通过市场反馈或者新闻媒介等渠道发现有客户存在经营风险，企业就应迅速预警，启动相应的风险管理措施并采取行动，通过采取有效的催收方法，确保企业应收款项的安全。

存货方面，首先，物资部门要经常对库存物资进行风险监控，对于库龄超过2年的存货，必须引起足够重视，要请技术、质量和生产部门判别是否属于风险存货，对于未来1年内不准备使用的物资，要尽快处理，不要让这些可以及时处理的物资最终形成积压呆滞存货；其次，生产部门要对在制品进行风险监控，重点关注那些因风险预警而暂停生产的在制品，对于长期不能处理的在制品要采取退货或者在市场低价销售的方式及时予以处理；最后，物资采购部门要与企业风险控制"同频"，避免已经出现风险预警却还在按部就班进行采购的情况发生（任剑侠，2020）。

8.3.2.3 通过风险内控管理体系的事中管理，对风险两金全过程管控

风险两金的形成，往往意味着风险内控管理体系有"松动"现象。K公司在设计风险内控管理体系的时候，尽量明确职责，既要避免管控重叠也要防止管控遗漏，确保风险两金能得到有效控制。风险两金管理不仅仅是哪个环节、哪个部门的职责，而是经营过程的全过程控制、涉及全企业共同参与的管理。

应收款项方面，在进行合同签订风险评估时，重点要审查企业信用、偿债能力以及履约能力，特别是赊销时间长、金额大的合同应从严审核；对于已经开始执行的合同，只要没有收到全部货款，企业要不断追踪客户企业的偿债能力，对于有重要迹象显示客户经营出现严重困难的，要通过律师函办理相关取证，保证应收款项安全；对于暂时经营困难的客户，企业可以通过债务重组谈判、进行回款折让等方式，保证企业利益最大化。

存货方面，在采购货物的时候，基于风险内控管理体系，必须对供应商进行风险评估，确保供应商都是合格供应商；物资采购部门应谨慎使用经济订货量数学模型，在市场多变的情况下，采购人员尽量避免一次到位的采购模式，尽可能根据生产进度进行采购，确保不会形成积压物资；对于需要预投的生产，企业一定要重视预投风险，特别是金额大、客户存在一定风险的预投，必须进行风险评审，确保预投的生产不会形成呆滞商品；在发货给客户的时候，对于金额较大、不是长期优质客户的，一定要重新进行风险评估，以保证发出货物不会形成坏账；货物发出后，由营销部门接力持续关注客户风险，控制发出货物的风险。

8.3.2.4 通过风险内控管理体系的内控检查，促进企业风险两金管理不断升级

企业通常都会定期对其风险内控管理体系进行检查，检查的目的就是发现风险内控缺陷，认定判定缺陷性质，并采取相应的风险控制措施。一般而言，内部

缺陷按其影响程度分为重大缺陷、重要缺陷和一般缺陷。企业在进行风险内部检查时，要重点关注重大缺陷的形成原因以及责任划分。在实际工作中，可以进行责任倒查，倒查的目的是发现风险内控管理体系的盲点，以及相关部门执行人员对风险内控管理体系的工作责任心和工作规范性。

通过不间断地进行风险内控管理体系升级，促进企业内部控制高效运行，可以及时识别出企业投资、运营上的重大风险，客观上有助于风险两金管理水平不断提高。通过各种风险控制，给企业带来的利益不仅仅是降低了多少风险两金，而是从根本上保证企业管理体系科学运作，这是企业长期健康发展的根本保证。企业风险内控管理体系，如果在企业内有效运作，不仅会减少企业风险两金损失，也会让企业经营机制更加健全、更加健康，从而会给企业带来持续收益。

8.4　K公司基于风险内控管理体系的"两金"管理实践

为了有效压控"两金"，民品制造业K公司根据企业自身情况，制定了相应的管理方法。压降存货方面，对长期未使用的原材料，采取先进先出法，让研发部门和生产部门优先使用；对于长期未销售的产成品，降价甚至亏本销售。压降应收款项方面，为了降低应收账款总量，对应收款项采用保理、法律催讨等手段，都取得了较好成绩，保质保量完成了上级下达的"两金"压控任务。但K公司"两金"管理不足之处也很明显：只是被动完成上级布置的压降任务，明显处于"事后处理"状态，由于没有完善的预警机制，所以也存在一边处理"两金"，一边增加"两金"的现象，风险两金没有得到根本遏制。K公司的风险内控管理体系经过多年建设，体系已经比较完善，多年实践表明，风险内控管理体系能对公司经营风险进行有效控制。基于此，K公司根据自身经营特征，逐步在风险内控管理体系中嵌入"两金"管理，并把"两金"管理放在风险内控管理体系的重要位置上，结合公司的风险管理预警机制，力求从源头上控制风险两金的形成。

8.4.1　K公司基于风险内控管理体系的"两金"管理实践

《管理会计应用指引第700号——风险管理》中提出了企业进行风险管理的四个原则：一是融合性原则，企业风险管理应与企业的战略设定、经营管理与业务流程相结合；二是全面性原则，企业风险管理应覆盖企业所有的风险类型、业务流程、操作环节和管理层级与环节；三是重要性原则，企业应对风险进行评价，确定需要进行重点管理的风险，并有针对性地实施重点风险监测，及时识别、应对；四是平衡性原则，企业应权衡风险与回报、成本与收益之间的关系。K公司基于风险内控管理体系的"两金"管理实践，旨在管理风险两金，识别"两金"风险，践行了风险管理的融合性、全面性和重要性原则，公司的风险两金管理实践主要包括下述环节和内容。

8.4.1.1 明确风险两金管控部门分工和责任

根据"两金"管理特点，K公司将"两金"管理相关风险内控重点前移，并制定了各部门风险控制的分工，特别是聚焦营销合同和采购合同，尽量从源头上减少风险两金的形成。表8-3描述了K公司风险内控重点前移的风险管控分工，K公司对营销合同、采购合同以及生产领料环节的风险点管理控制职责进行了明确分工。

表8-3　　　　　　　K公司风险内控重点前移的风险管控分工

序号	风险类别	重点关注事项	涉及部门
1	营销合同风险	客户履约能力、信誉度以及企业性质	营销部门、合同管理部门、财务部门
2	采购合同风险	客户资质以及履约能力	物资供应部门、研发部门、财务部门
3	生产领料积压风险	生产标准用量和生产计划变动情况	工艺部门、生产部门、生产调度部门

资料来源：根据K公司风险管控制度整理。

8.4.1.2 明确风险两金管控的内控流程

K公司在实践中，把风险内控管理体系中涉及风险两金管理的部分进行管控前移，建立起预防风险两金形成的内控流程，并明确各相关部门的主要职责和工作重点，同时在"两金"管理工作中，形成相对成熟的风险内控管理重点前移的工作流程。预防风险两金形成的内控流程主要包括：合同签订前风险管控、合同执行中风险管控、合同执行中有风险预警的风险管控。

以合同签订前风险管控为例，图8-1描述了合同签订前预防风险两金形成的内控流程，K公司在召开风险两金形成风险内控分析会前，将需要风险评估的相关合同提前发给各部门负责人，各部门根据其风险评估的职责，进行各

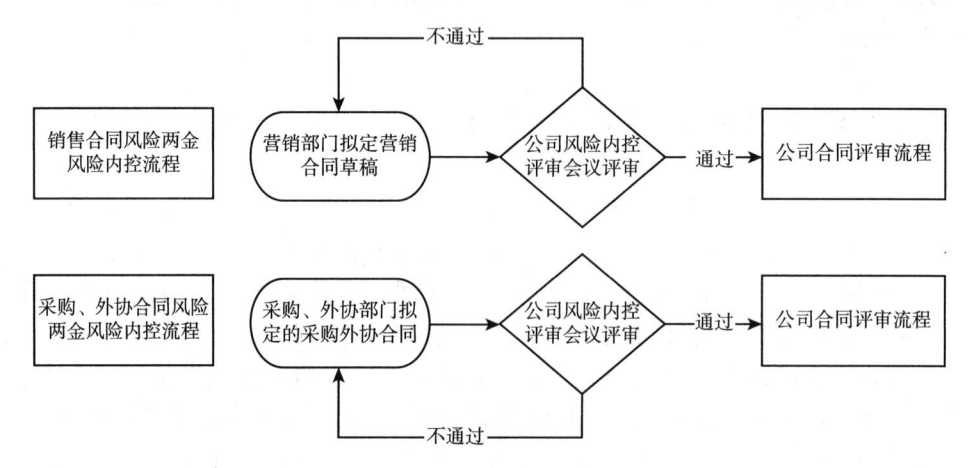

图8-1　K公司预防风险两金形成的内控流程

自风险评估,形成各自关注的风险点。在风险会审会议上,对各部门的分析结论进行综合讨论,确定相关合同的风险,同时根据风险大小来决定合同是否进入公司正常合同评审流程。在这个阶段的内控流程中,公司相关部门主要分工如下:营销部门及物资采购部门负责客户信誉审核,并提出信用等级意见;风险管控部门负责客户风险审核;质量部门负责审核公司质量是否满足客户需求,从而避免客户因公司产品质量和公司发生纠纷;财务部门负责付款风险,确保不因不能按时付款而造成供应商不及时发货等风险;合同管理部门认真审核合同条款,排除"风险条款"。

8.4.1.3 加强销售信用管理工作,分类管理不同信用等级的客户

K 公司依据信用划分标准将客户划分为 A、B、C、D 四级,不同信用等级的客户,授信程度不同,从而形成风险两金的源头控制。表 8-4 列示了 K 公司的信用划分标准,公司对 A 级客户,可以赊销,不用办理信用授权,直接办理合同签订业务;对 B 级客户,赊销金额在合同总额 85% 以下,不用办理信用授权,直接办理合同签订业务;对 C 级客户,一般要求赊销额度在合同金额的 70% 以下的,可以不用办理信用授权,直接办理合同签订业务;对 D 级客户,存在一定的信用风险,一般要求赊销额度在合同金额的 50% 以下。对于零散客户(单笔合同额 10 万元以下)原则上不进行授信,交易采取现款现货等方式进行;对于公司有合作关系,有欠款记录,且多次催要没有归还货款的单位,欠款不清情况下不予授信。

表 8-4　　　　　　　　　K 公司信用划分标准

客户级别	条件要求	划分依据
A 级	公司战略合作伙伴,年合同额 500 万元以上,无逾期欠款,无违约记录的单位	公司战略合作联盟客户,无违约风险;此类合作客户,信誉很好
B 级	①政府部门、部队和军工单位; ②年合同额 200 万元以上,与公司有 2 年以上合作关系,且没有恶意欠款的单位	此类合作客户,信誉较好,风险不大
C 级	公司有 1 年以上的合作关系,年合同额在 20 万~200 万元,有欠款但经过催要能及时归还的单位	此类合作客户,信誉一般,有一定风险
D 级	(1) 公司新客户(不含政府部门、部队和军工单位); (2) 年合同额在 20 万元以下的单位; (3) 公司有合作关系,有欠款记录,且多次催要,没有归还货款的单位	新客户在我单位没有信用记录,所以有一定风险;信誉不太好的客户,存在较大风险

资料来源:根据 K 公司信用划分标准整理。

8.4.1.4 合同签订、生产、交付、催收货款各环节全面贯穿应收款项风险管理

K公司风险内控管理体系,始终把应收款项风险管理作为工作重点,在合同签订、生产、交付、催收货款等各个环节全面贯穿风险管理。在合同签订和执行过程中,加强对应收款项风险管理,是降低风险两金的最有效途径,也是依托公司风险内控管理体系进行应收款项风险管控前移的最主要环节,应收款项风险管控不应是风险评估后就万事大吉,必须把风险两金管理贯穿合同签订和执行全过程。

(1) 合同签订人必须随时关注客户企业的经营情况,分析其是否存在停止经营的风险。

(2) 在货物发出后,要让对方客户签收《货物收到凭证》,在发票开具后客户要签收《发票签收函》并加盖公章,一旦有合同纠纷,或者企业违约,可以有法律保障。

(3) 每月召开一次应收款项分析会,各相关部门对各自应收款项的风险管控点进行评估并做出说明,对于超过3年以上的应收款项,各相关部门和个人要制定合理的催收计划。

此外,按照风险内控管理前移的风险两金管理办法要求,对应收款项风险管理一定要重视风险预警,这是风险内控管理前移的核心,不能等到风险发生后发才去实行应对措施,一旦有风险预警,就应及时通过法律手段解决,通过发律师函进行催要,严重违约的可以通过法律诉讼进行保全。

8.4.1.5 生产部门和采购部门时刻关注存货风险状态

K公司的存货管理制度,要求生产部门和采购部门时刻关注存货风险状态,要做到及早预警、及早应对。

首先,公司在风险两金存货方面的管理,主要是前期产品生产计划的风险评估,对于市场需求发生变化的产品生产计划,必须及时响应,及时采取必要的应对措施。公司每月召开一次经济活动分析会议,重点就是对接市场需求变化信息和公司生产计划。生产投入是否能够及时和市场接轨,是风险两金内控管理前移中对存货管理最直接有效的措施,只有风险管理前移,发现风险、排除风险,才会在物资采购、生产计划、客户产品交付发运中,及时排除可能形成风险两金的因素。

同时,对发现已经积压的存货物资要建立台账,在公司内部网络上公示,供研发、售后优先使用;发现存货周转期超过1年,并且近期有可能不再使用的物资,要及时联系供货厂家,折价返还;对于发给客户的商品,客户有可能违约的,可以通过律师进行资产保全或者与客户协商解决,确保发出的商品不会形成坏账。

8.4.1.6 通过风险内控管理体系对风险两金形成过程进行全覆盖管理

在 K 公司，基于风险内控管理体系对风险两金的管理，其核心就是通过风险内控管理体系对可能形成风险两金的各个环节和过程进行全覆盖管理，公司通过全过程管理做到各部门各环节权责清楚、目标明确。表 8-5 描述了 K 公司基于风险内控管理体系的风险两金管理的风险管控环节，对风险两金的管理贯穿于合同的部门内审阶段、合同的公司评审阶段和合同的执行过程，在不同的合同阶段，各相关部门按职责分工进行管控。

表 8-5　K 公司基于风险内控管理体系的风险两金管理风险管控环节

项目	合同在部门内审阶段的风险两金管理重点	合同在公司评审阶段的风险两金管理重点	合同执行中的风险两金管理重点		
			生产、采购阶段	发货交付阶段	货款回收阶段
风险应收款项预防管理	营销部门通过内部审核预防"高危合同"和"高风险客户"产生，早期管控风险应收款项的形成风险	公司各职能部门就销售合同的技术指标、质量要求、交货日期、货款回收条件进行评审，对销售合同各个条款进行风险分析，预防风险应收款项在合同签订时期已经"潜伏"	营销部门对客户及时进行风险追踪、判断，发现有较大风险发生应及时上报公司风控部门；风控部门一旦判定以前合同有重大风险，应通知相关部门采取相关应对措施	风控部门根据客户风险等级，判断是否按合同履约或者通过法律手段解除相关合同	对于有可能形成风险应收款项的客户，应根据客户不同情况采取不同方法催收款项，尽量减少应收款项坏账；对逾期应收款项，如果需要法律催收，各部门应准备具备法律效力的相关文件
风险存货预防管理	物资部门通过内审预防高风险采购合同签订，重视对积压物资风险管控，早期管控风险存货的形成风险	公司各职能部门对采购合同涉及的供应商信用、货物质量、交货日期以及其他合同条款进行风险分析，在合同评审阶段排除风险存货形成	如果客户有重大风险发生，物资采购和生产部门应根据风控部门意见及时调整生产采购进度，避免按原计划生产、采购而最终形成积压存货	根据风控部门意见，决定是否发货或者实际发货数量	物资部门配合风控部门，及时回收发出的货物

资料来源：根据 K 公司风险管控制度整理。

8.4.2　K 公司风险两金日常检查和考核

对风险的管理和控制，离不开绩效考核的引导和激励。我国《管理会计应用指引第 700 号——风险管理》指出，企业应根据风险管理职责设置风险管理考核指标，并纳入企业绩效管理，建立明确的、权责利相结合的奖惩制度，以保证风险管理活动的持续性和有效性。

K公司的绩效管理采用KPI工具，由企管部负责在各职能部门和业务部门业绩考核机制中，融入必要的内部控制考核因素，形成内控管理与效益增长平衡的业务绩效考核机制，根据各部门责任分工，通过KPI进行部门考核、打分，考核结果直接与部门工资奖金挂钩，切实做到"奖优罚劣"。公司对内部控制检查与评价中发现的重大违规事项被监管机构处罚、被确认存在重大舞弊行为导致单位利益受损，以及其他导致外部审计机构对内部控制有效性出具否定意见等重大缺陷，按规定追究相关单位及人员的责任。公司各部门相关人员因内部控制存在重大缺陷或者内部控制执行不到位给单位造成损失的，依照事件的性质、造成损失金额和影响大小，依据公司现行相关管理制度追究责任。

K公司重视对风险内控管理体系中相关风险内控重点前移的"两金"管理，也十分重视建立完整的绩效考核体系，并将风险两金管理和风险内控管理体系作为一个整体进行整体考评。原因在于：风险内控管理体系，由于嵌入风险两金管理的内容，只有将两者作为一个整体检查考评，才能确保相互促进，不断成长。K公司对风险两金的绩效考核，在明确考核责任部门的基础上，采用日常考核和定期考核相结合的方式。公司在对风险内控管理体系和风险两金检查总结以后，进行专门的风险两金管理总结大会，对存在的问题进行深入分析，并提出解决方案，必要时对相关制度进行修订，从而保证风险两金管理能力逐步提高，螺旋上升。

8.5　K公司基于风险内控管理体系的"两金"管理实践效果和启示

8.5.1　K公司基于风险内控管理体系的"两金"管理实践效果

K公司在实践中摸索和推行的基于风险内控管理体系的"两金"管理模式，产生了比较明显的"两金"管控效果。

8.5.1.1　风险应收款项管控效果

K公司对风险应收款项的管理，取得的管控效果主要包括以下三个方面。

（1）大额风险应收款项得到有效控制。公司开展基于风险内控管理体系下的"两金"管理后，通过加强对客户的信用调查、风险管控，避免"风险合同"产生，从根本上避免了大额风险应收款项的产生，风险应收款项没有增加。

（2）小金额风险应收款项及时得到清理。在坏账没有产生前，公司通过提前分析各个客户应收款项风险，对于超过合同规定回款期限的，由经办人督促回收,目前公司账龄1年以上的小额（10 000元以下）应收款项全部清理；对于账龄较长,金额较大,有可能产生风险的应收款项,由公司专门机构清欠办通过律师函、法院起诉等方式进行处理。

（3）遗留风险应收款项及时清欠。对于以前遗留的风险应收款项全额计提坏账准备,并责任到人,采用法律等手段进行催收。例如,南京某客户因为经营不善,应收款项长期不能收回,通过法院起诉,该公司正在进行"破产程序",在法院主导下,该公司分批将K公司货款80多万元全部清偿；还有很多客户当接到公司签发的律师函后,及时和公司沟通,偿付所欠货款,也有的客户在公司通过法院起诉后,主动申请"和解",偿付所欠货款。通过清欠,公司多年风险应收款项基本都得到有效处理。

8.5.1.2 风险存货管控效果

K公司对风险存货的管理,取得的管控效果主要包括以下三个方面。

（1）遗留风险存货全面清理。公司积极处理以前历史遗留的风险存货,经过2019年1年的处理,清理了库龄超过1年的物资150万元,通过压降积压存货,基本消除风险库存物资。

（2）从采购源头避免风险存货形成。公司的物资采购部门及时与公司生产计划和销售计划制定部门沟通,同步管理,力争做到采购、生产和销售的"同频",公司在推行存货内控重点前移后,风险物资基本得到有效控制。

（3）生产部门的生产投料管理。一方面,生产领料采用限额领料制度,多余物资及时退库,生产现场物资得到有效管理,避免风险物资库存形成；另一方面,谨慎生产预投,避免预投环节增加风险存货。对于预投生产,公司大力加强"预投生产"管理,及时监控预投进度,加大预投管理部门的风险管理力度,预投风险得到有效控制,有效避免了风险在产品的形成。

8.5.2 K公司基于风险内控管理体系的"两金"管理实践体会与启示

K公司在生产经营实践中注重"两金"管理,将风险管理理念引入"两金"管理流程,重点关注风险两金的全程管控,初步形成基于风险内控管理体系的"两金"管理模式,该公司在压控"两金"的实践中深刻认识到"两金"管理过程中以下观念的重要性。

（1）企业"两金"管理从某种意义上看是一把手工程,应当充分激发和调动相关部门和员工的积极性,把风险两金纳入部门考核重点。企业在把风险两金管理作为日常管理重要事项的同时,应加强配套体系建设,恰当运用绩效管理理念和方法,对部门的考核重点应关注风险两金,在有条件的情况下,可以把风险两金的压降目标作为部门考核的重要指标,适当加大考核权重以引起部门领导重视。

（2）通过风险内控管理体系，加强风险两金管理可以降低经营风险，增强企业的竞争能力。很多企业担心"两金"管理的内部流程过多，可能会影响企业经营效率，从而在竞争中失去市场，这样的想法是以偏概全，企业在日常管理中的"两金"风险监控不是企业发展的"绊脚石"，而是企业有效运营的保障。因为重大风险一旦出现，以前企业追求的高效率高效益很可能就会变成风险损失，得不偿失，只有加强风险两金管理，显著提高企业抗风险能力，才能推动让企业走得更远，发展更快。

（3）企业风险内控管理体系，给"两金"管理提供了良好的平台和基础，两者的有机融合，可以起到"一石二鸟"的作用，并且能够促进风险两金管理成为制度化、日常化的管理。

8.6　本章小结

中国航空工业集团公司旗下的民品制造业K公司，产生于军民融合产业发展背景之下，依托于军工企业的高科技研发能力，产品多元化，更新换代也比较快，应收款项和存货"两金"占用同样也比较高。在2014年以来国资委引导的中央企业增收节支、提质增效、大力压降"两金"占用的工作要求和企业可持续发展的双重驱动下，K公司在生产经营实践中初步探索出一套基于风险内控管理体系的"两金"管理模式，并取得了一定的效果。K公司在"两金"管理实践中取得的经验，去除其中央企业和军民融合产业的体制性特征，其形成的"风险两金"的风险管控前移理念，同样可为我国同类型科技型制造业公司所借鉴。我国企业大多存在存货与应收款项规模过大的问题，以我国2017年和2018年A股上市公司存货相关数据为例，据Choice数据统计，2017年1~6月有存货明细的3 219家上市公司，其存货金额合计为9.57万亿元，营业收入总额合计为14.85万亿元，存货金额占上市公司营业收入的比重达到64.4%；2018年3 477家上市公司存货数额达到11.53万亿元，其中，有81家上市公司年底存货余额为营业收入的100%以上，最高的甚至超过800%，这意味着即使这8家公司不生产，其消化存货的周期也需要1~8年。高额的存货资金占用，一定程度上损害了上市公司资产盈利能力，加大了流动性风险，降低了公司运营效率。改进"两金"管控，完善"两金"管理体系，不仅是中央企业面临的重要问题，也是大多数企业经营中需要重点管控的问题。

从整体上看，K公司"两金"管理模式存在进一步发展和完善的空间，要想完全形成"两金"压控长效机制，还需要在管控体系化上做文章，建立健全压控"两金"工作组织体系，强化"两金"管理与业务流程的风险管理融合性原则，加强业务前端管控，监督过程清理，做到"两金"管理覆盖企业各个业务流程、操作环节和管理层级。

2020年，中国航空工业集团公司提出，集团内各单位要建立"两金"压控长效机制，加强业务协同，加大财务业务基础建设，以计划为抓手，加强协同配套等，从而完成"两金"治理工作。在部署落实全公司"两金"压控专项工作的时候，航空工业飞机总会计师提出，推进"两金"体系治理需关注五个核心点：一是供应链；二是计划系统；三是数据治理；四是信息化基础；五是团队及保障。集团公司以"分级管理、细化指标、落实责任，实效改进"为主导思想，采取"全流程指标下达，全过程重点监控，全方位有效协同"的管控机制，通过业务与财务深度融合，分析"两金"管控模式重点和难点，通过责任清单形式，分解夯实"两金"清理任务，以进一步改善公司"两金"短板，保障公司"两金"管控指标全面完成。

以集团公司的战略布局为引领，以基于风险内控管理体系的"两金"管理模式为基础，以风险管理为主线，K公司的"两金"管理体系建设，在信息化推动下的企业财务共享、业财一体化时代，仍需砥砺前行，不断改进和完善。

参考文献

[1] 财政部.管理会计应用指引第700号——风险管理.

[2] 财政部.管理会计应用指引第600号——绩效管理.

[3] 牛振喜.各国军民融合的历程及我国军民融合的对策[J].科技进步与对策，2011(23).

[4] 中国航空工业集团有限公司官网，https://m.avic.com/.

[5] 孙艳兵.中央企业"两金"风险管理研究——以NZ公司为例[J].财会研究，2019(9).

[6] 任鸿翠，卜兴邦.航空制造业"两金"管理研究[J].航空财会，2019(2).

[7] 汪雅萍.A公司的"两金"风险及管理措施[J].财务与会计，2018(18).

[8] 任剑侠.关于加强企业"两金"管理的思考[J].天津经济，2020(3).

讨论与思考

1. K公司的盈利模式有何特点？这样的盈利模式为什么容易带来"两金"的高额占用？

2. 结合《管理会计应用指引第700号——风险管理》，讨论K公司的"两金"风险管理体系建设。

3. 为什么"两金"压控工作对于中央企业如此重要，K公司却没有尝试零存货模式？请深入讨论适时制生产的适用性。

第9章 华胜天成：股权激励计划的激励效应与盈余管理*

所有权与经营权的分离奠定了现代股份制公司发展的基础，也随之带来所有者与管理者之间的委托代理问题（Berle and Means，1932），管理层工作努力程度的难以观察性，以及管理层同股东之间利益目标函数的不一致性，决定了股份制公司代理问题的长期存在，管理层激励、补偿与评价问题成为现代管理会计的难题之一。自从詹森和梅克林（Jensen and Meckling，1976）提出以管理层持股的中长期激励机制解决公司委托代理问题以来，企业管理层持股这种激励约束机制长期以来受到国内外理论界和实务界的广泛关注。我国《管理会计应用指引第600号——绩效管理》中提出，激励管理是促进企业绩效提升的重要手段，绩效管理领域应用的管理会计工具方法之一即股权激励。我国上市公司股权激励实践起始于2005年12月证监会颁布的《上市公司股权激励管理办法（试行）》，并于2016年8月修订实行升级版《上市公司股权激励管理办法》（以下简称《管理办法》），该《管理办法》初步规范了上市公司的股权激励行为，与2005年《中华人民共和国公司法》的修订、股权分置改革及相关会计准则的颁布一起，为我国上市公司股权激励实践提供了良好的制度标准。据统计，2009年我国实施股权激励计划的A股上市公司仅有14家，占比0.83%；2017年则达到412家，占比上升至11.88%；2018年公告股权激励计划409个。与飞速增长的股权激励行为相悖，实施股权激励的上市公司业绩表现迥异：一部分上市公司业绩及市值在股权激励计划实施后迅速提升，实现了企业和管理层的双赢；但没有取得预期业绩的上市公司也是屡见不鲜，甚至有上市公司不得不终止实施股权激励计划。我国管理层股权激励实践，其实际激励效果似乎并不如理论预期一般为解决公司代理问题的一剂普适良方。

北京华胜天成科技股份有限公司（以下简称"华胜天成"）是一家IT服务业上市公司，自2009年12月公告首期股权激励计划，截至2017年已公告并实施三期股权激励计划，其中第一、第二期股权激励计划已实施完毕，第三期股权激励计划第一个解锁期已解锁。从华胜天成三期四个股权激励计划方案来看，其中相关业绩条款经过多次调整，为我们研究多期股权激励计划契约中业绩设置变化与激励效应提供了极佳视角。本章案例以华胜天成实施的三期股权激励计划为

---

* 本章案例主体部分曾发表于《财会通讯》2020年第12期。

切入点,细致分析和研究了管理层股权激励契约中业绩指标设置变化与股权激励效应之间的动态关系,从微观视角探索了股权激励契约条款变化的动态激励效应,为股权激励这个绩效管理领域的管理会计工具方法具体应用提供了又一素材。本章案例数据资料主要来源于北京华胜天成科技股份有限公司年度报告、股权激励计划以及临时公告等公开披露信息资料。

9.1 案例背景

9.1.1 行业背景

9.1.1.1 我国IT服务行业的界定

所谓IT服务,指的是满足用户IT需求的、贯穿于IT应用系统整个生命周期的服务产品与服务过程,是信息技术领域服务商为其用户提供的信息咨询、软件升级、硬件维修等全方位服务。中国IT服务公司大致可以分为三大类:系统集成类;IT咨询类;IT外包类。IT服务产品主要包括系统集成(包括硬件集成和软件集成)、通用解决方案、行业解决方案和IT综合服务。

我国的IT服务业萌芽于1980年中国计算机服务中心的成立,1982年中联集团在香港成立,并于1988年成为IBM中型计算机系统的业务伙伴,开始在中国开展系统集成业务。1998年,首届中国IT服务年会在北京召开,IT服务业出现供应商群体,价值链条开始形成。2007年,主题为"绩效评价推动服务标准化"的第10届中国IT服务年会在北京召开,标志着中国IT服务业从认识服务价值的产业导入阶段进入评价服务价值的成长调整阶段。2009年以来,我国一系列政策推动了IT服务市场呈现出良好的成长态势:2009年《电子信息产业调整和振兴规划》为产业发展明确了方向和发展目标,规划提出要提高软件产业自主创新能力,加快培育信息服务的新模式、新业态,软件和信息服务收入在电子信息产业中的比重从12%提高到15%。2011年《中华人民共和国国民经济和社会发展第十二个五年规划纲要》提出,大力发展新一代信息技术、生物等战略性新兴产业,加强云计算服务平台建设;加强市场监管、社会保障、医疗卫生等重要信息系统建设,完善地理、人口、法人、金融、税收、统计等基础信息资源体系,强化信息资源的整合,规范采集和发布,加强社会化综合开发利用。此外,《关于金融支持服务外包产业发展的若干意见》《软件和信息服务业"十二五"规划》等为中国IT服务市场的蓬勃发展提供了优良的政策环境。"十二五"时期成为我国IT服务业全面实施和转型升级的关键时期,新一代信息技术的发展从技术、商业模式、IT基础设施等多方面为IT服务业提供驱动力,云计算和物联网成为国家"十二五"规划战略部署之一,带动传统IT服务向云服务急速转型,推动中国IT服务市场步入"云时代"。表9-1列示了2013~2018年中国IT市场规模变化情况，当前 IT 服务产业已经成为中国 IT 产业的重要组成部分，并且呈现高速增长态势，显示了 IT 服务化的大趋势。

表 9-1　　　　　2013～2018 年中国 IT 服务市场、IT 硬件市场规模变动

项目		2013 年	2014 年	2015 年	2016 年	2017 年	2018 年
IT 服务市场	规模（亿元）	3 597	4 117	4 570	5 232	5 880	6 686
	环比增速（%）	—	14.46	11	14.49	12.38	13.71
IT 硬件市场	规模（亿元）	24 427	30 349	35 725	40 347	46 327	53 525
	环比增速（%）	—	24.24	17.71	12.94	14.82	15.54
IT 市场规模		28 024	34 466	40 295	45 579	52 207	60 211

资料来源：智研咨询《2020～2026 年中国 IT 服务行业市场运行态势及投资价值分析报告》。

中国的 IT 服务业自诞生以来，经历了"服务规范化""服务个性化""服务绩效化"阶段，逐步走向"服务标准化"阶段。以大数据、云计算、区块链、人工智能为代表的新兴技术在推动金融、政企、电信等行业领域的数字化转型过程中，IT 服务市场呈现出创新加速、迭代升级的态势，面向全业务流程的综合集成服务体系建设日益成为 IT 服务企业的核心竞争力，IT 服务正从单一企业竞争到以聚合生态系统的协同效应参与全产业链竞争、从交易型服务关系向业务合作伙伴关系转型，IT 服务生态系统共赢的商业模式正在形成。

9.1.1.2　IT 服务行业盈利模式特点

IT 服务行业的业务核心是"技术+服务"，其基于商业模式的盈利模式具有以下显著特征。

（1）IT 服务行业的市场需求变动受环境影响较大，宏观经济的景气程度（企业盈利状况是 IT 支出的基础），新技术、新概念的推出等均是激发市场需求的重要环境因素。

（2）IT 服务公司的竞争力主要取决于两个方面：一方面是市场能力和服务能力，由公司品牌、市场战略和员工人数推动，公司收入规模与市场能力和服务能力呈正比例增长关系；另一方面是成本控制能力，IT 服务公司最主要的成本是人工成本，所以降低员工流失率、提高员工利用率等对员工的管理水平是提升成本控制能力的核心。

整体来看，IT 服务公司的利润率一般都不高，国内行业先进水平也不过是 15% 左右，例如中国软件国际（00354.HK）2020 年净利率 6.72%、净资产收益率 12.54%。[①] 除非发生大规模并购，一般业绩爆发式增长较难。当前我国大部分 IT 服务公司规模较小，企业订单大多为非固定发展方向的小订单，很难形成固定的开发模式以降低成本，市场竞争力差、产品品种单一、低水平竞争、质量不高，追求短期利益的功利趋向明显，抗风险能力较弱。

---

① 资料来源：中国软件国际公司年度报告。

9.1.2 股权激励知识背景

9.1.2.1 管理控制系统与激励

作为管理控制系统中的关键因素，激励是为使企业员工通过努力和行动达到一些选择性目标的驱动因素。我国《管理会计应用指引第 600 号——绩效管理》指出，激励管理是指企业运用系统的工具方法，调动企业员工的积极性、主动性和创造性，激发企业员工工作动力的管理活动。管理控制系统最重要的目标之一就是激励员工为组织利益最大化而努力，所有的管理控制工具必须能够对员工行为产生积极影响，当管理者积极地使用这些工具来鼓励员工提高业绩，而不是把这些工具当作惩罚、责备或发现员工过失的消极武器时，这些工具将会非常有效；反之，如果消极地使用这些管理控制工具，并因之对员工构成威胁，会促使员工拒绝或破坏这种管理控制技术的使用。

霍恩格伦等（Horngren et al., 2013）认为，对待组织不同层级的员工，激励方式大为不同。每一个系统必须适应于具体的组织环节和具体的员工行为特征，这使系统设计者的任务变得更为复杂、更容易出错，系统设计者必须能够将员工个体的自身利益与组织的目标联系在一起。因此，系统设计者必须能够预测一个特殊系统的激励影响，即它会引起员工怎样的反应，并且还要注意它相对于另外一个系统的不同激励影响。

9.1.2.2 管理层激励的逻辑：激励补偿与激励标准

激励补偿报酬与激励标准之间的联系创造了管理者激励——加强管理层的努力以实现组织目标正式和非正式的基于业绩的报酬，报酬可以采用货币形式，也可以采用非货币形式，管理者报酬体系的选择是企业整个管理控制系统中不可或缺的一部分。管理层激励的主要目标就是使管理者的目标与股东目标尽量一致，以激励管理者做出最优决策。也即管理层激励的目标在于通过对管理层的激励约束机制，促使管理层利益与股东利益趋于一致，从而促使管理者充分发挥自身能力与创造性，提升企业长期价值。

一个科学合理的管理层激励报酬方案对提升企业竞争力具有重要的促进作用。亨格瑞等（Horngren et al., 2011）认为，将管理者报酬与管理业绩联系在一起看起来是很合理的激励标准，但是管理者为了实现公司绩效所付出的努力（管理业绩）通常难以直接计量。现代企业制度的基本特征是所有权与经营权的分离，经典委托-代理理论认为，代理问题产生的根源在于经理人员与股东之间的信息不对称，道德风险和逆向选择的存在致使股东需要采取对管理者监督和设置合理的激励补偿计划等方式来降低代理成本。激励补偿方案的目的是使委托人（所有者）和代理人（管理者）具有共同利益（卡普兰和阿特金森，1999），根据委托-代理理论，管理者的雇佣合同和薪酬契约会在以下三个因素中进行权衡：第一，激励，管理者的报酬越依赖于某项业绩指标，就越能激励管理者采取措施使该项指标的计量结构最大化；第二，风险，不可控因素对管理者报酬的影响越大，管理者所承担的风险越大，将报酬与管理者经营业绩挂钩激励管理者的行为，可能会产生副作用——使管理者承担风险；第三，业绩计量的成本，如果管理者的业绩可以精确计量，就不必在激励与风险之间进行权衡。

管理层激励的成功实施受到业绩标准设置、企业风险承担水平等内外部多种复杂影响因素的制约和限制，而且管理层激励究竟能否发挥其提升企业绩效的正向效应，很重要的一点在于激励契约中所体现的激励方案是否具有激励性。不科学的激励制度将会产生激励扭曲，不仅不会达到应有的业绩提升等激励效应，而且可能会造成企业运行效率低下、优秀人才流失等困境。能够恰当反映管理层激励补偿标准的业绩指标应该符合以下要求：能够反映管理者与组织目标相关的关键行动和作用；能够反映管理者和员工行为的影响；保持一贯并合乎规律，用来对管理者和员工进行评估和奖励；能够平衡长期和短期利益。对大多数组织来说，有效的业绩计量需要多重业绩指标，既包括财务的，也包括非财务的指标。委托代理理论认为，在经理—股东的代理关系中，股东财富变化是委托人目标的恰当衡量，但却不能完全衡量经理个人业绩。公司经理的最优补偿契约不应仅仅建立在股东财富变化上，还应当建立在任何对评估经理无法观测行为决策提供进一步信息的因素上。激励性薪酬补偿的潜在决定因素包括经理活动的直接衡量、公司业绩的会计指标，以及相对业绩衡量（Holmstrom，1979）。

9.1.2.3 管理层的长期激励计划工具

管理层长期激励计划的基本假设是公司普通股价值的增长，代表了公司的长期业绩，长期激励计划可采用股票期权、限制性股票、业绩股票、虚拟股票和股票增值权等多种方式，企业对其选择受到会计处理方法变化、证券市场状况、公司所得税法变化等多方面影响。

（1）股票期权，是指在未来某一特定日期（行权日）或在此日期之后，按照该期权预先确定的条件（价格）购买一定数量股票的权利。股票期权计划最主要的作用在于把管理层的工作直接与公司长期和短期业绩联系在一起。

（2）限制性股票，是指激励对象按照股权激励计划规定的条件，获得的转让等部分权利受到限制的本公司股票。限制性股票在一个确定的等待期内或在满足特定业绩指标之前，即解除限售前，出售股票受到持续服务期限或业绩条件等的限制。

（3）业绩股票，是指当实现特定的长期目标时，奖励给管理者一定数量的股票。这种激励工具的优点是一般不受股票价格的影响，奖励建立在管理人员能够控制，或者至少能够部分控制的会计业绩的基础上。

（4）虚拟股票，是指奖励给管理层一定数量的股票，但这些股票只是记在账上，在一定时期结束后，管理者会收到一定数额的奖励，奖励额为自奖励日起股票市价的增值额，这种奖励可能是现金形式，也可能是股票形式，还可能同时采取两种形式。

(5) 股票增值权，是指按照从奖励日到未来某一特定日期股票价值的增长，来收取一定现金报酬的权利。

虚拟股票和股权增值权的红利额为公司股票市价的函数，本质上是两种递延现金红利，与立即支付现金红利相比，其在最终的支付量上具有不确定性，可能有利，也可能无利。

9.1.2.4 管理层股权激励效应研究结论

实施管理层股权激励的目的是通过协同管理层利益和企业长期发展，从而促进企业持续价值创造，作为一种中长期激励约束机制，管理层股权激励对业绩提升的效应可能需要较长时间才能显现（Flammer and Bansal，2017）；另外，股权激励作为一种分享剩余权益的管理层薪酬契约，在各种激励条件给定的前提下，管理层具有最大化自身利益的动机和权力。故此，管理层股权激励结果可能具有长期性和两面性，英美等国家对管理层股权激励效应的研究结论可以归结为两种不同的假说：一是利益趋同假说，认为管理层股权激励作为一种公司治理的内在激励机制，对企业的影响主要表现在通过协同管理层和股东利益从而降低公司代理成本，管理层持股与公司业绩正相关（Jensen and Meckling，1976）；二是利益侵占假说，即管理者权力或管理者防御假说，认为管理层持股比例过高也会引发新的代理问题，过大的管理层权力会导致管理层控制董事会继而侵占其他股东利益，出现壕沟效应。因此，当管理层持股达到某一范围时，管理层持股比例与公司业绩负相关（Fama and Jensen，1983；Demsetz，1983；Bebchuk et al.，2002）。莫克等（Morck et al.，1988）的研究则发现了管理层持股与公司业绩之间的倒"U"形非单调线形相关关系：管理层持股比例小于5%时，呈现利益趋同效应；管理层持股比例处于5%~25%时，呈现壕沟效应；管理层持股比例大于25%后，利益趋同效应又出现了。

9.1.2.5 我国股权激励实践特点

我国上市公司股权激励实践，受限于《上市公司股权激励管理办法》等相关制度规范，与英美等西方国家传统股权激励机制不同，主要采取股票期权和限制性股票两种激励工具，实施的是基于业绩考核的股权激励，被激励对象只有在满足考核时间要求的同时达到各行权/解锁期的业绩条件才能分批行权/解锁，凸显了业绩指标对管理层业绩衡量的重要作用。在我国制度背景下，上市公司股权激励实践中具有决定性影响的股权激励契约要素之一，即是业绩考核指标和标准，以及行权期限设定。这一股权激励制度环境的优点在于，一定程度上强制性避免了经理人的无功受禄和福利性行为，引导管理层为获得股权激励收益而努力工作。但是，这样的制度环境也意味着被激励的管理者可能会出于满足行权/解锁条件而实施盈余管理活动，被激励对象具有盈余管理动机；与此同时，管理者权力的一个突出外在表现即是管理者有能力直接控制会计业绩指标的生成过程和结果，管理者具有盈余管理的机会。从我国上市公司股权激励实践来看，当前在上市公司与管理层之间已基本形成"报酬—绩效契约"关系，股权激励实施能够提升企业全要素生产率，管理层股权激励效果初显（周仁俊等，2010；杨竹清和陆松开，2018）。然而，我国上市公司股权激励方案除激励效应外，还存在福利和奖励效应，难以有效激励高管，对公司业绩的促进作用不明显，而薪酬管制背景下的国有企业股权激励计划还可能存在管理层自谋福利和寻租的情形（吕长江等，2009；林大庞和苏冬蔚，2011；辛宇等，2012；肖星和陈婵，2013）。

综观当前我国关于股权激励效应的实证研究，大多将股权激励方案作为一个整体考察，大样本研究结论固然排除了样本选择及个性差异的影响，然而没有考虑到激励方案中不同契约条款设置的影响，特别是业绩指标及标准设置的影响，忽略了微观个体在契约签订时会随着内外部因素的变化择机变更契约条款以达到各种目的的现实情境，从而忽略了契约背后不同要素的微观影响机制以及随情景而不断变化的契约条款的本质性影响。

9.2　案例公司简介、组织结构变革及股权激励计划

9.2.1　北京华胜天成科技股份有限公司简介

北京华胜天成科技股份有限公司（以下简称"华胜天成"），成立于1998年，2001年3月以2000年末净资产为基数，按照1∶1的折股比例整体改制为股份有限公司；2004年4月在上海证券交易所上市，股票代码600410；2006年入选福布斯（Forbes）亚洲2006年度中小企业200强；2008年启动"凌云计划"，开始全面向IT服务转型。该公司主要从事系统产品及系统集成、软件及软件开发、IT产品化服务等业务，是中国最早提出IT服务产品化的IT综合服务商，也是中国首家全面通过ISO9001、ISO20000、ISO27001三大国际质量管理体系认证的IT服务商。事实上，中国IT行业一直遵循技术吸收和学习应用的路线，IT服务企业大多是从系统集成起家的，最重要的资质是"计算机信息系统集成资质"，《计算机信息系统集成资质管理办法（试行）》规定，计算机信息系统集成是指"从事计算机应用系统工程和网络系统工程的总体策划、设计、开发、实施、服务和保障"，主要包括：工程实施；硬件平台整合；软件系统整合；应用软件平台转换；新增功能开发和调试。计算机信息系统集成资质共分为四级，截至2012年6月，我国具有一级资质的企业232家，在A股上市公司中具有一级资质的公司44家，华胜天成是其中之一。

华胜天成的公司战略定位于成为"一站式"行业云龙头，2010年发布云计算业务线品牌"天成云"，2017~2018年度，公司根据国家新一代信息技术产业发展战略和政策、产业发展形势、市场需求，结合公司产业基础，大力发展"一个核心+四朵云"的业务发展战略，围绕"连接+平台+智能"的主线布局全链核心技术和产品，在物联网、云计算、大数据、人工智能、区块链等领域布局，依托"自

主、安全、可控"的技术和产品，聚焦工业安监、物流、旅游、零售，深耕行业云应用，将"全链闭环"产品应用于行业，形成"四朵行业云"，目标助力行业实现自动化、数字化、智能化，成为传统产业数字化转型升级赋能者。

从传统 IT 架构支持到服务客户稳健运营，从提供基础软硬件服务，到自有和原厂的产品交付实施和培训，再到构建数据中心等多方面为云化做好准备，华胜天成将公司业务划分为主导产业板块和战略新兴产业板块：主导产业板块主要为信息系统和解决方案服务，战略新兴产业板块主要为云计算相关的全线云产品、云方案和云服务。公司目前已经拥有物联网芯片、云计算基础软硬件和云管平台、大数据实时分析等核心技术产品，面向全球客户提供领先的云计算解决方案和基于行业的数字化服务，致力于帮助客户成为数字化运营者公司。

华胜天成所属 IT 服务行业发展迅速，技术与产品更新换代快，产品生命周期较短，市场竞争激烈。从公司治理结构来看，该公司股权较为分散，社会公众持股比例较高，自上市以来一直保持在 70% 以上；截至 2017 年末，该公司实际控制人王维航个人直接持股比例 8.35%，间接持股比例 2.96%，合计持股比例 11.3%，并兼任公司董事长与总裁。

9.2.2 华胜天成的发展战略和组织管理优化

华胜天成 2007 年起树立"中国 IT 综合服务领导者"的企业愿景，2014 年确定了"产品产业化、服务实业化"的业务战略，在战略定位、综合服务、自主产品、社会责任等方面体系化建设取得了一定成效；2017 年提出"一个核心 + 四朵云"业务发展战略，为匹配公司战略目标，公司对云计算相关业务进行了整合和提升，形成智慧安监云、智慧物流云、智慧旅游云、智慧零售云"四朵行业云"，打造了新的业务增长点和利润点，体现了公司业务发展方向和发展重点。

2015 年开始，在战略重塑的基础上，公司积极推进组织管理优化与调整，推行阿米巴经营管理模式。通过精简考核政策，公司现有 60 余个阿米巴团队不断地进化、整合、裂变，有效提升了业务单元的市场拓展积极性，人员规模和费用得到有效控制。阿米巴模式成为公司成熟业务健康发展的有效组织形式，人均盈利能力提升效果明显。

知识链接：阿米巴管理模式。

阿米巴（Amoeba）在拉丁语中是单个原生体的意思，属原生动物变形虫科，虫体赤裸而柔软，因其身体可以向各个方向伸出伪足，使形体变化不定，故得名变形虫。变形虫最大的特性是能够随外界环境变化而变化，不断进行自我调整以适应所面临的生存环境，是地球上最古老、最具生命力和延续性的生物体。在阿米巴经营方式下，企业组织可以随着外部环境变化而不断"变形"调整到最佳状态，是一种能够及时适应市场变化的灵活组织。

阿米巴经营管理模式诞生于 1959 年日本的京瓷公司，其精细的部门独立核算管理使该公司保持了长时期的高收益。所谓阿米巴经营，即是把组织划分成小的单元,采取能够及时应对市场变化的部门核算管理,确立各个与市场有直接联系的部门核算制度。阿米巴经营管理以各个阿米巴的领导为核心,让其自行制订各自的计划,并依靠全体成员的智慧和努力来完成目标。通过这样一种做法,可以让第一线的每一位员工都能成为主角,主动参与经营,进而实现"全员参与经营"。阿米巴经营模式本质上是一种量化的赋权管理模式,把大企业化小经营,能够让企业保持大企业规模优势的同时,具备小企业的灵活性,"公司平台化、小组企业化"的经营方式使公司能够时刻掌握企业经营的实际状况,及时做出正确决策,降低企业经营风险。

9.2.3 华胜天成的股权激励计划

为建立健全公司长效激励机制,吸引和留住优秀人才,调动核心骨干的积极性,华胜天成在2009~2017年,共发布并实施股权激励计划三期,其中,首期于2009年12月发布,2010年6月修订,故股权激励计划方案三期四份,其具体信息如表9-2所示。

表9-2　　　　　　　华胜天成三期股权激励计划基本情况

激励要素		首期	首期(修订)	第二期	第三期
激励计划公告时间		2009年12月	2010年6月	2015年4月	2017年10月
激励方式		限制性股票	限制性股票	限制性股票	限制性股票
激励股票来源		回购	回购	定向增发	回购
激励强度(占已发行股本比例)(%)		5	5	0.78	0.65
激励范围(人)	高管	9	9	7	6
	核心技术(业务)人员	71	71	67	32
	合计	80	80	74	38
行权期(年)(禁售/解锁)		5 (1/4)	5 (1/4)	4 (1/3)	3 (1/2)
公司层面解锁业绩指标		(1) 净利润>0 (2) 加权平均净资产收益率	(1) 净利润增长率 (2) 净利润>0 (3) 加权平均净资产收益率	净利润增长率	营业收入增长率

资料来源:根据华胜天成各期股权激励计划整理。

华胜天成股权激励计划三期均以限制性股票为激励方式,激励强度三期总计不超过已发行股本的10%,并呈递减下降趋势;激励范围既包括高管,也包括核心技术(业务)人员,被激励人员范围逐期减少,自首期80人降至第三期的38人;行权有效期也由首期的5年逐期降至第三期的3年。华胜天成股权激励计划契约条款,在三期方案中变化明显,其中,公司层面解锁业绩指标条款变化尤为显著。

9.3 华胜天成三期股权激励计划的激励效应

9.3.1 股权激励计划的总体效应：华胜天成 2006~2017 年公司经营业绩趋势

图 9-1 描述了华胜天成 2007~2017 年经营业绩变化及趋势，2006~2017 年华胜天成资产规模由 2006 年的 16.9 亿元上升至 2017 年的 120.46 亿元，12 年连续增长 7 倍有余，然而与之相对应的是，同期营业收入规模仅从 2006 年的 17.2 亿元增至 2017 年的 54.3 亿元；净利润总额仅从 2006 年的 1.497 亿元增至 2017 年的 2.28 亿元，如果以扣除非经常性损益后的净利润来衡量，12 年间净利润甚至从 1.498 亿元跌至 0.999 亿元。资产的增加不能带来相应收益的增加，2006~2017 年华胜天成净资产收益率连年下滑，加权平均净资产收益率/扣除非经常损

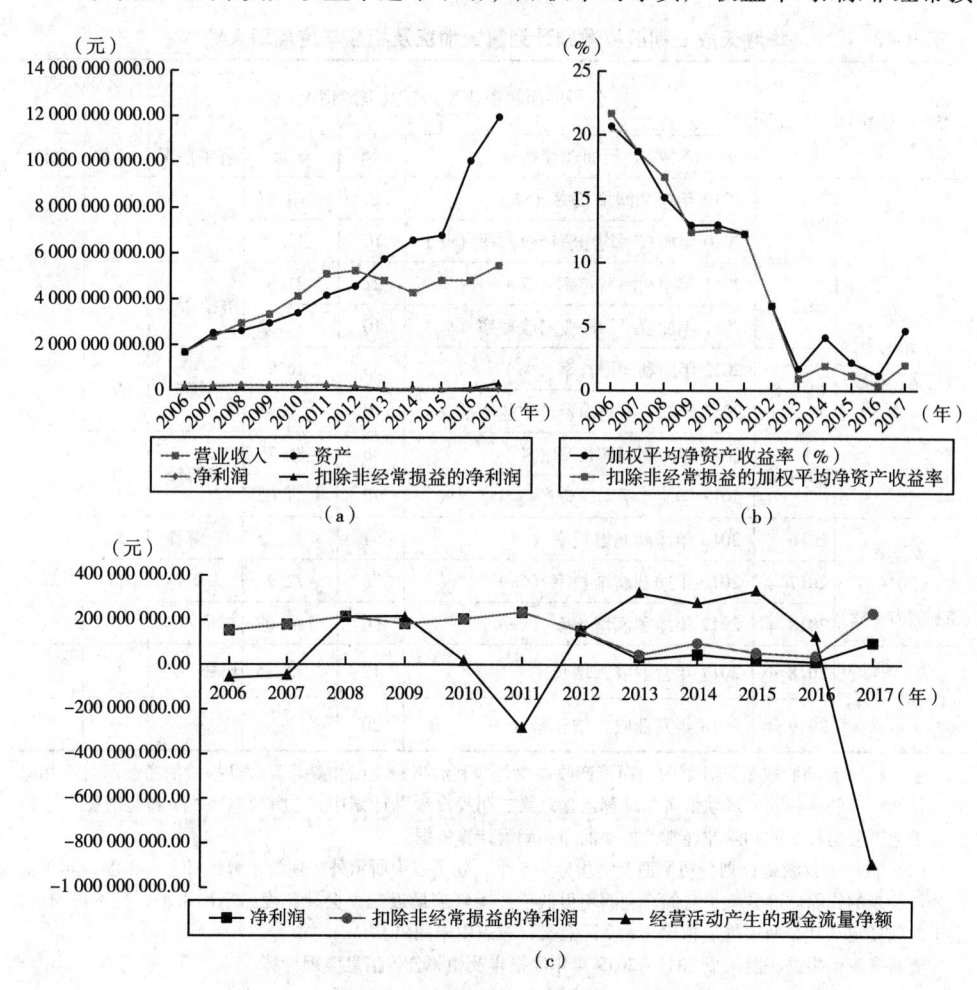

图 9-1 2006~2017 年华胜天成经营业绩变化及趋势

益的加权平均净资产收益率由2006年的20.84%/21.86%降至2017年的4.7%/2.06%，公司盈利情况不佳。

总体来看，华胜天成自2010年开始连续实施的三期股权激励计划，未能有效遏制2006年已初现端倪的公司业绩下滑趋势，未能有效提升股东价值。除此之外，虽然华胜天成净利润勉强保持年年为正，然而如图9-1所示，华胜天成净利润质量在2006~2017年的大多数年度均不高，仅在2008年度、2009年度、2012年度、2016年度净利润与经营活动产生的现金流量净额基本相符，其他年度应计利润与现金利润存在较大差异，公司盈余管理迹象明显。

9.3.2 2009~2017年华胜天成股权激励期间盈利状况以及相应限制性股票解锁情况

表9-3列示了华胜天成三期股权激励计划实施过程中的解锁情况及解锁年度离职人数。

表9-3 华胜天成三期股权激励计划解锁情况及相应年度离职人数

解锁期		公司层面解锁业绩指标及完成情况				离职人数（人）	
		公司层面业绩指标	标准	实际	解锁情况	年度	合计
首期（以2009年净利润为基数）	2011年	2010年净利润增长率（%）	10	10.04	解锁25%	3	21
		2010年加权平均净资产收益率（%）	10	12.68			
	2012年	2011年净利润增长率（%）	21	21.5	解锁25%	1	
		2011年加权平均净资产收益率（%）	10	12.52			
	2013年	2012年净利润增长率（%）	33	-16.9	未解锁	9	
		2012年加权平均净资产收益率（%）	10	6.65			
	2014年	2013年净利润增长率（%）	46	-86.78	未解锁	8	
		2013年加权平均净资产收益率（%）	10	1.02			
第二期（以2014年净利润为基数）	2016年	2015年净利润增长率（%）	61	-38.25	未解锁	10	27
	2017年	2016年净利润增长率（%）	78	-72.2	未解锁	17	
	2018年	2017年净利润增长率（%）	96	114.08	解锁40%	0	
第三期（以2016年营业收入为基数）	2018年	2017年营业收入增长率（%）	10	13.15	解锁50%	0	
	2019年	2018年营业收入增长率（%）	20	—	—	—	

注：(1) 首期股权激励计划中，净资产收益率与净利润指标均以扣除非经常性损益的净利润和不扣除非经常性损益的净利润二者孰低者为计算依据。第二期股权激励计划中，"净利润""净利润增长率"以归属于上市公司股东的扣除非经常性损益的净利润为计算依据。

(2) 首期股权激励计划公司层面业绩指标为3个，除了表中所示外，还要求解锁日上一年度归属于上市公司股东的扣除非经常性损益的净利润不得低于授予日前最近三个会计年度的平均水平，且不得为负，鉴于此项规定与其余两项规定相比，无实际意义，故表中未列出。

资料来源：根据华胜天成2011~2019年年度报告及相关公告信息整理计算。

结合图9-1和表9-3所示可知，华胜天成在2006~2009年公司净资产收益率大幅下跌的趋势下，2009~2011年首期股权激励计划前期，收益率下跌趋势放缓，甚至在2010年度出现小幅反弹，前两个解锁期达到业绩标准予以解锁。

2012~2014年首期股权激励计划后期，2012年度、2013年度的业绩大幅下降，未能达到解锁业绩条件，后两个解锁期合计50%的限制性股票未能解锁。

2015~2016年，公司净资产收益率/扣除非经常损益的净资产收益率持续下降至1.2%/0.44%，虽然第二期股权激励计划不再以净资产收益率作为解锁业绩指标，但是公司净利润持续下跌，第二期股权激励计划前两个解锁期合计60%的限制性股票未能解锁。

2017年，公司净资产收益率/扣除非经常损益的净资产收益率回升至4.7%/2.06%，净利润回升，第二期股权激励计划第三个解锁期解锁条件以及第三期股权激励计划第一个解锁期解锁条件满足，予以解锁。

9.3.3 华胜天成股权激励计划实施期间被激励对象离职情况

表9-4列示了华胜天成三期股权激励计划期间被激励对象人数及离职信息。华胜天成首期离职人数21人，占实际授予人数的29.58%；第二期离职人数为27人，占实际授予人数的43.55%。2010~2017年各年度具体离职信息如表9-4所示，离职人员大多集中在不能解锁的首期股权激励计划的第三、第四个解锁期，以及第二期股权激励计划的第一、第二个解锁期。

表9-4　华胜天成三期股权激励计划实际授予、实际授予及离职人数信息

项目	第一期 计划授予	第一期 实际授予	第一期 离职人数	第二期 计划授予	第二期 实际授予	第二期 离职人数	第三期 计划授予	第三期 实际授予	第三期 离职人数
激励对象（人数）	80	71	21	74	62	27	38	38	0

资料来源：根据华胜天成股权激励计划及相关公告整理。

9.3.4 华胜天成股权激励计划对代理成本、创新投入及风险承担的影响

若以管理费用近似替代公司代理成本，研发支出近似替代公司创新投入水平，如图9-2所示，华胜天成2010~2017年三期股权激励计划实施年间，代理成本逐年增加，研发投入有一定增长，总体负债率较高，风险承担未发现明显趋势。

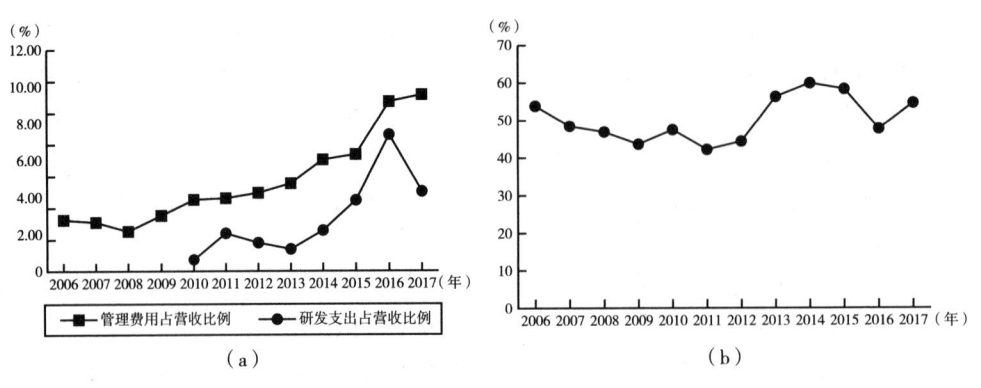

图 9-2　2006~2017 年华胜天成代理成本、创新投入变动趋势

9.4　华胜天成三期股权激励计划解锁业绩指标设置变化、盈余管理与激励效应

在信息不对称环境下，股权激励契约必然的不完全性形成了经理人实施盈余操纵行为的客观外在因素，公司管理层权力过大在弱化公司治理的同时加大了股权激励实施中经理人的机会主义行为倾向，股权激励计划的制定与实施过程，可能会同时成为经理人为使激励收益最大化而寻租的过程，经理人会通过盈余管理对公司业绩进行操纵，以满足股权激励契约中的业绩条款。从华胜天成公司治理结构来看，公司股权分散，董事长与总裁二职合一，管理层存在较大权力，而华胜天成三期股权激励计划实施期内并未能完全达到契约业绩条件全部解锁。仔细研读华胜天成 2006~2017 年盈利信息，结合华胜天成三期股权激励计划公告发布时间，可以发现，即使是达到规定解锁业绩条件的年份，也不能完全归之为管理者的工作业绩，解锁业绩指标设置与盈余管理之间的关联痕迹明显，华胜天成长期经营业绩没有任何实质上的好转迹象。

9.4.1　解锁业绩指标设置的变化与管理

表 9-5 列示了华胜天成三期四个股权激励计划方案中公司层面解锁业绩指标设定情况。

表 9-5　华胜天成三期股权激励计划之公司层面行权业绩指标比较

项目	公司层面行权业绩之规定
首期	（1）解锁日上一年度归属于上市公司股东的净利润及归属于上市公司股东的扣除非经常性损益的净利润均不得低于授予日前最近三个会计年度的平均水平，且不得为负； （2）解锁日上一年度扣除非经常性损益的加权平均净资产收益率不低于10%

续表

项目	公司层面行权业绩之规定
首期（修订）	(1) 以 2009 年净利润为固定基数，公司解锁日上一年度经审计的净利润较 2009 年度的净利润年复合增长率达到或超过 10%； (2) 解锁日上一年度归属于上市公司股东的扣除非经常性损益的净利润均不得低于授予日前最近三个会计年度的平均水平，且不得为负； (3) 解锁日上一年度扣除非经常性损益的加权平均净资产收益率不低于 10%
第二期	以 2014 年扣除非经常性损益的净利润（4 668.61 万元）为基数，2015 年/2016 年/2017 年净利润增长率分别不低于 61%/78%/96%
第三期	以 2016 年营业收入为基数，2017 年/2018 年营业收入增长率不低于 10%/20%

资料来源：根据华胜天成三期股权激励计划整理。

如表 9-5 所示，2009 年 12 月，华胜天成发布首期股权激励计划草案。该份股权激励计划是 2008 年证监会发布股权激励"新规"——股权激励有关事项备忘录 1 号、2 号之后的首个向股东回购股份再授予上市公司员工限制性股票的股权激励计划。从表 9-5 所示对解锁业绩之规定，以及图 9-1 所示的华胜天成 2006～2009 年净利润及净资产收益率信息来看，该份方案对公司未来 3 年业绩并无特定增长要求，解锁业绩条件偏向宽松，业绩标准要求较低。鉴于该份方案明显的奖励性质，华胜天成 2010 年修订了首期股权激励计划中的业绩标准，增加了对净利润增长率之规定，加强了业绩预期。

2015 年华胜天成发布第二期股权激励计划，简化解锁业绩标准为单一的净利润增长率，虽然同时规定以扣除非经常性损益的净利润为准，一定程度上避免了非持续经营业绩的影响，然而从实际净资产收益率变化来看，这样的规定未尝不带有福利性质：如图 9-1 所示，在 2011 年之后华胜天成净资产收益率不仅波动幅度较大，而且再不曾升至 5% 以上。

2017 年华胜天成发布第三期股权激励计划，解锁业绩指标变更为营业收入增长率，该指标固然将考核重心放在公司经营业务指标之上，反映了公司对经营状况及市场拓展的信心，然而，单一的营业收入增长率考核指标，缺乏综合性，无法全面考量成本费用控制之业绩，以及公司核心价值创造之战略目标。

从华胜天成三期四个股权激励计划方案公司层面解锁业绩条件变化来看，华胜天成股权激励之考核业绩指标经历了从以净利润业绩指标为核心到以营业收入增长业绩指标为核心的转变过程，其股权激励契约的考核业绩指标和标准逐期调低，在制定层面上不具有激励性，没有明确的激励目标和战略引导性，很明显易于成为管理者自我寻租的工具。

9.4.2 华胜天成股权激励计划公告发布前后的盈余管理

我国相关研究发现，在股权激励计划中设置了相对较低的业绩考核标准的同时，经理人为保证满足行权业绩，降低行权业绩达标难度，会倾向于运用管理权力通过真实活动盈余管理向下打压考核基期业绩（肖淑芳等，2013）。华胜天成股权激励计划中的考核业绩指标大幅低于历史水平，其在股权激励计划实施前后对经营业绩的管理，也大致符合打压基期、尽量做高行权期的基本态势。

9.4.2.1 对净利润指标以及相关股权激励解锁业绩指标的盈余管理

华胜天成首期和第二期股权激励计划考核业绩以净利润增长率为核心，净利润指标变化如图9-1所示，首期和第二期股权激励计划基期分别为2009年和2014年，2009年净利润/扣除非经常损益后的净利润为1.88亿元/1.80亿元，低于2008年的2.02亿元/2.24亿元，而2013年的0.42亿元/0.24亿元更是显著低于2012年净利润1.57亿元/1.55亿元，虽然2014年回升至0.95亿元/0.46亿元，但是明显低于2012年净利润水平，仅为2012年的60.7%/30.08%。华胜天成围绕净利润进行的向下和向上盈余管理明显。

与净利润指标管理趋势相对应，如图9-3所示，华胜天成各期股权激励计划解锁业绩指标变化如下。

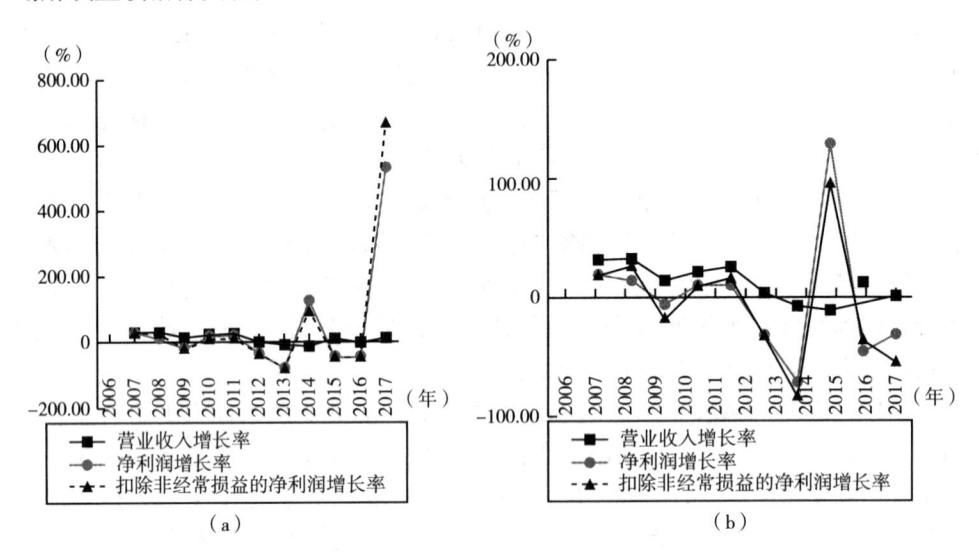

图9-3 2006~2017年华胜天成股权激励计划解锁业绩指标变动趋势

（1）首期计划以2009年为基期，2009年净利润增长率明显下滑，而2010年、2011年呈上升趋势，并满足考核业绩指标，成功解锁2次。

（2）第二期计划以2014年为考核基期，在2015年、2016年净利润增长率明显回升无望的情形下，打压2015年、2016年净利润增长水平，保证了2017年第三个解锁期的成功解锁。

（3）营业收入增长率变化不如净利润增长率波动明显，但在以营业收入增长率为考核业绩的第三期基期2016年，增长率显著下降，保证了2017年营业收入增长率的达标。

9.4.2.2 盈余管理方式——真实活动的盈余管理凸显

表 9-6 列示了 2006~2017 年华胜天成的部分会计指标，华胜天成 2011 年、2017 年经营活动产生的现金流量净额显著下降并出现较大负值，与净利润出现较大差异（见图 9-1）。结合表 9-6 所示同期应收账款规模变动，从盈余管理方式来看，华胜天成较多应用了销售操控方面的真实活动盈余管理，销售操控指的是通过缩短销售时间或者通过提供价格折扣和宽松的信用条件来增加销售额从而增加利润的行为。比较而言，除个别年度，华胜天成对资产减值准备等应计项目的操控并不显著。

表 9-6　　　　　　　2006~2017 年华胜天成部分会计指标数值

指标	2006年	2007年	2008年	2009年	2010年	2011年	2012年	2013年	2014年	2015年	2016年	2017年
应收款项占营收比重（%）	20.5	22.2	19.4	21.5	26.5	31.4	39.9	38.7	39.9	40.7	54.3	57.8
应收款项占营收比重环比增长率（%）	—	8.63	-12	10.72	23.1	18.6	27.3	-3.3	3.13	2.08	33.2	6.45
经营性应收项目增加额（万元）	14 000	17 800	11 200	-3 600	45 600	48 200	53 000	-15 500	-16 900	39 400	58 100	99 000
研发支出额（万元）				3 600	10 700	8 200	5 900	9 300	18 100	35 800	23 500
净利润（万元）	14 900	17 800	20 200	18 800	20 700	22 900	15 700	4 200	9 500	5 100	3 500	22 800
扣除非经常损益的净利润（万元）	14 900	17 800	22 300	18 000	20 100	22 900	15 500	2 400	4 600	2 800	1 200	9 900
研发支出占营收比重（%）					0.91	2.12	1.57	1.23	2.19	3.78	7.47	4.34
资产减值损失（万元）	1 200	1 700	2 900	1 700	100	2 200	500	3 100	2 300	4 500	7 300	6 700

注：应收款项包括应收账款和应收票据。
资料来源：根据华胜天成 2006~2017 年年度报告整理计算。

首先，在第一期和第二期股权激励计划的业绩考核基期，即 2009 年和 2014 年，华胜天成经营性应收项目增加额为负值，即期末余额小于期初余额；除此之外的年度，经营性应收项目期末余额均大于期初余额；结合图 9-1 可见，受经营性应计项目操纵影响，华胜天成 2010~2011 年经营活动产生的现金净流量持续下滑，并在 2011 年出现负值，与净利润出现较大背离；2015~2017 年经营活动产生的现金净流量继续下滑，并在 2017 年出现较大负值，与净利润出现较大背离。

其次,从应收款项余额占营业收入比重来看,华胜天成应收款项占比连年增加,尤其是在第一期计划考核年度2010年、2011年、2012年、2013年增长幅度均超过15%;第二期考核年度2015年、2016年、2017年平均增长幅度也超过10%。与此相对应,第一期和第二期业绩考核基期及其前期,即2008年、2009年和2013年、2014年,应收款项占营业收入比重及其增长幅度均明显较低。

2017年是华胜天成第二期第三个解锁期与第三期第一个解锁期相重叠的年度,相对于2016年,华胜天成经营性应收项目增加额显著增加,研发支出和资产减值损失均有不同程度下降,由此保证了2017年相对于2014年净利润增长率达标条件,以及2017年相对于2016年营业收入增长率达标条件的实现。

9.4.3 华胜天成股权激励计划激励效应小结

从以上对华胜天成2006～2017年经营及股权激励计划实施情况的解读,可以看到,华胜天成以销售操控真实活动的盈余管理方式为核心,综合运用多种盈余管理方式巧妙地自我激励,在三期股权激励计划实施期间总体盈利大幅下滑的趋势下,成功解锁部分限制性股票。然而,总体来看,华胜天成股权激励计划的实施并没有起到应有的激励效果:2010年实施股权激励计划后整体经营业绩没有出现明显起色,与此同时,应收款项占营业收入比重连年增加,至2017年应收款项余额占营业收入比重达到57.8%,华胜天成盈余质量堪忧;首期和第二期股权激励计划实施期间被激励对象离职率相当高,未能有效留住核心人才;代理成本不降反升,似乎意味着管理者与股东之间的代理问题更为突出了!华胜天成长达8年的多期股权激励计划实施期,似乎没有起到题中应有之义。

追本溯源,华胜天成股权激励契约条款呈越来越宽松之势,不仅行权期由首期的5年降至第三期的3年,至关重要的是考核业绩指标也越来越宽松,这些都导致股权激励契约无法对被激励对象形成实质性约束,缺乏明确战略导向引导的激励条款致使股权激励计划沦落成管理层谋求福利的寻租工具,不能实质性提升公司业绩,有效留住人才。

9.5 华胜天成股权激励工具应用的思考与启示:论股权激励考核业绩指标设置

解决股东与管理者代理问题的有效途径之一是管理层薪酬契约的有效制定(Holmstrom and Milgropm,1987),股权激励契约的重点在于契约条款设置是否具有激励和约束性,华胜天成实施的三期股权激励计划,其激励效应不尽如人意,深刻揭示了有效股权激励契约设计的重要性。有效的股权激励契约应以促使管理层人员同企业利益一致为基本导向，目的在于协同管理层行为与企业持续价值创造的同轨性，有效激励并约束管理者的行为符合企业长期可持续发展目标，最大化股东权益。我国上市公司实施的是业绩型股权激励，股权激励契约中的业绩条款设置，在中国特定制度背景下具有非同一般的意义，我国《管理会计应用指引第600号——绩效管理》也提出，绩效评价是企业实施激励管理的重要依据。华胜天成股权激励工具的应用过程中，业绩指标设置及标准的不当使用，在很大程度上可以揭示其激励效果的不尽如人意以及由此引致的盈余管理，从华胜天成案例中，可以深入思考我国制度背景下，上市公司股权激励实践中公司层面业绩指标设置应考虑的因素。

9.5.1 股权激励模式及其考核业绩指标的选定，应能体现企业生命周期特点、盈利状况及中长期战略目标，引领管理层朝着正确的战略经营方向努力工作

我国上市公司股权激励契约中的考核业绩指标，大多选用净利润增长率与净资产收益率（宋迪等，2018），华胜天成第一期与第二期股权激励契约条款也不例外。然而，企业所处的经营环境千差万别，采用的战略也各有不同，千篇一律的股权激励模式及类似的考核业绩指标选用，可能并不适用于所有企业。

（1）企业的经营发展会经历相对显著的生命周期过程，而企业组织、经营及战略在不同的生命周期阶段具有不同的特点，其公司治理问题也显著不同（Adizes，1979），股权激励不是每个生命周期阶段通用的"妙药良方"，其仅在成熟期激励效应明显（谷丰等，2018）。

（2）对于处在财务困境、需要扭亏为盈情境中的企业，股权激励模式并不必然是最佳激励模式，鄢波和杜勇（2018）研究发现，管理层股权激励显著降低了亏损公司价值，管理层持股对公司扭亏的激励作用并不显著。华胜天成会计业绩指标虽然并没有出现明显亏损，然而其2006~2017年经营状况显示，该企业盈利实质上处在亏损边缘，此时不断选用股权激励模式，效果必然不佳。

（3）股权激励模式及其考核业绩指标的选用，还应考虑到与企业战略的匹配性，公司战略激进度在一定程度上影响高管薪酬方式与业绩指标的选用：进攻型战略公司中的高管更加注重长期视角，薪酬可以股票、期权薪酬为主，而防御型战略多强调短期目标，公司业绩大多以总资产收益率等财务业绩为主（高梦捷，2018）。

（4）作为评价管理者努力工作效果的指标，股权激励考核指标的选用，应能体现揭示企业长期业绩增长与保持核心竞争能力的战略性价值驱动因素，引领管理者关注能够给企业带来长期竞争优势的核心因素，体现企业中长期战略目标。华胜天成第三期股权激励计划考核业绩指标从利润增长转向营业收入增长，虽稍显单薄，但在一定程度上体现了该公司当前经营中重点关注市场增长的战略目标。

9.5.2 考核业绩指标设置难度适宜

谢德仁和陈运森（2010）、班尼特等（Bennett et al.，2017）、高等（Gao et al.，2017）实证研究发现，股权激励契约中业绩考核指标设置难度越高，股权激励财富效应越显著；业绩条件越严，经营效率越高，越能够有效权衡激励作用和实施风险，提高激励契约的执行效果。然而华胜天成在未能达标解锁期离职人数飙升的现实同样传递这样一个信息：如果不管怎样都不能完成契约规定的业绩条件，那么同样也会挫伤被激励对象的信心。股权激励契约应是管理层跳一下能够摘到的果子，既应具有一定难度以激励管理层努力工作，不能太过简单而成为具有福利性质的管理层寻租工具；同时股权激励业绩条件也不能太过严苛，不符合现实情景。

9.5.3 考核业绩指标多样化，适当引入相对业绩指标、现金流量指标和非货币性指标

华胜天成股权激励的考核业绩指标，有着越来越简化单一的趋势，并且主要是基于应计制的收益指标，这可能是华胜天成股权激励方案实施效果不佳的重要原因之一。一方面，企业经营业绩受制于宏观政治经济金融产业政策等因素以及微观业务发展成本费用控制等多方面因素共同影响，单一的业绩考核指标，极有可能忽略企业经营的多方面影响因素；另一方面，基于应计制收益的业绩标准，不管是净利润、扣除非经常损益的净利润，还是营业收入，在管理者权限下，都有着相当大的盈余管理动机与操作空间，易于引发管理层寻租行为，诸如华胜天成这样基于真实活动的盈余管理，损伤了企业长期的经营根基。因此，考核业绩指标的设置，不宜使用单一指标，而应采用多元化业绩指标体系，全面衡量公司层面业绩。例如，为了滤除行业或市场范围内管理者无法控制的风险因素，可使用相对于市场和行业总业绩或行业内对标企业业绩来衡量管理者可控的经营绩效，事实上，IT服务行业整体利润率并不高，基于利润率的业绩考核对于华胜天成来说在一定程度上可能并不适宜；为了消除应计制的负面影响，基于现金流的现金收入增加额可能会辅助营业收入增长率提供更加有效的、拓展市场的潜在信息；2014年5月，我国《关于进一步促进资本市场健康的若干意见》明确提出"鼓励上市公司建立市值管理制度"，直接体现上市公司股东财富的市场化业绩指标，对于股权激励来说，当前可能更具市场可操作性；为了突出企业核心竞争力的培养，在货币性业绩指标之外，可以引入市场占有率、客户满意度等非货币性指标。

9.5.4 适当增加股权激励行权期限，多期股权激励方案滚动实施，适时调整激励契约条款

股权激励模式自诞生以来一直作为解决股东与管理层之间代理问题的中长期

激励机制而存在，国内外的实证研究结果也表明，股权激励效应对企业绩效的提升作用可能需要经过相当长的时间才能完全显现出来，激励有效期越长、业绩考核条件越严格、激励力度越大、激励相容的股权激励越能促进企业的长期动态增长，而激励不足、约束性不强的股权激励契约不仅只存在短期效应，而且在实施后期还会出现负效应（Flammer and Bansal，2017；陈文强，2018）。华胜天成首期股权激励在实施的第三、第四个解锁期出现业绩未能达标的现象，业绩不及格一直持续到第二期股权激励的第三个解锁期，在某种意义上印证了华胜天成股权激励契约自首期以来均存在激励性不强的本质特征，随着第二期和第三期股权激励计划行权期限的逐步缩短，华胜天成盈余管理迹象在2017年再创历史新高（见图9-1、图9-3和表9-6）。但是，该公司滚动实施的三期股权激励计划，无形中拉长整个股权激励期，相对柔和了股权激励方案总体激励性不强的矛盾。我国上市公司股权激励契约总体上存在激励短期化及福利化倾向，不利于长期股权激励效应的发挥，以2017年沪市上市公司公告的股权激励计划为例，其中，超过80%的股权激励契约采用了行权期4年（1年/3年）及以下的相对较短的期限，体现了对相关规范的最低合规性遵循倾向（李朝芳，2018）。适当增加股权激励契约行权期限，可以充分发挥股权激励的长期业绩提升激励作用机制，有效防范被激励对象的决策短期化行为和盈余管理动机；或者设置多期股权激励方案，连续滚动实施，不仅可以相对拉长股权激励期限，而且可以根据具体情境适时调整激励契约条款，充分发挥股权激励在企业不同历史时期的不同公司治理及持续业绩提升作用。从我国上市公司实践来看，2018年公告的409个股权激励计划中157个即是多期股权激励计划，动态调整股权激励契约合约、相对拉长股权激励期限逐渐得到企业的认同。

9.6 本章小结

作为企业绩效管理领域的重要管理会计工具方法之一，股权激励在调动企业员工的积极性、主动性和创造性，激发企业员工工作动力，促进企业绩效提升等方面具有重要作用，对于管理层的股权激励更是绑定管理层自身利益与企业整体利益，协调管理者自身工作目标与企业整体目标的重要管理控制手段。然而，管理控制工具使用得不当，不仅起不到激励员工的作用，反而可能会损害员工创造价值的积极性，损害企业长远利益。

华胜天成为激励核心员工，采用了国际流行的股权激励方式，然而从其应用效果来看并不理想，这固然很大程度上源自激励契约中业绩条款设置及由此引发的盈余管理问题，进一步思考，股权激励方式与组织结构变革的不匹配，可能是该公司存在的激励工具应用的另一大问题。我国《管理会计基本指引》中提到，单位应用管理会计的内部环境包括与管理会计建设和实施相关的价值创造模式、组织架构、管理模式、资源保障、信息系统等因素。华胜天成自2015年以来推行阿米巴式经营方式，旨在实现全员参与的经营管理模式，然而，华胜天成股权激励对象和激励范围仅涉及高管及部分核心人员，相对于2017年4 135人的在职员工，① 激励范围相对较小。IT服务业的竞争力来自"技术+服务"，华胜天成2017年4 135在职员工中，技术类员工达到3 058人，销售人员为485人，如何激励技术类员工发挥主观能动性，在新一代信息技术发展中，不断创新发展，应是华胜天成公司深入考虑的管理问题。

参考文献

［1］财政部. 管理会计基本指引.

［2］财政部. 管理会计应用指引第600号——绩效管理.

［3］北京华胜天成科技股份有限公司官网，http：//www.teamsun.com.cn/.

［4］北京华胜天成科技股份有限公司2006~2017年度报告.

［5］北京华胜天成科技股份有限公司首期股权激励计划.

［6］北京华胜天成科技股权有限公司首期股权激励计划（修订）.

［7］北京华胜天成科技股份有限公司第二期股权激励计划.

［8］北京华胜天成科技股份有限公司第三期股权激励计划.

［9］Adizes, I. Organizational passages-diagnosing and treating lifecycle problems of organizations ［J］. Organizational Dynamics, 1979, 8 (1): 3-25.

［10］Bebchuk, L. A., Jesse M. Fried and David I. Walker. Managerial power and rent extraction in the design of executive compensation ［J］. University of Chicago Law Review, 2002, 69: 751-846.

［11］Bennett, B., J. C. Bettis, R. Gopalan, and T. Milbourn. Compensation goals and firm performance ［J］. Journal of Financial Economics, 2017, 124 (2): 307-330.

［12］Berle, A. and Means, G.. The modern corporation and private property ［M］. New York: Commerce Clearing House, 1932.

［13］Demsetz, H., The structure of ownership and the theory of the firm ［J］. The Journal of Law & Economics, 1983, 26 (2): 375-390.

［14］Fama, E. F. and M. C. Jensen. Separation of ownership and control ［J］. Journal of Law & Economics, 1983, 26 (2): 301-325.

［15］Flammer, C., and P. Bansal. Does a long-term orientation create value? evidence from a regression discontinuity ［J］. Strategic Management Journal, 2017, 38 (9): 1827-1847.

［16］Gao, Z., Y. Hwang, and W. T. Wu. Contractual features of CEO performance-vested equity compensation ［J］. Journal of Contemporary Accounting & Economics, 2017, 13 (3): 282-303.

［17］Holmstrom B., Milgrom P.. Aggregation and linearity in the provision of intertemporal incentives ［J］. Econometrica: Journal of the Econometric Society, 1987: 303-328.

---

① 资料来源：华胜天成2017年年度报告.

[18] Holmstrom Bengt. Moral hazard and observability [J]. Bell J. Ecom, 1979, 10 (spring): 74 – 91.

[19] Jensen, M. and W. Meckling. The theory of the firm: Managerial behavior, agency costs and ownership structure [J]. Journal of Financial Economics, 1976, 3 (4): 305 – 360.

[20] Morck R., Shleifer A., Vishny R. W.. Management ownership and market valuation: An empirical analysis [J]. Journal of Financial Economics, 1988, 20 (88): 293 – 315.

[21] 查尔斯·T. 亨格瑞, 加里·L. 森登, 威廉姆·O. 斯特尔顿, 等. 管理会计 (第十四版) [M]. 潘飞, 沈红波, 译. 北京: 北京大学出版社, 2011.

[22] 查尔斯·T. 霍恩格伦, 加里·L. 森德姆, 威廉·O. 斯特拉顿, 等. 管理会计 (第十五版) [M]. 赵伟, 王思研等, 译. 大连: 东北财经大学出版社, 2013.

[23] 陈文强. 股权激励、契约异质性与企业绩效的动态增长 [J]. 经济管理, 2018 (5): 175 – 192.

[24] 高梦捷. 公司战略、高管激励与财务困境 [J]. 财经问题研究, 2018 (3): 101 – 108.

[25] 谷丰, 张林, 张凤元. 生命周期、高管薪酬激励与企业创新投资——来自创业板上市公司的经验证据 [J]. 中南财经政法大学学报, 2018 (1): 141 – 156.

[26] 李朝芳. 混合所有制改革背景下的国有企业股权激励: 理论与实务 [J]. 财会月刊, 2018 (15): 65 – 71.

[27] 林大庞, 苏冬蔚. 股权激励与公司业绩——基于盈余管理视角的新研究 [J]. 金融研究, 2011 (9): 162 – 177.

[28] 罗伯特·S. 卡普兰, 安东尼·A. 阿特金森. 高级管理会计 [M]. 吕长江, 主译. 大连: 东北财经大学出版社, 1999.

[29] 吕长江, 郑慧莲, 严明珠. 上市公司股权激励制度设计: 是激励还是福利？ [J]. 管理世界, 2009 (9): 133 – 147.

[30] 宋迪, 戴璐, 杨超. 股权激励合约业绩目标设置与公司创新行为 [J]. 财务与会计, 2018 (8): 49 – 61.

[31] 肖淑芳, 刘颖, 刘洋. 股票期权实施中经理人盈余管理行为研究——行权业绩考核指标设置角度 [J]. 会计研究, 2013 (12): 40 – 46.

[32] 肖星, 陈婵. 激励水平, 约束机制与上市公司股权激励计划 [J]. 南开管理评论, 2013, 16 (1): 24 – 32.

[33] 谢德仁, 陈运森. 业绩型股权激励、行权业绩条件与股东财富增长 [J]. 金融研究, 2010 (12): 99 – 114.

[34] 辛宇, 吕长江. 激励, 福利还是奖励: 薪酬管制背景下国有企业股权激励的定位困境——基于泸州老窖的案例分析 [J]. 会计研究, 2012 (6): 67 – 75.

[35] 鄢波, 杜勇. 亏损公司高管薪酬激励: 现金还是持股 [J]. 金融评论, 2018 (2): 32 – 43.

[36] 杨竹清, 陆松开. 企业内部薪酬差距、股权激励与全要素生产率 [J]. 商业研究, 2018 (2): 65 – 72.

[37] 周仁俊, 杨战兵, 李礼. 管理层激励与企业经营业绩的相关性——国有与非国有控股上市公司的比较 [J]. 会计研究, 2010 (12): 69 – 75.

讨论与思考

1. 股票期权与限制性股票有何区别?这两种股权激励工具的风险承担有何不同?
2. IT服务行业的特征是什么?适合什么样的股权激励方式?
3. 华胜天成的股权激励方式是否匹配该公司的战略发展和组织结构变革?
4. 讨论华胜天成股权激励计划实施过程中的盈余管理。

第 10 章　美的集团：公司战略与组织结构下的股权激励模式选择[*]

2021 年 8 月，《财富》杂志公布了 2021 年世界 500 强排行榜，中国三大白色家电巨头美的、海尔智家、格力顺利入围榜单，排名分别为 288 位、405 位和 488 位。其中，美的集团、海尔智家较 2020 年分别上升了 19 位、30 位，格力电器则较 2020 年下滑 52 位。随着欧美与日本家电产业调整，中国家电企业在国际家电市场日趋活跃，全球化布局不断深入。改革开放 40 余年来，我国家电行业经历了从小到大、从弱到强的发展历程，当前的家电行业是中国少数几个拥有国际竞争力的行业之一，也是中国制造业的代表。

白色家电三大巨头之一的美的集团股份有限公司，自 1968 年初创以来，在随中国家电行业一起成长壮大的过程中，不断调整发展战略，进行组织结构改革，探索适合自己的经营管理之道，其在实践中初步形成的分层股权激励制度及适配业绩指标设置，激励效应明显，取得了令人瞩目的效果。激励、补偿与业绩评价，是现代管理会计工具方法中不可分割的一部分，卡普兰和阿特金森（1999）认为，如果想激励人们为实现组织目标而努力，就必须按他们达到的业绩水平给予奖励。从根本上讲，建立激励补偿系统的目的是使所有者利益与管理者利益相一致。我国《管理会计应用指引第 600 号——绩效管理》指出，绩效管理是指企业与所属单位（部门）、员工之间就绩效目标及如何实现绩效目标达成共识，并帮助和激励员工取得优异绩效，从而实现企业目标的管理过程。绩效管理的核心是绩效评价和激励管理，绩效管理领域应用的管理会计工具方法一般包括关键绩效指标法、经济增加值法、平衡计分卡、股权激励等。我国第 600 号应用指引提出了企业应用绩效管理的战略导向原则，明确指出"绩效管理应为企业实现战略目标服务，支持价值创造能力提升"。

美的集团股份有限公司在实践中初步形成的分层股权激励制度，以公司战略为导向，以自身组织结构特点为依据，将核心员工与企业利益绑在一起，有效解决了随着公司规模扩大带来的委托 - 代理问题，激励员工努力工作，共创价值。本章节描述了美的集团在公司战略引领下基于组织结构特征的股权激励制度改革之路，深入分析了分层股权激励制度的特点和激励效果。本章案例资料主要来源于美的集团公司年度报告、股权激励计划、临时公告等公开披露信息资料。

---

[*] 本章案例主体部分曾发表于《会计论坛》2020 年第 1 期。

10.1 案例背景

10.1.1 行业背景

21世纪以来,在经历了新千年价格大战、专利之困、并购浪潮等冲击后,随着2009年"家电下乡""地产大周期"以及"节能惠民""以旧换新"等各项补贴政策的推动,中国家电产业在新一轮行业黄金成长期中得到了长足的发展,涌现出多家优秀企业,除美的、海尔智家、格力三大品牌企业外,老板、方太、小天鹅等本土品牌在国内也是家喻户晓,家电产品也从款式古板、价格昂贵的国外品牌主导,变为款式新颖、价格实惠的本土自有品牌主导。2016年以来,家电产业的原材料价格持续上涨,中国家电企业盈利空间开始遭到一定程度的挤压,但是成长中的中国家电行业一直在增品种、提品质、创品牌等方面持续不断努力,产品技术和结构升级加速,即使受到原材料价格上涨等不利因素的冲击,行业平均利润率仍然维持在7%~8%,尤其是2018年以来,在全球经济波动、房地产销售下行、人口红利消失等多重因素影响下,我国家电行业依然实现了业绩稳定增长的大趋势。在相关政策措施的引导下,消费升级、产业升级成为家电行业发展的引擎,例如国家发展和改革委员会等十部门联合印发的《进一步优化供给推动消费平稳增长促进形成强大国内市场的实施方案(2019年)》,明确了2019年家电产品刺激消费政策,支持绿色、智能家电销售,促进家电产品更新换代和积极开展消费扶贫带动贫困地区产品销售。当前形势下,中国家电行业正在开启新一轮的技术革新,并呈现下述显著特征。

(1)业绩稳定,市场规模逐步增加,行业发展逐步迈入成长——成熟期。1978年,我国家电行业营业收入仅有4.2亿元,表10-1列示了我国2013~2020年家电行业营业收入情况,2017年我国家电行业营业收入超过1.5万亿元,实现利润总额超过1 100亿元,改革开放40余年来,家电行业营业收入增长3 500倍有余,远超国内生产总值(GDP)增长速度。庞大的产业空间吸纳了众多参与者,各类家电品牌层出不穷,家电产品技术取得长足进步。2013年以来,我国家电行业营业收入规模增长速度变缓,当前普遍认为,我国家电行业已进入成长—成熟阶段,但家电行业产品品类众多,各自所处的产品生命周期又有所不同,转型、变革、调整成为当前每一个家电企业的必然之路。

表10-1 2013~2020年我国家电行业营业收入情况 单位:万亿元

项目	2013年	2014年	2015年	2016年	2017年	2018年	2019年	2020年
家电市场营业收入规模	1.28	1.41	1.41	1.27	1.51	1.49	1.53	1.48

资料来源:根据工信部统计数据整理。

（2）市场竞争激烈，竞争格局逐渐稳定，行业红利消失。在经历了无序竞争时代之后，我国家电行业生命周期开始进入成长—成熟阶段，而原材料成本上升以及能源紧缺等因素进一步促使家电行业进入微利时代，2010～2012年，我国家电行业产品平均毛利率仅有13.6%，远低于国际平均水平的28%。经营不善的小企业退出家电领域，全国性知名品牌脱颖而出，家电行业处于激烈的市场竞争态势下。然则与此同时，一方面，我国家电行业不仅是中国"城镇化提速"的最大受益者，还是当前中国居民"消费升级"的最大承载者；另一方面，中国家电企业在盈利能力、产品性价比方面都具有较强的国际竞争力，2016年海尔、美的等完成的几项重大收购案成为中国家电业发展史上重要的里程碑，近年来家电龙头企业的国际化发展战略，开创了中国家电企业的国际化新局面，为未来的全球产业整合发展奠定了基础。

（3）规模经济日益明显，市场集中度高。1993年，我国电子工业部提出实施"大公司战略"；2001年11月国务院发布的《关于"十五"期间进一步促进机电产品出口的意见》中明确指出，要加大对机电产品（包括家电产品）的支持力度；"十一五"规划中也提到，要提高生产集中度，扩大知名品牌市场占有率，增强优势企业扩张能力和市场竞争能力，引导增量投资向优势企业集中。在相关政策和家电行业市场竞争的推动下，本土家电企业积极开发新产品，经过家电行业的不断重组和整合，家电行业市场集中度迅速增加，在与跨国家电企业的竞争中不断发展壮大。截至2018年，全国家用电器工业信息中心数据显示：空调市场TOP3品牌的零售额市场份额为73.6%，TOP5品牌的零售额市场份额83.8%，TOP10品牌的零售额市场份额达到93.8%；冰箱市场TOP3品牌的零售额市场份额58.7%，TOP5品牌的零售额市场份额为78.4%，TOP10品牌的零售额市场份额由达到94.4%；洗衣机市场TOP3品牌的零售额市场份额64.5%，TOP5品牌的零售额市场份额为80.3%，TOP10品牌的零售额市场份额达到93.4%。家电行业市场集中度较高，规模经济效益日趋明显。

（4）行业进入壁垒逐步增高。规模经济下，我国家电行业生产集中度日益增加的另一面效应是，行业进入壁垒增高。家电行业发展进入微利时代的盈利模式意味着业务规模必须足够大才可以使企业盈利，再加上家电业建设经营初期需要的高额资本资产投入，以及技术性壁垒的存在，均使当前家电行业的进入壁垒较高。

知识链接：家用电器分类。

家用电器具体可以划分为白色家电、黑色家电、厨房电器、小家电。

白色家电，是指可以减轻人们的劳动强度或改善生活环境、提高物质生活水平的家用电器，包括洗衣机、空调等。

黑色家电，是指能够给人们带来娱乐、休闲的家用电器，包括电视机、音响等。

厨房电器，是指厨房大型电器，包括集成灶、抽油烟机等。

小家电，是指除了大功率输出的电器以外的家电，一般这些小家电都占用比较小的电力资源，或者机身体积也比较小，例如豆浆机、榨汁机、电磁炉、电热水壶等。

10.1.2 股权激励制度背景

10.1.2.1 我国股权激励制度

高管股权激励契约是激励机制，也是一种管理者薪酬契约，管理者薪酬激励历来是现代企业管理理论、公司治理和管理会计的核心问题之一。现代公司制企业所有权与经营权的分离导致管理者行为难以观测且观测成本高，股东一般通过建立基于公司业绩的激励机制对管理者实施约束和监督，以促使管理者行为符合股东利益最大化目标（Jensen and Meckling，1976；Engel et al.，2003）。在美国等西方国家，20世纪50年代便开始将股票期权用于管理层的薪酬契约之中，美国辉瑞制药公司于1952年推出全球第一个股票期权计划，西方国家股权激励在80年代之后迅速发展，股权激励在管理层薪酬中比重日益提高，成为管理层薪酬契约中最为重要的组成部分，并且近年来有从经理层向关键核心技术员工扩散的趋势。据统计，截至2012年，在《财富》杂志排名前1 000的美国公司中，90%以上的公司推行了股票期权。

我国上市公司股权激励制度推行得较晚，虽然在2006年之前我国上市公司在股权激励实践方面有着诸多尝试，然而由于股权分置以及原《中华人民共和国公司法》中禁止公司回购本公司股票等限制，制约了2006年之前我国股权激励实践的发展。2005~2006年，随着股权分置改革的完成、《上市公司股权激励管理办法〈试行〉》的颁布，以及《企业会计准则第11号——股份支付》《关于个人股票期权所得征收个人所得税问题的通知》等一系列法律法规的实行，一定程度上推动了我国上市公司股权激励实践的发展。截至2019年，规范我国上市公司股权激励的相关制度如表10-2所示。

表10-2　　　　　　　　我国股权激励制度汇总

适用范围	文件名称	发布机关	发布时间	修订时间
所有上市公司	上市公司股权激励管理办法（试行）	证监会	2005年	
	股权激励有关事项备忘录1号、2号、3号	证监会	2008年	
	上市公司股权激励管理办法	证监会	2016年	2018年
国有控股上市公司	国有控股上市公司（境外）实施股权激励试行办法	国资委	2006年	
	国有控股上市公司（境内）实施股权激励试行办法	国资委	2006年	
	中央企业负责人经营业绩考核暂行办法	国资委	2003年	2006年、2009年、2012年
	中央企业负责人经营业绩考核办法	国资委	2016年	2019年
	关于规范国有控股上市公司实施股权激励制度有关问题的通知	国资委	2008年	
	关于进一步做好中央企业控股上市公司股权激励工作有关事项的通知	国资委	2019年	

资料来源：根据我国相关文件分析整理。

10.1.2.2 我国上市公司股权激励实践现状

在我国相关股权激励制度的推动下，2006 年以来，采用股权激励的上市公司逐年增加，表 10-3 列示了我国沪深两市在 2011~2019 年公告股权激励计划的 A 股上市公司数量，2017 年、2018 年我国公告股权激励计划的上市公司数量大幅增长，2019 年有所回降。我国上市公司股权激励已然进入"常态化"时代，并且股权激励广度和深度相比于 2006 年都有大幅提高：股权激励广度（累计公告股权激励公司数/当年度上市公司总数×100%）从 2006 年度的 2.81% 上升到 2019 年度的 42.02%；股权激励深度（累计公告股权激励方案数/累计公告股权激励公司数）从 2006 年度的 1.00 上升到 2019 年度的 1.48。

表 10-3 2011~2019 年我国沪深两市公告股权激励计划的 A 股上市公司数量   单位：家

项目	2011 年	2012 年	2013 年	2014 年	2015 年	2016 年	2017 年	2018 年	2019 年
公司	111	100	126	119	146	125	405	409	337

资料来源：《中国企业家价值报告（2020）》。

我国相关股权激励制度规定，上市公司可以采用的股权激励工具为：股票期权和限制性股票。理论上，股票期权公允价值与股价波动率正相关，股票期权的激励方式可以改变高管的风险承担程度，减少高管由于偷懒和风险规避可能产生的创新和投资不足（Jensen，1994；Myers and Nicholas，1984），提高风险厌恶型高管的风险承受能力；并且股票期权实质上是看涨期权，其激励对象可以只享有行权获利的权利，不需要承担行权的义务。因此，股票期权可以激励高管根据股东价值最大化目标下的风险承担度进行生产经营和财务决策。限制性股票是公司先将一定数量的股票赠予或以较低价格授予激励对象，当实现预定业绩目标后，激励对象可将限制性股票抛售并从中获利，故限制性股票公允价值与股价正相关，具有风险规避（避免股价过度波动）的激励效应，且激励作用更加直接。

因此，股票期权可能更具风险激励效应，限制性股票则由于面临的不确定性较低、风险较小，可能更带有一些福利色彩。然而，股票期权激励的成功存在两个隐含假设：一是管理层受激励后增加的努力与企业业绩直接相关；二是企业业绩的上升能直接反映为股价上扬。叶陈刚等（2015）研究证实，我国限制性股票的风险规避效应显著强于股票期权，而股票期权的激励效应显著强于限制性股票。从实务上看，我国开始正式实施股权激励之初的 2006~2011 年，与理论预期相符，股票期权是我国上市公司的主要股权激励方式，约占公告公司总数的 73%；然而其后的 2012~2016 年限制性股票开始被大量采用，公告总数超过股票期权（徐经长等，2017）。我国上市公司股权激励方式的显著变化，即限制性股票的广泛采用，在一定程度上说明了我国上市公司高管激励的风险规避导向以及福利化倾向。

表 10-4 列示了我国沪市上市公司 2017 年度和 2019 年度上市公司公告的股

权激励计划中采用的股权激励方式，2019 年 A 股上市公司依然普遍倾向于采用限制性股票作为激励工具，但采用限制性股票的公司从 2017 年的 85% 下降到 59%，股票期权则由 2017 年的 9.8% 上升到 25.4%，这在一定程度上表明了不同的激励方式各有优缺点，使用偏好应视企业自身情况而定。

表 10-4　2017 年和 2019 年我国上海证券交易所主板上市公司股权激励方式采用情况对比

激励工具		股票期权		限制性股票		混合方式		合计	
		公司（家）	占比（%）	公司（家）	占比（%）	公司（家）	占比（%）	公司（家）	占比（%）
2017 年	国有	5	—	6	—	0	—	11	—
	非国有	7	—	98	—	6	—	111	—
	合计	12	9.8	104	85.2	6	4.9	122	100
2019 年	国有	13	—	22	—	0	—	35	—
	非国有	15	—	43	—	17	—	75	—
	合计	28	25.4	65	59.1	17	15.5	110	100

资料来源：根据上海证券交易所 2017 年和 2019 年公告的上市公司股权激励计划整理。

10.1.2.3　与股权激励相关的业绩指标设置

有效激励的前提是构建科学的业绩评价体系，业绩指标的选择和设计将直接影响高管的行为决策（Holmstrom，1979），从某种意义上看，管理者的经营业绩是一切激励与约束的前提条件。但管理者股权激励契约与公司业绩显著相关需要一个前提，即股东目标是公司业绩或股东财富最大化。证监会颁发的《上市公司股权激励管理办法（试行）》和股权激励有关事项备忘录 1 号、2 号、3 号，对上市公司股权激励进行规范，然而相关业绩考核并不明确具体，仅推荐性提出每股收益、ROE、净利润增长率以及市值和行业平均指标。直至 2016 年证监会发布的《上市公司股权激励管理办法》中首次明确上市公司股权激励之业绩考核体系，其第十一条规定：激励绩效考核指标应当包括公司业绩指标和激励对象个人绩效指标；上市公司可以公司历史业绩或同行业可比公司相关指标作为公司业绩指标对照依据，公司选取的业绩指标可以包括净资产收益率、每股收益、每股分红等能够反映股东回报和公司价值创造的综合性指标，以及净利润增长率、主营业务收入增长率等能够反映公司盈利能力和市场价值的成长性指标。以同行业可比公司相关指标作为对照依据的，选取的对照公司不少于 3 家；激励对象个人绩效指标由上市公司自行确定。

表 10-5 列示了上海证券交易所 2019 年公告的股权激励方案之业绩考核指标选用现状，2019 年沪市 118 家上市公司公告股权激励计划，其中，主板 A 股公司 110 家（国有控股公司 35 家，非国有公司 75 家），科创板 8 家。国有控股公司与非国有公司业绩指标选用倾向及组合方式具有显著差异。

表10-5　2019年上海证券交易所股权激励方案之业绩考核指标选用情况

	项目	净利润	营业收入	营业收入及净利润组合	净利润及ROE组合	营业收入及毛利组合	净利润及研发指标组合	其他	合计
主板A股	非国有控股公司	43	10	15	0	0	0	7	75
	国有控股公司*	0	0	0	25	0	2	8	35
科创板		0	3	2	0	2	1	0	8

注：*表示国有控股公司业绩考核指标一般为3个及以上组合，表中为便于比较，国有控股公司业绩考核指标组合中只要包含2个指标在内即视为同一类。

（1）75家非国有公司不仅倾向于选用净利润指标，而且其中53家选用单一考核指标，占非国有公司的70.67%；与此同时，35家国有控股公司中无1家选用单一考核指标，基本采用3个或3个以上业绩考核指标组合的方式。

（2）15家非国有公司采用的营业收入与净利润指标组合方式，无1家国有控股公司采用，国有控股公司倾向于选择包含净利润与ROE在内的指标组合方式。2016年具体化业绩考核的《上市公司股权激励管理办法》似乎并没有推进非国有上市公司股权激励实践中广泛采用多元化业绩指标组合。

10.1.3　理论背景

我国员工持股制度始于20世纪80年代的国企内部职工股权证，90年代末暂停员工持股计划的同时开始引入高管股权激励制度。2006年《上市公司股权激励管理办法（试行）》的实施在真正意义上开启了我国管理层股权激励实务，并得以在21世纪初迅速发展。2014年6月，证监会发布《关于上市公司实施员工持股计划试点的指导意见》等一系列政策法规重启员工持股计划。当前，我国同时实施管理层股权激励计划和员工持股计划的上市公司屡见不鲜，例如赛腾股份和迅游科技，员工股权激励制度已在一定程度上呈现出针对不同层次员工实施不同股权激励模式的分层股权激励思想。

10.1.3.1　契约理论：分层控制

企业是理性主体之间的一组显性或隐性契约，并因之将其股东、经理、职工等行为主体联结到特定的期望或行为模式中。企业要求每个行为主体向企业投入资本、技能和信息等禀赋资源，并且允许各行为主体从企业内获得各种资源作为回报。夏恩·桑德（Shyam Sunder, 2000）认为，各行为主体与企业之间的契约关系，以及履行契约的会计和控制机制，都被选定用来适应彼此要求，故而股东、管理人员、生产人员、销售人员和顾客等不同行为主体采取的契约形式不尽相同，其对企业组织的会计与控制的参与也相应有所不同。公司股权激励制度本质上是一种通过薪酬管理激励和约束不同层级员工的控制方式，具有层次性，可视为一种产权的制度性安排。作为一种社会契约，产权的制度性安排决定权利结构，而权利结构则影响社会资源配置和利益分配，最终决定利益相关者如何受益和受损（Demsetz，1967）。公司股权激励制度奠定了人力资本与财务资本一起分享公司剩余价值的制度基础，在一定程度上解决了不同资源投入者——异质性股东的目标耦合问题。

10.1.3.2 管理理论：分层管理

分层股权激励制度的理论基础可以回溯至管理学的分层次管理理论。根据马斯洛（Maslow，1954）的需求理论，不同层次员工的需求是不一样的，例如新员工及家庭经济负担过重的员工往往需要更多的现金开支；大多数主管的家庭责任则需要他们更加关心职业保障和社会保险；而中层管理人员的薪酬与福利激励一般出现边际递减效应，更关注职业发展和职业能力提升。赫茨伯格（Herzberg，1959）的双因素激励理论同样认为，满足各种需要所引起的激励深度和效果是不一样的，要调动人的积极性，不仅要注意物质利益和工作条件等外部因素，更重要的是要注意工作安排，量才录用，各得其所。从管理角度而言，虽然受管理目的和视野所限，不同管理者采用的管理技术、手段和方法没有绝对优劣之分，但存在客观上的层次性。唐建荣和傅国华（2017）认为，分层次管理的本质，在于管理者应能够精确识别管理对象的发展层次，并据此设计相应层次的管理手段和方法，针对不同层次的管理对象实施相应层次的有效管理，实现提高管理效率、减少管理方法层次与管理对象发展层次的不对称而导致的管理资源浪费等问题。

10.2 案例公司简介、公司治理模式及组织结构特征

10.2.1 美的集团概况

美的集团股份有限公司主要从事家用电器等家电行业生产经营，其主营业务呈现多元化特征，集团公司以行业领先的压缩机、电机、磁控管以及控制器等核心部件研发制造技术为支撑，结合强大的物流及服务能力，形成包括关键部件与整机研发、制造和销售为一体的完整产业链，是家电行业内生产经营覆盖全产业链、全产品线家电及暖通空调系统的企业，如今已形成智能家居事业群、机电事业群、暖通与楼宇事业部、机器人及自动化事业部、数字化创新业务五大板块为一体的全科技化科技集团，产品及服务远销200余个国家和地区。经过多年的发展，集团公司现拥有美的、小天鹅、东芝、华菱、库卡、COLMO、Clivet等诸多家电及暖通空调系统品牌组合，各主要产品品类均居行业龙头地位。全产业链生产经营模式给集团公司带来多方面的经营竞争优势：第一，能够提供全面且具竞争力的产品组合；第二，能在品牌效应、规模议价、用户需求挖掘及研发投入等

多方面实现内部协同效应;第三,形成规模经营优势。

美的集团前身为顺德区美托投资有限公司,由广东美的集团股份有限公司工会委员会和何享健等21名公司高管于2000年4月共同投资组建,① 初始注册资本为人民币10 368 660元,其中,工会委员会持股22.90%,何享健等21名公司高管持股77.10%。如前所述,家电行业市场竞争激烈,2010年以前,受家电内需政策推动及海外经济逐步复苏影响,行业呈现持续高速增长态势,但自2011年起,在行业政策、宏观调控等因素影响下,行业增速逐步放缓,整体面临结构调整、产业转型升级和发展方式转变压力。2012年,美的集团成功完成从公司创始人管理到职业经理人管理的交接,方洪波接任何享健成为董事长和总裁,但何享健拥有美的集团56.59%现金流权,对职业经理人具有约束和制衡权利。2013年9月,美的集团换股吸收合并广东美的电器股份有限公司实现整体上市,用于换股的发行股份数为686 323 389股,创始人何享健的分享理念体现在高管股权分布上:以董事长方洪波为首的七位核心高管合计持股16 000万股,持股比例16%,骨干持股公司宁波美晟拥有3%股份。上市以后,美的集团依据战略发展特点和组织结构特征,创新运用分层股权激励制度,不断完善公司治理结构,充分激发全体骨干员工潜能,搭建了技术骨干层、经营管理层以及核心管理层与全体股东利益一致的、短期和长期激励相结合的特色激励约束体系,成功实现职业经理人管理向合伙人管理的转型发展。

10.2.2 美的集团的公司治理模式特征

从公司治理结构来看,如图10-1所示,随着美的集团集权、分权体系的建设,现已形成一套以现代企业制度为基础的、股东大会与董事会和监事会三会齐全的职业经理人管理体制。

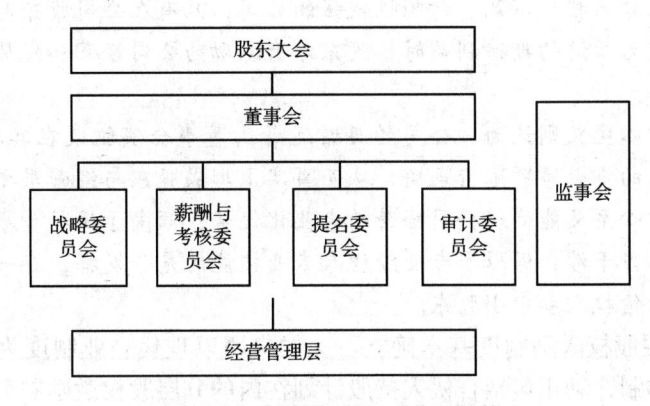

图10-1 美的集团公司治理结构

---

① 美的集团最早可以追溯到1968年何享健先生与23名顺德居民筹资5 000元开启的创业,1980年进入家电行业,开始制造风扇,1981年注册"美的"商标。

从公司治理特征来看，美的集团股权相对分散，高管持股比例较高，通过分层股权激励制度在控制权配置方面实现了对关键性资源使用权的重视，公司治理模式具有显著的"董事会中心主义"特征，其董事会控制机制特征主要如下。

（1）董事长与总裁两职合一。美的集团自上市以来，一直由方洪波兼任董事长和总裁两职。多数研究表明，两职兼任容易导致权力过度集中，一方面可能会使企业最高决策层在决策过程中具有短视性；另一方面可能会由于缺乏对最高管理层的制约导致决策随意化。然而，美的集团实际控制人是美的控股董事长何享健，董事长和总裁则由职业经理人方洪波兼任。这种安排不仅避免通常情况下两职兼任缺少职业经理人而带来的现代管理缺失，而且两职合一给予管理层更大的权力和信心，有利于管理层与董事会的沟通以及准确理解股东的需求和利益，有效发挥职业经理人的优势作用（Krause and Semadeni，2013）；同时，合伙人持股等股权激励计划的实施，一定程度上绑定了高管与企业利益，有效制约了高管的短视行为。我国相关研究也表明，由于部分高管短视性的存在，两职兼任更有利于发挥 CEO 激励机制对企业研发的驱动作用（夏芸和唐清泉，2008；王玉霞和孙治一，2019）。

知识链接：股东会中心主义和董事会中心主义。

主流研究将公司法人治理结构模式按权力配置模式的不同分为股东会中心主义和董事会中心主义，当前的主流研究大多认同：从公司治理的本质或核心问题着眼，应以公司治理的终极目标是股东权益最大化还是公司本身利益最大化界定股东中心或董事会中心。随着公司规模和股权分散程度的日益扩大，公司权力重心从股东会向董事会转移是公司发展的必然趋势。

股东会中心主义指的是将股东会作为公司治理机构的核心，该种模式认为，公司是股东投资的产物，因而公司的权力理所应当最终由股东会享有，认为股东会是公司的最高权力机关，该种模式以集中和稳定的股权结构为前提，适用于所有权与经营权分离程度不高、封闭性较强的公司，只有在公司股东对公司未来发展前景具有较为长远的期待利益时，股东才有激励为公司经营和发展投入精力和时间。

董事会中心主义则认为，公司的日常运营由董事会实施或在其指导下实施，股东只就公司的重大事项进行表决，从而事实上形成股东与经营层之间的权力分野。董事会中心主义能体现公司经营的专业化优势，倾向于保护董事经营权，防止股东对其不当干涉，保障了专业经理人专业技能的充分发挥，在一定程度上有利于保护公司债权人和中小股东。

（2）分层股权激励制度基本确立。美的集团以现代企业制度为基础的职业经理人管理体制，利用包括合伙人持股计划在内的分层股权激励制度，构建了股东与核心管理层、核心技术人员等多层次员工利益共享的长期激励与约束机制，不仅成功绑定了核心管理技术骨干员工与企业利益，而且有效降低了公司经营对管理层特定个人关键性资源的依赖，在抑制管理层机会主义行为、维护公司控制权稳定等方面发挥了重要作用。

10.2.3 美的集团的组织结构改革特征：直线职能制到事业部制的改革

美的集团是我国最早一批试行事业部制的企业，创业于1968年的美的集团，随着企业规模的发展和业务的不断多元化，其组织结构也经历了从直线职能制到事业部制的改革。

自1980年美的公司正式进入家电行业，到1997年，美的经营的产品主要是风扇和空调，产值不到30亿元，这一段时间美的公司的业务相对单一，企业经营规模较小，采用的是其时行业内通用的中央集中控制模式，沿用直线职能式组织结构，所有产品由总部统一生产、统一销售，总经理既抓生产又抓销售，这种组织结构对于发展初期的美的公司来说，由于部门简单、产品线单一，业务经营与组织结构是匹配的。

1997年前后，美的公司开启多元化经营战略转型，产品类型急剧增加，企业规模迅速扩大，短短几年间进军空调、电饭煲、饮水机等多个领域，市场份额迅速扩大，拥有五大类共1 000多种产品。此时，直线职能制下的单一产品制组织结构，意味着美的公司的生产和销售仍由总部统一管理，从而造成了产品生产和销售的脱节，体制性缺陷日益明显。

美的高层管理团队经过反复调研反复论证，决定把企业由大化小，进行事业部改造，开始全面组织变革。1997～1998年，美的公司成立五个事业部：空调事业部、压缩机事业部、家庭电器事业部、厨具事业部和电机事业部，各事业部拥有自己的产品和市场，独立经营、独立核算，既是受总部控制的利润中心，又是产品责任单位（市场责任单位），对"产、研、销"以及行政和人事具有统一领导职能，事业部内设市场、计划、服务、财务、经营管理五大模块，形成以市场为导向的组织架构。美的公司的事业部制改革当年即初见成效，空调产销量增长80%，风扇高居全球销量第一。其后4年的产值从30亿元上升到100亿元。

事业部制结构体现了层级制与市场机制的有机结合，既有分散的事业部独立经营，又有负责协调、监督、战略性决策的总部保证了必要的协调和控制。

2001年后，随着公司规模的继续扩大，产品线太长、品种过多致使美的公司又遇上了同样的发展危机。2002年，美的公司发起深化事业部的第二次改革，将产品类型相近的事业部集中到一起，设立二级管理平台处理事业部层面上的经营管理问题，以增加组织弹性，例如在空调事业部推行事业本部制，空调事业部下设三个本部。

从2012年8月起，随着美的集团公司多元化业务的不断增长，集团公司坚持"小集团大事业部"的治理理念，撤销二级集团，减少管理层级，优化流程，构建简单化敏捷型的高效组织。集团负责战略管理、经营管控、风险监控、整合协同，强化面向未来的增长战略；事业部定位为战略性经营单位，承担全价值链的完全经营责任，对相关产业经营的短、中、长期发展目标和竞争力培育负责。美的集团公司现有事业部11个：家用空调、厨房电器、洗衣机、冰箱、中央空调、生活电器、热水器、环境电器、部品（主要是电机和压缩机）、东芝（收购）、库卡与安川（收购）。并在此基础上形成智能家居事业群、机电事业群、暖通与楼宇事业部、机器人及自动化事业部、数字化创新业务五大板块为一体的全科技化科技集团。

10.3 美的集团分层股权激励制度及其激励效应

10.3.1 美的集团的分层股权激励制度

企业的发展和创新，归根到底是人才的竞争。美的集团创始人何享健秉承的人才理念是：宁可放弃100万元的利润，也不放弃一个对企业有用的人才。为了激励员工创造价值，与企业一起发展，2014年以来，美的集团陆续推出不同种类的股权激励计划，尝试根据不同对象的激励约束性、出资风险承受能力等特征构建分层股权激励方案并设置相应业绩考核指标，至2017年开始初步形成面向不同层级员工的分层股权激励制度。表10-6列示了美的集团的分层股权激励计划激励要素。

表10-6　　2014~2021年美的集团各期分层股权激励计划发布时间及激励对象概要

分层股权激励计划		激励方式	发布时间	激励人数（人）					有效（存续）期（年）	
				高管	事业部经理	中层	业务技术骨干	合计	锁定期	行权、解锁、归属期
股票期权激励计划	第一期	股票期权	2014年1月	2	0	0	691	693	1	4
	第二期		2015年4月	1	0	0	737	738	1	4
	第三期		2016年5月	0	0	0	931	931	1	4
	第四期		2017年3月	0	0	0	1 476	1 476	1	3
	第五期		2018年3月	0	0	0	1 341	1 341	2	4
	第六期		2019年4月	0	0	0	1 150	1 150	2	4
	第七期		2020年4月	0	0	0	1 425	1 425	1	3
	第八期		2021年4月	0	0	0	1 901	1 901	2	3
限制性股票激励计划	第一期	限制性股票	2017年3月	2	0	138	0	140	1	3
	第二期		2018年3月	3	0	341	0	344	2	4
	第三期		2019年4月	1	0	450	0	451	2	4
	第四期		2020年4月	1	0	519	0	520	1	3
	第五期		2021年4月	4	0	143	0	147	2	3

续表

分层股权激励计划		激励方式	发布时间	激励人数（人）					有效（存续）期（年）	
				高管	事业部经理	中层	业务技术骨干	合计	锁定期	行权、解锁、归属期
全球合伙人持股计划	第一期	业绩股票	2015年3月	8	23	0	0	31	1	5
	第一期（修订）		2016年3月	6	9	0	0	15	1	3
	第二期		2016年3月	6	9	0	0	15	1	3
	第三期		2017年3月	5	10	0	0	15	1	3
	第四期		2018年3月	7	13	0	0	20	1	3
	第五期		2019年4月	5	11	0	0	16	1	3
	第六期		2020年4月	6	11	0	0	17	1	3
	第七期		2021年4月	6	9	0	0	15	1	3
事业合伙人持股计划	第一期	业绩股票	2018年3月	2	48	0	0	50	1	3
	第二期		2019年4月	2	43	0	0	45	1	3
	第三期		2020年4月	5	41	0	0	46	1	3
	第四期		2021年4月	5	39	0	0	44	1	3

资料来源：根据美的集团各期股权激励计划整理。

如表10-6所示，美的集团自2017年开始股权激励计划分为三个层次，分别针对经营"一线"业务技术骨干、中层管理者和核心高管团队。

（1）股票期权激励计划。美的集团股票期权激励计划自2014年发布首期，截至2021年5月已发布8期。本着向经营"一线"倾斜、向产品与用户相关的业务骨干倾斜的原则，激励对象侧重于研发、制造、品质、用户与市场、供应链等业务骨干及相关中高层管理人员，与其他两种激励计划相比，激励对象人数较多，覆盖面较广。

（2）限制性股票激励计划。从出资能力上看，中层管理者一般高于一线业务与技术骨干人员，因而美的集团实施限制性股票激励计划的激励对象主要为集团中层管理者，即对经营单位和部门承担主要管理责任的管理人员及对公司经营业绩和未来发展有直接影响的其他管理人员，截至2021年5月共推出五期，股票来源为定向发行新股，资金由员工自筹。

（3）合伙人持股计划。设计合理的合伙人制度，有助于非财务资源控制权的契约化和法律化，不仅能够有效发挥管理层股权激励作用，而且有助于发挥控制权风险防御作用。2015年，美的集团开始推出合伙人持股计划，至2021年5月共推出七期全球合伙人持股计划，标志着美的集团合伙人时代的到来。鉴于公司核心管理团队是保障公司战略执行、业绩提升的决定性力量，参加对象为对公司整体业绩和中长期发展具有重要作用的核心管理人员，主要是公司总裁及总经理级别高管。2018年,随着美的集团合伙人制度的进一步升级,美的集团又推出事业合伙人持股计划。自此,美的集团合伙人持股计划分为两类:全球合伙人持股计划和事业合伙人持股计划。

美的集团合伙人持股计划本质为业绩股票,旨在通过分享公司业绩增长收益深度绑定高管,通过持股计划安排以及合伙人特质长期化激励效应,实现责任共担、价值共享。合伙人持股计划从公司利润中计提专项基金,由专业资产管理机构管理,从二级市场购买股票,最终根据公司考核结果分期发放给核心高管。

10.3.2 美的集团分层股权激励制度的激励效应

作为一种激励与约束的管理机制,长期股权激励效应主要表现在改善经营绩效、降低代理成本、促进创新以及降低离职率等方面,进而促使公司保持市场份额、长期稳定发展。2014~2017年,美的集团分层股权激励制度初步形成,其相应激励效应如下。

10.3.2.1 2013~2018年美的集团经营业绩及发展趋势

图10-2揭示了2013~2018年美的集团营业收入增长和净利润增长变动情况,与另外两家白色家电行业龙头格力电器和海尔电器相比,美的集团具有较好的抗风险能力和稳定发展能力:2015年美的集团净利润增长开始进入稳定期;在2015年家电行业整体遇冷的环境下,2015年美的集团营业收入增长下降幅度小于海尔和格力;在2017年经济回暖环境下,美的集团营业收入增长上升幅度又高于海尔和格力。图10-3列示了2013~2018年美的集团经营业绩,美的集团较好的抗风险能力和稳定发展能力引致美的集团经营业绩及盈利能力的良性发展:美的集团自2013年以来总体经营业绩发展趋势良好,资产总额、营业收入总额以及净利润总额均出现明显上升趋势,且净利润与经营活动产生的现金流量差额较小,利润质量较好。从美的集团与同行业格力电器及海尔电器的加权平均净资产收益率指标比较来看,美的集团总体保持了相对稳定的盈利能力。

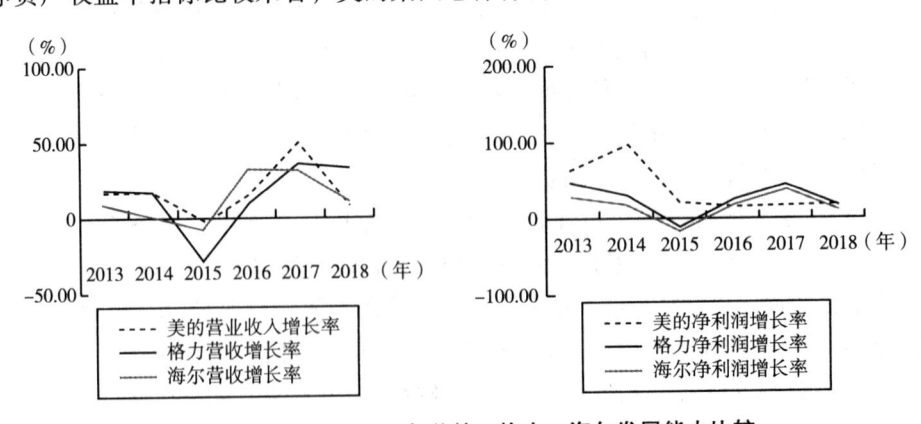

图10-2 2013~2018年美的、格力、海尔发展能力比较

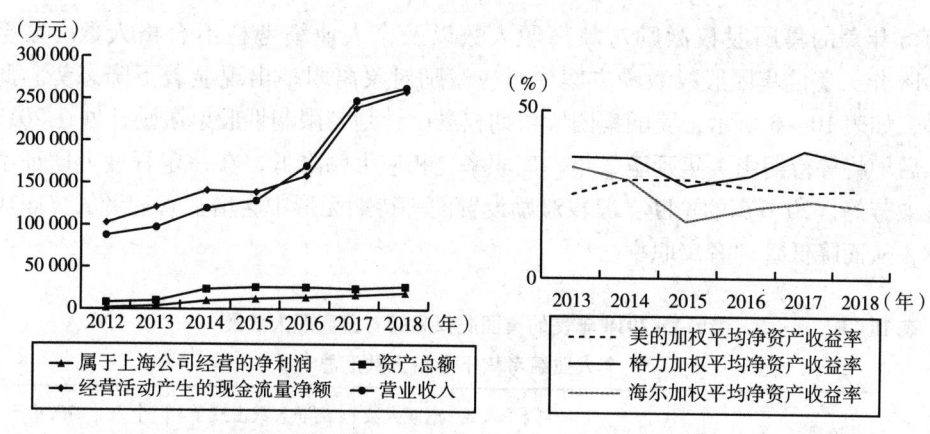

图 10-3　2013~2018 年美的集团经营业绩趋势

10.3.2.2　代理成本和创新激励效应

所有权与经营权分离带来的重要成本之一，即由于股东与管理者信息不对称而产生的代理成本，具体表现为管理费用等管理者可控和酌量费用的增加，故许多实证研究中多以管理费用占营业收入的比率来衡量代理成本的高低。表 10-7 列示了 2012~2018 年美的集团代理成本与创新激励效应，美的集团自 2014 年开始实施股权激励计划后，代理成本不降反升，而在 2017 年分层股权激励制度初步形成之后，管理费用率开始下降。

表 10-7　2012~2018 年美的集团代理成本与创新激励效应　　单位:%

项目	2012 年	2013 年	2014 年	2015 年	2016 年	2017 年	2018 年
管理费用率	5.78	5.57	5.29	5.38	6.05	3.98	3.69
研发投入占营收比重	—	—	3.2	3.8	3.8	3.52	3.78
研发投入环比增长率	—	—	—	16.17	14.88	40.23	15.72

资料来源：根据美的集团 2012~2018 年年度报告计算整理。

股权激励计划对企业创新的影响具有两面性：一方面，创新固有的高风险和长期性特征，使兼具容忍短期风险和注重长期激励的股权激励计划成为激励创新行为的理想方式；另一方面，股权激励使管理层薪酬与资本市场股价相互绑定，又可能引致管理层因规避风险而减少研发行为，进而可能抑制企业创新动力。从表 10-7 所示的 2012~2018 年研发投入占营业收入比重和研发投入环比增长率来看，美的集团研发投入连年上升，在 2017 年分层股份激励制度初步形成当期甚至比上一年增长 40.23%。其研发支出水平虽然一直在 5% 以下，但作为家电业的白色家电龙头，美的集团研发支出水平相对于海尔甚至是白色家电业近 5 年 2.95% 的均值不算太低。

10.3.2.3　美的集团离职率变化

股权激励的重要目的之一是吸引和保留企业核心人才，表 10-8 列示了 2014~

2018年美的集团股权激励对象离职人数以及个人业绩考核不合格人数。截至2018年，美的集团股权激励方案中对应激励对象离职率出现显著下降态势。此外，如表10-6所示，美的集团股票期权激励计划与限制性股票激励计划在2018年后均将等待期由1年延至2年，离职率也相应大幅降低，在一定程度上印证了肖淑芳等（2016）的论断：股权激励设置的等待期无形中会增加管理者的离职成本，从而降低管理者离职率。

表10-8　　　　　2014~2018年美的集团股权激励对象离职人数及
个人业绩考核不合格人数汇总

项目		时间	授予人数（人）	离职人数（人）	离职人数占授予人数比例（%）	个人业绩考核不合格人数（人）
股票期权激励计划	第一期	2014~2018年	693	175	25.25	17
	第二期	2015~2018年	738	184	24.93	12
	第三期	2016~2018年	931	81	8.70	14
	第四期	2017~2018年	1476	122	8.26	15
	第五期	2018年	1341	13	9.69	—
限制性股票激励计划	第一期	2017~2018年	195	20	10.25	18
	第二期	2018年	344	19	5.52	28
合伙人持股计划	第一期	2017~2018年	15	2	13.33	—
	第二期	2018年	15	2	13.33	—

资料来源：根据美的集团各期股权激励计划及相关临时公告整理。

10.3.2.4　主要产品市场份额的变化

表10-9列示了2018~2020年美的集团主要产品3年的市场份额及排名变化，美的集团在激烈的家电行业市场竞争中，其产品所占市场份额稳中有升，白色家电、小家电各种产品都具有较强的市场竞争力，多元化产品布局均衡发展，线上线下业务同步提升。

表10-9　　　　　2018~2020年美的集团主要产品市场份额及
排名变动情况（按零售额）

项目	2018年				2019年				2020年			
	线下		线上		线下		线上		线下		线上	
	市场份额（%）	排名	市场份额（%）	排名	市场份额（%）	排名	市场份额（%）	排名	市场份额（%）	排名	市场份额（%）	排名
家用空调	25	2	23.3	2	28.9	2	30	1	33.8	2	35.9	1
洗衣机	26	2	31	2	27.4	2	31.2	2	26.4	2	33.3	2
冰箱	11	3	16.4	2	16.4	2	17.7	2	12.5	2	17.2	2

续表

项目	2018年 线下 市场份额(%)	排名	2018年 线上 市场份额(%)	排名	2019年 线下 市场份额(%)	排名	2019年 线上 市场份额(%)	排名	2020年 线下 市场份额(%)	排名	2020年 线上 市场份额(%)	排名
电饭煲	43	1	31.8	1	43.9	1	29.6	1	44.7	1	30.6	1
电压力锅	44	1	41.5	1	44.3	1	41	1	45.1	1	42.4	1
饮水机	—	—	24	1	42.3	1	18.9	2	40.9	1	22.2	1
电暖器	45	1	—	—	42.9	1	—	—	47.7	1	21.8	1
微波炉	43	2	48.6	1	44.5	1	53	1	44.4	2	49	1
电热水器	16	3	32.4	1	20.7	2	30.6	1	18	3	31.9	1
油烟机	8	4	14.1	3	8.7	4	—	—	8.8	4	17	3

资料来源：根据美的集团2018~2010年年度报告整理。

10.4 美的集团分层股权激励实践的主要启示

10.4.1 始终重视股权激励制度设计与公司战略及组织结构特征的统一

公司战略影响高管激励，不同战略下的高管薪酬结构存在显著差异（Singh and Agrawal，2002）。自2013年整体上市以来，美的集团发展战略为"从要素驱动模式向效率驱动经营模式转变，通过管理效率、制造效率及资产效率提升，打造效率驱动下的新成本竞争优势"，技术效率是防御型战略成功的关键，适用于较为稳定的行业，美的集团发展战略中体现出明显的低成本和防御型战略定位，其分层股权激励制度契约条款设计，不管是激励方式还是业绩指标选择，都体现了该战略的深刻影响。

美的集团低成本和防御型战略具体体现为"产品领先、效率驱动、全球经营"，聚焦产品品质提升，推动精益管理与全价值链卓越运营，把握行业消费升级趋势，持续优化产品结构，以内生式增长，构建面向未来的可持续竞争能力。"产品领先"，意味着研发、制造、品质、用户与市场、供应链等一线基层技术骨干员工具有不可替代的重要性，由此美的集团自2014年开始实施如表10-6所示的面向基层业务技术骨干员工的股票期权激励计划，该类计划除了第一期和第二期分别涉及高管2人和1人外，自第三期起全部面向基础一线业务技术骨干；受"效率驱动"引导，2017年美的集团主要面向各经营单位中层管理人员实施限制性股票激励计划，绑定中层管理人员利益，旨在促进和提升中层管理工作效率。

新时代经济环境下，企业战略发展与经营管理核心是组织再造与企业创新，美的集团意图打造具备开放、进取、激情、奋斗、敬业与超强执行力特质的创业公司和有事业冲动特质的新公司，与该战略相适应，美的集团采取扁平、高效、精简的小公司集团组织架构，2012年以来的事业部制组织结构深化改革，为深化"全球经营"营造了良好的组织架构支持。表10-10列示了美的集团战略引领下的财务表现特征。

表10-10　美的集团战略特征的财务表现　单位：万元

项目		2013年	2014年	2015年	2016年	2017年	2018年
长期股权投资	母公司	1 696 100	1 654 900	2 312 700	2 305 900	2 454 100	2 823 600
	集团公司	91 200	95 200	288 800	221 200	263 400	271 300
	母公司对控股公司投资	1 604 800	1 559 700	2 023 800	2 084 700	2 190 700	2 552 300
母公司应收票据及应收账款		217 700	69 400	72 700	0	0	0
母公司应付票据及应付账款		780	270	940	0	0	0
母公司存货		0	0	0	0	0	0
母公司销售费用							
母公司销售商品、提供劳务收到的现金		0	0	0	0	0	0
母公司净利润		503 100	620 200	656 700	957 900	1 077 800	1 196 900
母公司投资收益		494 600	651 800	710 700	985 300	1 021 400	972 000

资料来源：根据美的集团2013~2018年年度报告整理。

如表10-10所示，集团公司将生产经营权力逐步全面下放至控股子公司，至2016年，母公司经营性应收应付项目以及存货项目余额全部为零，"销售费用"和"销售商品、提供劳务收到的现金"为零，净利润主要来自投资收益，这意味着美的集团高度分权，经营完全自主化。美的集团战略组织结构及其经营特征的成功转型，得益于其自2015年开始持续推进的合伙人持股计划，美的集团通过全球合伙人持股计划和事业合伙人持股计划赋予核心管理团队股权持有人相应权利和义务，不仅稳定了公司控制权，而且创新构建核心管理团队长期激励机制，长期绑定核心管理团队利益。截至2019年4月，美的集团持续五期的全球合伙人持股计划和两期事业合伙人持股计划激励高管和事业部经理176人次，有效弘扬企业家精神并凝聚一批具备共同价值观的事业带头人，成功推动美的集团"职业经理人"向"合伙人"的转变。

2020年，美的集团将战略主轴全新升级为"科技领先、用户直达、数智驱动、全球突破"，目标瞄准于重新打造新时代的美的。与此相对应，其第八期股权激励计划方案中特别提出激励对象为"研发、制造、品质"等与企业战略发展息息相关的核心技术人员。为了充分体现各事业部合伙人对各自事业部的权责利对等，2020年合伙人持股计划的业绩考核指标为"公司业绩考核指标为归属考核期内各期归属于母公司净利润不低于前两个会计年度的平均水平，并依据归属考核期持有人所在经营单位以及个人的考核结果确定其对应归属的标的股票额度",[①] 其与之前如第二期合伙人持股计划之规定"公司业绩考核指标为2016年度加权平均净资产收益率不低于20%,并依据持有人的个人年度业绩考核结果确定其对应的标的股票额度"[②] 形成鲜明对比,自此,美的集团合伙人层面的员工股权激励计划业绩考核指标体系在"公司层面+责任中心层面+个人层面"综合考核体系的基础上,将业绩指标的考核期限延伸到整个归属期内,深化了持股计划的决策影响长期绩效性质。

10.4.2 公司战略引致股权激励方式选择与理论研究出现差异

理论上看,股票期权和限制性股票在激励标的物、行权价格和时间、风险承担、权利与义务的对称、激励与惩罚的对称等方面均有所不同,激励本质存在显著差异,激励效果也大不一样,适用范围各异。在我国制度背景下,股票期权与限制性股票均会受到考核业绩目标约束,约束与激励效应并存。但是对于股票期权而言,一方面,股票期权是一种不对等合约,被激励者可以自主选择是否行权,因而即使未达到业绩目标,被激励者也不会受到惩罚;另一方面,股票期权还受制于未来股价低于行权价的可能性,不确定性较限制性股票强。而限制性股票是一种对等合约,激励对象在出资购买限制性股票后,需要在达到持有年限和业绩考核的双重要求后才能出售股票,未达到业绩目标时,被激励者则会受到惩罚。此外,当前我国公司对限制性股票的授予价格一般为市价的50%,几乎相当于授予对象在授予日就获取了实值股票,风险较低,具有更好的人才保留效果。故而,当经理人行为对企业经营风险影响较大时,应授予经理人股票期权,目的是激励经理人承担风险,解决企业投资不足问题;而限制性股票更适合用于激励中层核心员工,以起到保留核心员工、稳定员工的激励目标(余海宗和吴艳玲,2015;肖淑芳等,2016)。

然而,如表10-6所示,美的集团分层股权激励制度中采用的激励方式有:核心员工采用股票期权;中层管理者采用风险相对较低的限制性股票;合伙人高管采用业绩股票。显然,如果按照差异化战略,公司应注重激励高管创新并承担风险,但美的集团分层股权激励方式的选择与理论研究存在差异,这无疑体现了其防御型、低成本战略选择的影响。具体来讲,防御型战略公司通常具有业绩增长缓慢且波动性小、注重专有品种产品及服务、投资更加谨慎等特点,属于风险规避型战略。我国短牛长熊的股市背景,决定了股权激励计划实施过程中,由于股票期权价值对股价波动率的敏感度大于限制性股票,可能会使高管承受较大的风险。高管自身的风险态度差异会影响其所感知的股权激励强度,继而影响激励

---

① 摘自《美的集团股份有限公司核心管理团队持股计划暨"美的集团事业合伙人计划"之第三期持股计划》。
② 摘自《美的集团股份有限公司核心管理团队持股计划暨"美的集团合伙人计划"之第二期持股计划》。

效果（Hall and Murphy，2003），若授予厌恶风险的管理者股票期权，可能会导致激励效果下降。中国制度背景下，限制性股票公允价值一般与股价正相关，其避免股价过度波动的风险规避激励效应可能更为直接，对于中层管理人员可能更为适宜。业绩股票则可被视为一种延迟发放的奖金，其发放视以后若干年业绩情况而定，具有长期激励效果，但激励成本较高，有可能造成契约支付现金压力，适用于业绩稳定型公司对经理人的激励。美的集团对合伙人的业绩股票形式，在其既定防御型低成本战略下，一方面更好地体现了合伙人工作绩效与所获激励之间的直接联系；另一方面业绩股票的获得仅与合伙人工作绩效相关，几乎不涉及股市风险等个人不可控因素，大大降低合伙人风险；而合伙人最终获得的激励收益与股价相关的制度设计，则意味着合伙人长期利益风险与企业价值绑定；再加上业绩目标约束，权责利对称性较好，形成公司与合伙人的双赢格局。

10.4.3 设置与分层股权激励相适配的分层业绩考核体系

美的集团各层次股权激励计划均采用综合业绩考核体系：公司层面业绩，激励对象所在经营部门层面业绩和个人层面绩效，表10-11列示了美的集团股权激励计划公司业绩考核指标。

表10-11　　美的集团股权激励计划公司层面业绩考核指标对比

分层股权激励计划		有效（存续）期（年）	业绩指标设置
股票期权	第一期	5	（1）以2013年为基期，各考核年度净利润环比增长率不低于15%；（2）各考核年度净资产收益率不低于20%
	第二期	5	（1）以2014年为基期，各考核年度净利润环比增长率不低于15%；（2）各考核年度净资产收益率不低于20%
	第三期	5	各考核年度净利润不低于前三个会计年度的平均水平
	第四期	4	各考核年度净利润不低于前三个会计年度的平均水平
	第五期	6	各考核年度净利润不低于前三个会计年度的平均水平
	第六期	6	各考核年度净利润不低于前三个会计年度的平均水平
	第七期	4	各考核年度净利润不低于前二个会计年度的平均水平
	第八期	5	各考核年度净利润不低于前二个会计年度平均水平的110%
限制性股票	第一期	4	各考核年度净利润不低于前三个会计年度的平均水平
	第二期	6	各考核年度净利润不低于前三个会计年度的平均水平
	第三期	6	各考核年度净利润不低于前三个会计年度的平均水平
	第四期	4	各考核年度净利润不低于前二个会计年度的平均水平
	第五期	5	各考核年度净利润不低于前二个会计年度的平均水平

续表

分层股权激励计划			有效（存续）期（年）	业绩指标设置
合伙人持股计划	全球合伙人	第一期	6	(1) 2015年度净利润增长率较2014年度不低于15%； (2) 2015年度加权平均净资产收益率不低于20%
		第一期（修订）	4	(1) 2015年度净利润增长率较2014年度不低于15%； (2) 2015年度加权平均净资产收益率不低于20%
		第二期	4	2016年度加权平均净资产收益率不低于20%
		第三期	4	2017年度加权平均净资产收益率不低于20%
		第四期	4	2018年度加权平均净资产收益率不低于20%
		第五期	4	2019年度加权平均净资产收益率不低于20%
		第六期	4	归属期内净利润不低于前两个会计年度平均水平
		第七期	4	归属期内净利润不低于前两个会计年度平均水平的110%
	事业合伙人	第一期	4	2018年度加权平均净资产收益率不低于20%
		第二期	4	2019年度加权平均净资产收益率不低于20%
		第三期	4	归属期内净利润不低于前两个会计年度的平均水平
		第四期	4	归属期内净利润不低于前两个会计年度平均水平的110%

资料来源：根据美的集团各期股权激励计划整理，净利润均指归属母公司股东的净利润。

10.4.3.1 2014~2019年美的集团分层股权激励制度之适配公司业绩指标设置

实践中防御型战略公司多以财务业绩标准为主，强调短期目标（高梦捷，2018）。如表10-11所示，虽然美的集团对于不同层次员工设置的公司层面业绩考核指标存在较大差异，且行权有效期长短也有所不同，但各层次股权激励业绩指标均为财务业绩，凸显了防御型公司战略定位的影响：合伙人持股计划在首期采用了净资产收益率与净利润增长率两个指标之后，从第二期开始仅采用净资产收益率，该指标综合性强，反映了对公司高管全方位管理业绩的综合考量，业绩考核期为一年；股票期权激励计划在第一期和第二期也同时采用了净利润增长和净资产收益率两个指标，但从第三期后与限制性股票计划一样均采用"各考核年度净利润不低于前三个会计年度的平均水平"这一净利润业绩指标。三种层次股权激励之业绩考核指标的变化，显示出美的集团不同层次股权激励适配不同考核指标理念的初步形成。

从业绩目标设置来看，美的集团均低于公司历史基准。股权激励合约主要业绩目标要较公司历史基准或行业平均水平高，才有助于推动业绩目标实现（戴璐和宋迪，2018）。美的集团股权激励计划业绩考核目标设置在2020年之前带有一定福利性特征，但美的集团使用综合业绩考核体系全面评价激励对象工作绩效的做法，又在一定程度上弥补了上述缺憾，表10-12列示了2013~2018年美的集团公司层面业绩指标实际情况，美的集团各层股权激励计划业绩考核各年均达标，但也存在因个人业绩考核不合格而不能行权的情况。

表10-12 2013~2018年美的集团各年度公司层面相关业绩考核指标情况

项目	2013年	2014年	2015年	2016年	2017年	2018年
净利润（万元）	531 700	1 050 200	1 270 700	1 468 400	1 728 400	2 023 100
净利润环比增长率（%）	—	97.50	20.99	15.56	17.70	17.05
加权平均净资产收益率（%）	24.87	29.49	29.06	26.88	25.88	25.66

资料来源：根据美的集团2013~2018年年度报告计算整理。

截至2019年，美的集团虽然初步形成针对核心高管合伙人持股计划设置净资产收益率、针对中层管理人员和核心业务技术骨干股权激励设置净利润的分层业绩考核指标体系，并沿用了现行防御型战略业绩指标的选用特点，然而，其分层业绩考核指标设置还有待进一步完善：第一，防御型战略的核心是效率提升，美的集团股权激励方案缺乏考核效率的业绩指标；第二，没有严格区分中层经理人员与核心业务技术骨干的考核差异；第三，净收益指标对于中层经理来说是一个效用低微的激励方式（夏恩·桑德，2000），对于市场竞争激烈行业并不恰当（诸波和干胜道，2015）；第四，业绩目标设置未能考虑到相对业绩评价以屏蔽管理层不能控制的噪声影响，不能不视之为一大欠缺。

10.4.3.2 2020年以来的业绩指标设置及考核标准变化

虽然截至2019年，美的集团适用于高层管理人员的合伙人计划与适用于中层及核心技术骨干人员的激励计划所采用的分别是净资产收益率和净利润指标，然而如表10-11所示，2020年以来，美的集团对其不同层面的公司业绩考核指标趋于一致，但事业部制下对于合伙人持股计划的考核，如前所述，突出了整个归属期内责任制下对责任中心指标的考核，在一定程度上可能更符合管理会计控制中责任会计的理念，在绑定公司整体利益的同时，充分考虑各事业部作为责任中心的分权经营责任和风险，可以说是一次分层激励下关于业绩指标设置的实践探索。与此同时，业绩考核标准在2020年有所转变，公司层面的考核指标为前二个会计年度净利润平均水平的110%，有了增长性要求。

10.5 分层股权激励制度下业绩考核指标分层设置的思考与建议

美的集团分层股权激励制度建设实践表明，公司战略在股权激励制度建设中起到主导作用，公司在制订股权激励计划时，应以公司依据所处经济环境选择的自身发展战略为立足点，依据不同激励对象特点，理性选择股权激励方式。我国上市公司股权激励制度，存在风险规避及福利化倾向（辛宇和吕长江，2012；李朝芳，2018），有效的分层股权激励制度以战略目标为导向，不仅股权激励方式和期限应因地制宜，相应综合业绩考核体系也应能反映各层级激励对象可控因素和努力程度，具有协同性。股权激励的激励、控制与约束作用必须依靠对不同层次激励对象的合理业绩评价才能落到实处。对各层激励对象通过适配业绩考核体系分别实施相应业绩评价与管理，不仅可以督促和激励各层级员工在各自岗位上尽职尽责、发挥主观能动性，而且可以通过业绩指标设置向各层级员工传达公司核心价值观，促使全体员工为共同战略目标努力工作。

10.5.1 分层股权激励制度下业绩指标分层设置导向：战略目标与决策观

业绩评价指标与经营战略的一致性会影响企业业绩（Vander Stede et al.，2006），业绩评价是企业经营管理目标得以实现的制度安排，企业战略经营目标定位和管理理念决定着企业业绩评价的原则和内容，是判断业绩评价决策控制和影响的导向性功能正确发挥与否的重要标准（张蕊和于海燕，2016）。业绩评价并非单纯的奖惩工具，无论是财务业绩指标还是非财务业绩指标，其决策用途重要性都要高于控制用途（杨玉龙等，2014）。行为理论认为，人类本性决定一般情况下企业各级员工会选择使他们业绩评价和报酬最大化的决策。故而，作为评判员工行为结果优劣的业绩指标体系的相关性和精确性至关重要。公司内部股权持有人的行为结果应有助于公司长期发展战略的实现，相应分层持股业绩考核指标的设定，作为公司战略实施工具，应与各层级员工行为决策观结合，以公司战略目标为导向，通过业绩指标设置中体现的行为与结果的因果关系，促进全体员工向共同的战略目标努力。美的集团的分层业绩指标设置，应体现公司重在提升管理效率、制造效率和资产效率的防御型战略目标以及由此带来的决策导向，以收益指标为主的现行考核指标显然无法恰当评价"效率驱动下的新成本竞争优势"目标的完成情况。

10.5.2 分层股权激励制度下业绩指标分层设置的核心：分层控制

一方面，现代企业委托代理关系体现了所有权与管理权的分离，以及管理权与具体生产劳动运用资产过程的分离，分层股权激励之业绩指标分层设置，应当考虑不同层级代理关系。经理人持股在一定程度上解决了所有权与管理权分离的代理问题，而各层员工持股则在一定程度上解决了管理权与具体生产劳动运用资产过程分离的代理问题。各层员工掌控资源的专用性差异，意味着公司应依据不同资源所有者掌控资源的重要程度、稀缺性和努力程度，恰当处理控制权配置与利润分配比例，合理设计员工股权激励制度，不仅股权应坚持岗变股变、以岗定股的动态原则，其伴生的业绩考核指标，也应根据不同层级员工所控制和影响的资源和岗位职责设定，以激励、控制和约束员工行为。

另一方面，公司业绩指标的选用，不仅受战略目标和计划、市场竞争程度等外生环境因素影响，也会受组织设计影响（Ittner and Larcker, 2001），分层股权激励之业绩指标分层设置，应当考虑组织分权程度带来的授权层级和可控范围。海耶克（Hayek, 1945）提出，组织的经济效率取决于权力与支持权力决策所需知识之间的匹配程度。为了激发代理人的才能和首创精神，有效的组织或将权力分配给具备相应知识的人，或培训有权力的人使之具备相应知识（Jensen and Heckling, 1995）。组织通过分权，不同层级的管理者和员工在不同授权范围内，关注不同层面的经营问题：高管关注战略层面问题；中低层管理者在授权范围内根据不断变化的市场环境迅速做出日常经营决策；普通员工根据授权进行相应具体生产行为。组织分权本质上是一种契约，其执行机制不仅需要包括决策权力安排机制，并且为了防止分权必然产生的代理问题，代理人在行使执行权时，组织需要构建相应的如业绩评价等控制机制，以引导代理人行为与组织目标趋向一致。

股权激励制度中考核业绩指标的设置，不仅仅是用于衡量公司各层级激励对象努力程度的制度安排，更是股东对经营者、经营者对组织内部层层递进实施行为控制的重要机制，对各级经营者的业绩评价应能内化并制度化为各级经营者的内部经营决策和管控体系。当前企业业绩评价正处在从结果导向的评价向过程导向与结果导向融合的评价转变的阶段：结果导向的业绩评价，体现的是业绩评价的结果理性，是对企业业绩形成结果进行管理的评价；过程导向的业绩评价，体现的是业绩评价的程序理性，是对企业业绩形成过程管理的恰当与否进行的评价（张蕊，2015）。分层股权激励制度的适配业绩考核指标，应综合考虑企业高管、中层管理者、核心业务技术员工等各级员工行为对企业决策及执行结果的影响，建立目标协同一致的综合业绩指标体系，将业绩评价的程序理性与结果理性有机结合，以业绩评价引导企业决策制定和执行转向注重实现战略目标的驱动因素管理，减少企业财务业绩的盈余管理和操纵行为，鼓励企业创新等决定企业长期发展的行为。

具体而言，以公司战略为引导，首先，以结果理性为目标针对公司核心高管设定综合性指标，例如净资产收益率、总资产收益率、总资产周转率等，评价和考核公司高管决策及其行动结果是否符合预期的效益、效率目标。其次，以程序理性为基础，充分考虑影响公司战略目标实现的业绩驱动因素，针对各层次员工如中层经理和核心业务技术骨干，合理设置基于过程导向的财务与非财务业绩相结合的考核指标体系，例如反映产品质量、市场占有、成本费用等的相关指标，分类分层考核，科学评价企业经营过程不同层级中各种业绩驱动因素，在层级间形成具有因果关系的反映过程的指标体系，实现企业经营的全程管控。最后，对于美的集团这样实行完全事业部制的公司而言，事业部组织结构下的分层股权激励业绩考核指标体系的设置，针对高管还应当进一步分层，总部高管与事业部负责人责任权限的不同应当体现在考核指标体系中，形成总部和责任中心相结合的业绩指标体系，总部高管以企业整体收益指标和效率指标为核心，反映资源配置效率；事业部合伙人在以总部收益指标和效率指标为战略性引导的基础上，加以事业部责任中心责任指标考核。美的集团合伙人持股计划在2020年后深化了对于合伙人归属期"公司层面+责任中心层面"的绩效考核，但未能进一步细化具体到事业部这个责任中心的考核指标，而且对合伙人以净利润水平的考核，忽视了对企业整体资源占用效益的考核，这一点应该说是一个倒退。

10.6 本章小结

激励、约束与评价，是管理会计不变的研究主题之一，其对于激发企业员工主观能动性、共创企业价值有着不可替代的作用。伴随现代公司规模扩大而出现的组织结构变革，以及股权结构分散化带来的控制权配置中心向关键性资源所有者的转移导致的公司治理模式变革，共同推动股权激励制度成为协调异质性股东、激励关键性资源所有者的重要机制和手段。企业契约理论及分层次管理理论表明，股权激励契约应当依据不同层次激励对象的特点分层设计异质性条款，建立针对不同资源所有者的股权激励制度。

迄今为止，传统股权激励研究很少甚至没有考虑到不同员工的发展层次和发展目标，无差异的公司股权激励模式造成实务中股权激励实施效果不一的现象。契约理论和分层管理理论表明，不同层次人力资本股权化应采用不同股权激励制度，这意味着公司股权激励制度方案应根据不同层次员工的特点设计不同股权激励模式和机制，分层激励和管理。同时，作为一项整体制度，各层次股权激励模式并不是被割裂开的：一方面，公司管理者和其他员工的股权激励行为互动在一定程度上会影响股权激励效应，宋芳秀和柳林（2018）对我国2014～2017年A股上市公司的研究发现，当管理层持股达到较高比例时，不仅能有效缓解委托代理问题，而且由于管理层与公司利益深度绑定，其更加关注员工持股计划对其他员工的激励效应；另一方面，股权激励计划制定及其实施效果是一个随外界环境与企业战略变化的动态演化过程（张奇峰等，2018），作为公司应对内外环境的总体指导方针和规划，公司战略选择不仅反映出其根据自身主体地位与所处外界环境的互动，而且决定着内部各经营管理部门的具体决策行为，并因之决定着公司高管和员工的需求与数量结构，作为约束和激励制度的薪酬激励机制也随之变化（Shen et al., 2010；方军雄，2012；吴昊旻等，2018）。图10-4揭示了公司战略、分层次股权激励制度与适配分层次业绩指标设置之间的关系。

如图10-4所示，分层股权激励制度设计，应以公司战略目标为导向，协同各层次员工的权利义务关系，激励员工共创、共享企业价值：首先，需要考虑公司既定发展和竞争战略；其次，根据既定战略下组织分权程度和相应组织架构中不同工作岗位职责等将公司员工分为若干层次，例如公司核心高管、事业部经

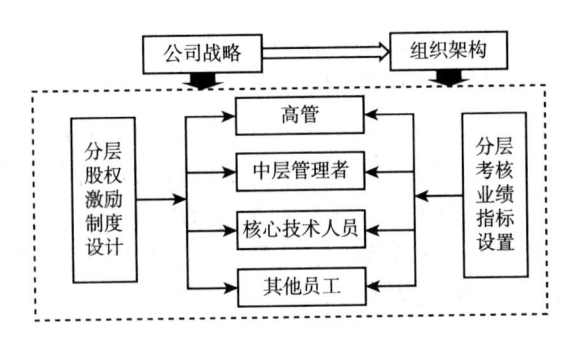

图 10-4　公司战略、分层次股权激励制度及适配分层次业绩指标设置

理、中层管理人员、核心技术人员、一般员工等；最后，根据各层次员工管理重心和特点，设置不同的股权激励方式、股权激励期限和业绩考核指标等股权激励契约条款。需要进一步明确的是，组织业绩是其参与者行为的函数，个人行为依赖用于评价其自身效率的计量（夏恩·桑德，2000），分层次管理最终反映的管理效果相应有所不同，故而分层股权激励业绩考核应能体现对激励对象行为效率差异性的识别，合理设置不同层次员工考核业绩指标，分层测试和考评员工，以实现对公司员工的有效管理。

美的集团分层股权激励制度初见成效，虽然适配业绩考核指标尚不够精准，但其实践依旧可以证实：以公司战略为导向，针对不同层次员工建立分层股权激励制度，适配以分层考核业绩指标，通过精确的股权激励分层管理，更能充分发挥股权激励对公司员工的有效激励、约束和控制作用，进而提升公司绩效。

参考文献

[1] 证监会. 上市公司股权激励管理办法.
[2] 财政部. 管理会计应用指引第600号——绩效管理.
[3] 美的集团股份有限公司股权激励计划.
[4] 美的集团股份有限公司限制性股票激励计划.
[5] 美的集团股份有限公司核心管理团队持股计划.
[6] 美的集团股份有限公司2004~2019年度报告.
[7] Aboody D, Johnson B, Kasznik R. Employee Stock Options and Future Firm Performance: Evidence from Option Repricings [J]. Journal of Accounting and Economics, 2010, 50 (1): 74-92.
[8] Bengt Holmstrom. Moral Hazard and Observability [J]. Bell Journal of Economics, 1979, 10 (1).
[9] Cheng S. J. R&D expenditures and CEO compensation [J]. The Accounting Review, 2004, 79 (2).
[10] Demsetz H. Toward a Theory of Property Rights [J]. American Economic Review. 1967, 57 (2).
[11] Hall, Brian J., and Kevin J. Murphy. The Trouble with Executive Stock Options [J].

Journal of Economic Perspectives. Summer, 2003, 17 (3).

[12] Hayek, F. A. The Use of Knowledge in Society [J]. The American Economic Review, 1945 (35).

[13] Ittner, C. D. and D. F. Larcker. Assesssing Empirical Research in Managerial Accounting: A Value-Based Management Perspective [J]. JAE, 2001 (32).

[14] Ittner, C. D. and D. F. Larcker. Innovations in Performance Measurement: Trends and Research Implications [J]. Journal of Management Accounting Research, 1998.

[15] Jensen, M. C. and W. H. Meckling. Specific and General Knowledge and Organizational Structure [M]. Oxford: Blackwell, 1992: 251-274.

[16] Jensen, M. C. and W. H. Meckling. Theory of the Firm: Managerial Behavior, Agency Costs and Ownership Structure [J]. Journal of Financial Economics, 1976, 3 (4).

[17] Krause R., Semadeni M. Apprentice, Departure, and Demotion: An Examination of the Three Types of CEO-Board Chair Separation [J]. Academy of Management Journal, 2013, 56 (3).

[18] Sanford J. Grossman and Oliver D. Hart. An Analysis of Principal-Agent Problem [J]. Econometrica, 1983, 51 (1).

[19] Shen W, Gentry R J, TosiJr H. L. The Impact of Pay on CEO Turnover: A Test of Two Perspectives [J]. Journal of Business Research, 2010, 63 (7).

[20] Singh, P., Agrawal, N. C. The Effects of Firm Strategy on the Level and Structure of Executive Compensation [J]. Canadian Journal of Administrative Sciences, 2002, 19 (1).

[21] Vander Stede, W. A., Chow, C. W., Lin, T. W. Strategy, Choice of Performance Measures, and Performance [J]. Behavioral Research in Accounting, 2006, 18 (1).

[22] 陈文强, 贾生华. 股权激励存在持续性的激励效应吗?——基于倾向得分匹配法的实证分析 [J]. 财经论丛, 2015 (9).

[23] 戴璐, 宋迪. 高管股权激励合约业绩目标的强制设计对公司管理绩效的影响 [J]. 中国工业经济, 2018 (4).

[24] 方军雄. 高管超额薪酬与公司治理决策 [J]. 管理世界, 2012 (11).

[25] 高梦捷. 公司战略、高管激励与财务困境 [J]. 财经问题研究, 2018 (3).

[26] 姜英兵, 于雅萍. 谁是更直接的创新者?——核心员工股权激励与企业创新 [J]. 经济管理, 2017 (3).

[27] 靳亭亭. 竞争战略、高管股权激励与企业研发投入 [J]. 财会通讯, 2018 (3).

[28] 李朝芳. 混合所有制改革背景下的国有企业股权激励: 理论与实务 [J]. 财会月刊, 2018 (8上).

[29] 李丹蒙, 万华林. 股权激励契约特征与企业创新 [J]. 经济管理, 2017 (10).

[30] 林大庞, 苏冬蔚. 股权激励与公司业绩——基于盈余管理视角的新研究 [J]. 金融研究, 2011 (9).

[31] 罗付岩, 沈中华. 股权激励、代理成本与股权投资效率 [J]. 财贸经济, 2013 (2).

[32] 吕长江, 张海平. 股权激励计划对公司投资行为的影响 [J]. 管理世界, 2011 (11).

[33] 吕长江, 郑慧莲, 严明珠, 许静静. 上市公司股权激励制度设计: 是激励还是福利 [J]. 管理世界, 2009 (9).

[34] 宋芳秀, 柳林. 上市公司员工持股计划: 实施动机、方案设计及其影响因素 [J].

2018 (11).

[35] 宋玉臣, 乔木子, 李连伟. 股权激励对上市公司投资效率影响的实证研究 [J]. 经济纵横, 2017 (5).

[36] 汤萱, 谢梦园, 许玲. 股权激励、制度环境与企业资本投资效率 [J]. 金融经济学研究, 2017, 32 (4).

[37] 唐建荣, 傅国华. 层次哲学与分层次管理研究 [J]. 管理学报, 2017, 14 (3).

[38] 田轩, 孟清扬. 股权激励计划能促进企业创新吗 [J]. 南开管理评论, 2018, 21 (3).

[39] 童长凤, 杨宝琦. 加强核心员工股权激励能提升公司绩效吗 [J]. 经济经纬, 2019, 36 (1).

[40] 汪健, 卢煜, 朱兆珍. 股权激励导致过度投资吗?——来自中小板制造业上市公司的经验证据 [J]. 审计与经济研究, 2013 (5).

[41] 王玉霞, 孙治一. 领导权结构和 CEO 激励对企业创新的影响——基于战略新兴产业上市公司的经验数据 [J]. 经济问题, 2019 (1).

[42] 吴昊旻, 墨沈微, 孟庆玺. 公司战略可以解释高管与员工的薪酬差距吗? [J]. 管理科学学报, 2018, 21 (9): 7.

[43] 夏芸, 唐清泉. 我国高科技企业的股权激励与研发支出分析 [J]. 证券市场导报, 2008 (10).

[44]. 肖淑芳, 石琦, 王婷, 易肃. 上市公司股权激励方式选择偏好——基于激励对象视角的研究 [J]. 会计研究, 2016 (6).

[45] 辛宇, 吕长江. 激励、福利还是奖励: 薪酬管制背景下国有企业股权激励的定位困境——基于泸州老窖的案例分析 [J]. 会计研究, 2012 (6).

[46] 杨华, 宋常. 员工股权激励范围与公司经营绩效 [J]. 当代财经, 2016 (12).

[47] 杨慧辉, 徐佳琳, 潘飞, 马二强. 异质设计动机下的股权激励对产品创新能力的影响 [J]. 科研管理, 2018, 39 (10).

[48] 杨玉龙, 潘飞, 张川. 上下级关系、组织分权与企业业绩评价系统 [J]. 管理世界, 2014 (10).

[49] 于换军. 核心技术员工激励与公司绩效 [J]. 金融评论, 2018 (1).

[50] 余海宗, 吴艳玲. 合约期内股权激励与内部控制有效性——基于股票期权和限制性股票的视角 [J]. 审计研究, 2015 (5).

[51] 张奇峰, 冯琪, 陈世敏, 戴佳君. 股权激励计划修订的动因与后果——以神州泰岳为例 [J]. 会计研究, 2018 (8): 49-56.

[52] 张蕊, 于海燕. 企业经营业绩评价综述: 理论、方法与展望 [J]. 当代财经, 2016 (11).

[53] 张蕊. 论新常态下程序理性与结果理性有机融合的企业业绩评价 [J]. 会计研究, 2015 (10).

[54] 周仁俊, 杨战兵, 李礼. 管理层激励与企业经营业绩的相关性——国有与非国有控股上市公司的比较 [J]. 会计研究, 2010 (12): 69-75.

[55] 朱砚秋, 杨力. 股权激励: 是高管独享还是全员持股? [J]. 财会通讯, 2017 (18).

[56] 诸波, 干胜道. 市场竞争程度、经营战略与业绩评价指标选择 [J]. 会计研究, 2015 (2).

[57] 夏恩·桑德. 会计与控制理论 [M]. 方红星等, 译. 大连: 东北财经大学出版社, 2000.

[58] 美的集团官网, https://www.midea.com/cn.

讨论与思考

1. 美的集团的公司战略、组织结构有什么特征？其对股权激励制度有什么影响？
2. 美的集团分层股权激励制度为什么采用了与理论不同的激励工具？
3. 业绩指标在股权激励机制中的作用如何？
4. 美的集团股权激励制度中业绩指标设置的优缺点是什么？
5. 为什么美的集团股权激励制度中业绩指标设置会出现变化？

第 11 章 海尔集团：人单合一模式下管理会计工具创新实践

改革开放以来，我国家电行业经历了从无到有、从小到大的发展历程，如今已是中国具有国际竞争力的行业之一，家电行业也步入成长—成熟阶段，市场竞争日趋激烈，市场集中度较高。美的、海尔智家和格力等中国家电业龙头，伴随着中国家电行业的发展，在激烈的市场竞争中探索和发展出适合自己的竞争战略和管理经营模式，逐步形成各具特色的竞争优势，企业经营业绩实现可持续增长。2021 年 8 月《财富》杂志公布的 2021 年世界 500 强排行榜中，美的、海尔智家、格力分别排名第 288 位、405 位和 488 位。海尔作为中国三大家电行业龙头企业之一，自 1984 年成立以来，历经名牌战略发展阶段、多元化战略发展阶段、国际化战略发展阶段以及全球化战略发展阶段，如今的海尔集团在互联网物联网快速发展的推动下，已经迈向网络化和生态品牌战略发展阶段。定位于用户为中心、以差异化产品和服务满足用户需求，海尔集团在商业模式、组织结构和管理控制体系等方面主动求变，积极探索创新经营管理机制，基于技术进步和万物互联对产业变革和商业模式进化带来的深刻影响，其不断发展和完善的互联网与物联网时代"人单合一"模式创新实践，第三次进入美国哈佛大学商学院教材案例。哈佛大学商学院教授罗莎贝斯·坎特认为，虽然"人单合一"模式仍然在探索当中，不过实践证明该模式是成功的，海尔的变革是没有先例的。[①]"人单合一"作为互联网、物联网时代的商业组织范式，不仅引领海尔集团的战略和业务经营转型，也是海尔集团管理会计应用与实践创新的基础。与业务经营与组织结构变革相适应，海尔集团需要对预算管理、绩效管理等管理会计系统进行动态变革，提高企业运营效率和竞争力，这些管理会计工具方法的变革与创新发展，成功助力海尔集团转型为共创共赢的物联网社群生态。

本章案例研究和分析了海尔集团"人单合一"模式下的管理会计工具方法创新实践，详细解析了"人单合一"机制下战略经营单元——自主经营体制度；战略损益表、日清单和人单酬表三表合一的薪酬激励机制；以及管理会计报告的创新形式——海尔第四张表"共赢增值表"。海尔集团的管理会计工具创新是基于企业的组织变革和机制创新发展而来的，然而如上所述，海尔变革没有先例，其在企业内部引入市场竞争机制的同时弱化了企业与市场的边界，同时也是对经

---

① 中企管理模式案例走进哈佛课堂 [N]. 人民日报，2018-03-13.

典交易成本理论的一种颠覆，其普适性也是实务界一直在探讨和研究的。因此，本章案例是一个开放性的案例介绍与描述，开放性不仅体现在海尔管理会计工具应用的不断发展和创新，也体现在对于海尔管理会计工具方法开放性地思考、讨论和辨析。本章案例资料主要来源于海尔集团及海尔智家股份有限公司年度报告、临时公告以及"人单合一"模式研究院等公开披露信息资料。

11.1 案例时代背景

21世纪是"互联网+"的时代，互联网技术已成为当今社会生活和经济发展不可或缺的部分。2014年11月，首届世界互联网大会在中国乌镇举行，互联网思维的出现让人们突然意识到，在信息高科技的强有力支持下，互联网（Internet）将人类带入一个崭新的时代，互联网时代已经在不知不觉中替代工业化时代，成为21世纪社会发展的主流范式。

互联网始于1969年的美国阿帕网（ARPANET）和NSF网，[①] 是网络与网络之间串联而成的庞大网络，这些网络以一组通用协议相连，形成逻辑上的单一巨大国际网络，这个网络由交换机和路由器等网络设备、各种不同的连接链路、种类繁多的服务器以及数不尽的计算机与终端构成，是信息社会的基础，可以不受空间限制进行信息交换，信息交换具有时域性、互动性、使用成本低等特性，因而互联网时代的最大特征之一是"通融互联"。

互联网时代是在电子计算机和现代通信技术相互结合基础上构建的宽带、高速、综合、广域型数字化电信网络时代，是一个大数据和高流动时代，资金、人、知识和信息等各种要素高速流动，"互联网+"的本质是把互联网、市场（需求）、工厂（产能）等生产因素结合起来，成为一种生产或者销售的新模式，以提高生产效率、销售效率，增加产值，互联网经济和实体经济互相补充、共同发展。

互联网时代是一个"网状价值结构"时代，是以客户为中心的价值交互网和以人为中心的价值创造网。互联网"通融互联"带来的信息对称和平衡，在一定程度上颠覆企业依靠信息不对称获取利益的盈利模式，带来企业与客户关系、企业内部管理模式等方面的变革[②]，使透明、规则、价值观这些东西变得更加重要。在网状价值结构下，员工的创新精神和潜能激发是组织活力的核心，一个微创新可能会像"蝴蝶效应"一样引发巨大的价值创造能量。

随着互联网的普及和科技发展，在网络化、智能化的终端连接下，物联网应运而生，物联网的提出和使用让人与物、物与物之间的有效通信变为可能。所谓物联网（internet of things, IoT），就是物物相连的互联网，其概念最早可追溯到

---

① ARPA：美国国防部研究计划署；NSF：美国国家科学基金会。
② 互联网几乎颠覆了很多传统的商业模式，例如网络店铺的出现。

1990年，但当时并未引起重视。2005年11月17日，国际电信联盟正式提出"物联网"概念。对于物联网的专业定义是：一种网络概念，通过射频识别（RFID）、红外感应器、全球定位系统、激光扫描器等信息传感设备，按约定协议，把任何物品与互联网相连接，进行信息交换和通信，以实现智能化识别、定位、跟踪、监控和管理。物联网通过智能感知、识别技术与普适计算等通信感知技术，广泛应用于网络的融合中，也因而被称为继计算机、互联网之后世界信息产业发展的第三次浪潮，2016年被称为物联网元年。

从本质上看，物联网是一种建立在互联网上的泛在网络，其核心和基础仍然是互联网，通过各种有线和无线网络与互联网融合，物联网将物体信息实时准确地传递出去，其是在互联网基础上延伸和扩展的网络，将用户与物体链接起来，用户端延伸和扩展到任何物品与物品之间，进行信息交换和通信，也就是物物相息。物联网通过传感器相互感应，在互联网的基础上升级蜕变，是互联网的应用拓展，如果说互联网是发展中的一个过程，那么物联网就是业务和应用，是全面自动化智能化的科技方向，应用创新是物联网发展的核心，互联网和物联网的结合，或许最终会实现整个生态系统高度智能特性和智慧地球的美好愿景。

在互联网和物联网时代背景下，用户拥有足够的信息去了解和掌握产品特点及价格，信息主动权发生了由企业向用户的迁移，用户通过在市场上不断地进行对比和议价，直到找到满足自己个性化需求的产品和服务，激烈的市场竞争推动同行业生产企业之间的竞争重心从传统的成本、质量、交货期等方面逐渐转向产品与服务的用户，也即企业客户。以用户为主导，以发掘和创造用户价值为中心，由关注价格转为关注价值，企业的研发、供应、制造、销售各环节均直面用户继而开始形成全新的客户经济形态。

11.2 案例公司简介、组织结构变迁和"人单合一"模式

11.2.1 案例公司简介

海尔集团始创于1984年的青岛，以用户体验为中心，踏准时代节拍，从一个集体小厂，逐步发展成为引领物联网时代的生态型集团企业。从著名的"砸冰箱"树立质量意识和责任意识，到2000年后去科层制与用户实现零距离，再到"人单合一"模式下的平台化变革，海尔集团随着时代发展不断进行的自我革新和探索，不仅使企业在激烈的家电行业市场竞争中取得行业龙头地位的保障，而且在1998年、2015年、2018年分别以"海尔：激活休克鱼""海尔：与用户零距离""海尔：一家孵化创客的中国巨头企业"三进哈佛案例库，海尔管理模式引起世界关注。

1993年，海尔股票（股票代码：600690）在上海证券交易所挂牌上市，上市时的主营业务为冰箱业务等；2001年公司控股青岛海尔空调器有限总公司，主营业务新增空调业；2010年公司控股海尔电器，业务新增洗衣机业务、热水器业务、渠道综合服务业务；2011年公司收购青岛海尔模具有限公司等10家公司股权，装备部品业务新增模具、特种钢板等业务。2019年6月，海尔集团宣布青岛海尔股份有限公司变更为海尔智家股份有限公司，向市场传递其转型发展海尔智慧家庭的战略方向。

当前，海尔集团正在完成从电器、网器到物联网生态平台的转型，定位于全球领先的美好生活解决方案服务商，拥有"Haier、Casarte、Leader、GE Appliances、Fisher & Paykel、AQUA、Candy"七大全球化高端品牌和全球首个场景品牌"THREE-WINGED BIRD"。基于物联网的转型发展战略下，海尔集团现拥有3家上市公司，分别是海尔智家（600690）、海尔生物（688139）和盈康生命（300143），其中，子公司海尔智家位列《财富》世界500强，坚持智慧家庭引领的战略方向，正在通过"人单合一"模式下的链群自驱动机制，加快推进从销售单品向提供成套智慧家电解决方案、从分销向零售的转型。

11.2.2 海尔集团的战略发展转型

从1984年创业至今，海尔集团经过了名牌战略发展阶段、多元化战略发展阶段、国际化战略发展阶段、全球化品牌战略发展阶段、网络化战略阶段，2019年开始走进生态品牌战略发展阶段。不同的战略发展阶段中，海尔管理模式经历从OEC的强制性管理到市场链的自主管理，再发展演进为"人单合一"自主管理模式，与此同时，海尔集团完成了从制造型企业向服务型企业的转变。海尔集团的成功向世界展示，中国制造业可以以低价格高质量的产品取得全球竞争优势地位。

1984~1991年是海尔集团的名牌战略发展阶段。该阶段中，海尔集团没有盲目上产量，而是严抓质量，实施全面质量管理，秉承"高品质的产品出自高素质的人"的发展理念，明确提出"创优质、夺金牌"的目标。"要么不干，要干就干第一"，在我国家电市场供不应求的时代，海尔集团凭借差异化质量赢得竞争优势。

1991~1998年是海尔集团的多元化战略发展阶段。该阶段中，海尔集团的发展理念是"盘活资产先盘活人"。在我国鼓励兼并重组的时代背景下，以"海尔文化激活休克鱼"思路先后兼并国内18家企业，使企业在多元化经营与规模扩张方面进入一个更加广阔的发展空间。其时国内家电市场竞争日益激烈，海尔集团在国内率先推出星级服务体系，实施OEC（overall every control and clear）全面质量管理，在我国家电企业大打"价格战"的时代，凭借差异化服务赢得竞争优势。

1998~2005年是海尔集团的国际化战略发展阶段。该阶段中，海尔的发展理念是"欲创国际品牌,先创人的国际化"。海尔集团的国际化战略采取"走出去、走进去、走上去"三步走战略,遵循先难后易的发展思路,首先进入发达国家创名牌;其次进入发展中国家,逐渐在海外建立起设计、制造、营销的"三位一体"本土化模式。海尔集团在国际化发展进程中推行的"市场链"管理,以计算机信息系统为基础,以订单信息流为中心,带动物流和资金流的运行,实现业务流程再造,加速企业内部信息流通,激励员工使其价值取向与用户需求相一致。

2005~2012年是海尔集团的全球化战略发展阶段。该阶段中,海尔集团的发展理念是"以海尔人的本土化创全球化本土品牌"。互联网时代背景下,海尔集团意识到,互联网带来的营销碎片化特征,使传统"生产—库存—销售"模式不能满足用户个性化需求,企业应转变商业模式适应时代特征。海尔集团自2005年开始探索互联网时代"人单合一"双赢模式,致力于从"以企业为中心卖产品"向"以用户为中心卖服务"的商业经营模式转变。鉴于互联网带来的全球经济一体化,海尔发展战略由国际化递进为全球化,主张全球资源为我所用,整合全球的研发、制造、营销资源,以创造本土化主流全球品牌。

2012~2019年是海尔集团的网络化发展阶段,该阶段中,海尔的发展理念是"以链群(生态链上的小微群)创用户体验场景",倾力打造互联网时代的平台型企业。互联网时代的到来颠覆了传统经济的发展模式,而新模式的基础和运行则体现在网络化上,市场和企业更多地呈现出网络化特征。在海尔集团看来,网络化企业发展战略的实施路径主要体现在三个方面:企业无边界、管理无领导、供应链无尺度,即大规模定制、按需设计、按需制造、按需配送。围绕创造用户全流程最佳体验的目标,海尔集团深度变革组织体系与运营机制,积极探索网络化资源、网络化组织、网络化用户三个体系的创新,以建立共创共享的商业生态网,推进向互联网平台型企业转型。

2019年6月,海尔集团以"物联网生态品牌"成功登榜"2019年BRAND™全球最具价值品牌100强",并于2020年、2021年以全球唯一一家"物联网生态品牌"三度蝉联百强,海尔集团开始进入生态品牌战略发展阶段。

作为价值引领型企业,不同的战略发展阶段中,海尔集团无一例外地选择了差异化竞争战略。在互联网物联网时代背景下,当万物互联从"端"到"云",海尔对智能家电等网器的定位不仅仅是联网,还要实现基于使用场景的连接、用户需求的主动响应,以及后续生态的持续形成。如果定位转型前的青岛海尔是一个家电制造商,那么转型后的海尔智家便是一个提供价值增值的生态平台。从青岛海尔到海尔智家,从世界家电第一品牌到互联网物联网时代的生态品牌引领者,海尔集团开创性地引领了一个从用户选择家电、定制家电到定制智慧生活方式的改变。在全球化智能家居争夺战中,当很多企业还在执着于硬件连接和功能叠加,追求"卖产品"的传统商业模式时,海尔智家从研发、市场、资源、售后四个维度,全流程显示海尔智慧家庭的差异化优势,追求"生活方式引领",目的在于以开放的平台和共创共赢的生态,形成全方位产业资源,建成衣联网、食联网、空气网、水联网等能够连接用户和资源方的七大生态圈。

11.2.3 海尔集团的业务流程再造和组织结构变迁:"人单合一"实施的基础

海尔集团不断变化的发展战略,在转变企业竞争重心和业务布局的同时,组织职能机构随经营规模不断扩大而增多,内部决策运作效率、准确性和有效程度随之降低,不利于企业组织内部的快速协同与应对外部的市场变化,基于"命令和控制"的传统刚性层级结构和机械控制手段日益受到挑战。为适应家电行业日益激烈的市场竞争,海尔必须推进内部经营管理机制变革,打破传统层级制管理模式,改变传统商业模式,以便更好地满足用户需求。在与外部市场环境和企业发展战略变化一致的组织结构变迁中,海尔集团逐步构建出一个可以为员工带来自我价值实现和增值、使员工个人发展与企业发展相一致的平台,这个平台旨在通过创造价值带来个人价值最大化的同时,充分调动每一位员工的积极性,自主创新提高经营效率,培育企业竞争优势。

11.2.3.1 以市场链为纽带的业务流程再造

海尔集团自1999年国际化战略阶段以来,实施以市场链为纽带的业务流程再造,以此为基础最终形成"人单合一"的管理模式。海尔集团推行的市场链,指的是把市场经济中的利益调节机制引入企业内部,在企业调控下,将企业内部的上下流程、上下工序和岗位之间的业务关系由单纯行政机制转变为平等的市场买卖关系、服务关系和契约关系,通过这些关系将外部市场订单转变为一系列内部市场订单,形成以订单为中心,上下流程、上下工序和岗位之间互相咬合、自行调节的业务链。以市场链为纽带的业务流程再造,指的是从根本上重新设计业务流程,将直线职能型结构转变为平行的流程网络结构,[①] 以 OEC 全面质量管理、计算机信息系统为基础,以订单信息流为中心,带动物流和资金流的运行,实现市场零距离、产品零库存和资金零占用三个零目标。该业务流程再造有两个突出特点。

(1) 以首尾相援、完整连贯的整合性业务流程,取代以前被各种职能部门割裂得难以管理的碎片化流程。

(2) 每个业务流程都是直接面对顾客、具有高度经营决策权自主权的完整业务流程,领导面对的是市场和顾客,每一位员工同样面对市场和顾客,每一个业务流程的经营成果都可以用货币计量。

---

① 职能型结构:依据专业化分工形成的组织结构,在这种组织结构中,每个人习惯对内负责,即对自己承担的专业化工作负责;每个人对上负责,即遵照上级指示执行;没有人有资格对整个工作过程负责,没有人对外向顾客负责。

海尔的市场链业务流程再造经历了三个阶段：第一阶段是整合内部资源，调整组织结构，构建业务流程及其经营关系，构造业务流程再造框架；第二阶段是整合外部供应链资源，整合上游供应商和下游客户之间的关系、获取有价值订单；第三阶段是整合人力资源，全员参与成为创新战略经营单元。

11.2.3.2　基于业务流程再造的组织结构变迁

互联网时代的海尔集团组织结构是根据业务流程而不是依据职能设计的，迄今为止，海尔的组织结构经历四个阶段的变迁。

第一阶段是传统直线职能式的组织结构。海尔在经营初期为强化管理解决混乱局面而采用的强控制型组织结构。

第二阶段是"事业部＋矩阵式"的传统组织结构。横坐标由各种职能部门构成，例如财务、供应和计划等；纵坐标由各个项目事业部构成，例如冰箱项目、空调项目和洗衣机项目等。

第三阶段是市场链扁平式组织结构。1999年，在业务流程再造的基础上，海尔对组织结构进行战略性调整，将由横坐标和纵坐标构成的"事业部＋矩阵式"组织结构中，水平职能型结构转变为流程型网络结构，垂直型业务结构转变为水平业务流程结构：首先，根据三大核心流程，将原本分属于事业部的财务、采购和销售业务分离出来，整合成独立经营的商流推进本部、物流推进本部、资金推进本部，实行集团范围内统一营销、统一采购、统一结算；其次，将集团原职能管理资源进行整合，把事业本部中的人力资源开发、技术质量管理、信息管理、设备管理等职能管理部门分离出来，成立独立经营的服务公司，称为事业部（本部）；最后，将上述部门通过市场链串在一起，设计索酬、索赔和跳闸标准，形成内部模拟市场经营关系。索酬指的是通过市场链为市场做好服务，可以从市场中获得报酬；索赔指的是通过市场链，如果不能履约，就要被索赔，或者别的部门不能履约，可以向责任部门索赔；跳闸指的是如果既不索赔也不索酬，第三方就会自动跳闸，轧出问题。

经过业务流程再造和市场链扁平式组织构建后，海尔的市场链流程为：全球的商流（商流本部、海外推进本部）搭建全球营销网络，从全球用户资源中获取订单；产品本部通过新产品研发、市场研发以及提高市场服务竞争力不断创造新需求和新订单；产品事业部执行实施商流获取的全球订单和产品本部创造的新订单；物流本部利用全球供应链资源搭建全球采购配送网络，实现 JIT 订单加速流；资金流搭建全面预算系统。从而形成首尾相连的横向网络化的同步业务流程，以订单信息流为中心，带动物流、资金流的运行，通过信息不落地、产品不落地、资金不落地，实现用户零距离、产品零库存、资金零占用的"三个"零目标。

第四阶段是网络平台化组织结构。海尔在组织层面，从层级组织形式转变为以自主经营体为基本创新单元的网络组织架构，将企业原来所有部门按照线体、型号、市场划分为 2 000 多个自主经营体并组成以用户为导向的利益共同体。

11.2.4 海尔集团的"人单合一"模式和相应组织结构

战略转型、组织重构和关系转变带来的是整个商业模式的重建,商业模式的重建反过来又推动企业组织重构的完善。"人单合一"模式是张瑞敏于 2005 年 9 月在海尔全球经理人年会上首次提出的,目的是让每一个员工找到自己的市场和用户,将管理聚焦在员工和用户两大要素的"端到端、零距离"。经过长期的实践摸索,在 2017 年网络化战略进入实施阶段后,海尔集团全面实行"人单合一"共创共赢经营模式。2019 年进入生态品牌战略发展阶段后,海尔集团员工在生态圈内持续着自创业、自组织、自驱动的演进模式,员工与用户双赢的"人单合一"1.0 模式开始演进为利益相关方价值共创共赢的"人单合一"2.0 模式。海尔集团初步形成具有"企业平台化、员工创客化、用户个性化"三化理念的整套组织管理体系,与"人单合一"模式的演进发展相适应,海尔的组织结构变迁也随之进入第四个阶段——网络平台化组织结构。

11.2.4.1 "人单合一"模式概述

(1)"人单合一"模式的内涵。海尔集团的"人单合一"模式中,"人"指的是具有"创业和创新"两创精神的员工,"人"是开放的,不局限于企业内部,任何人都可以凭借有竞争力的预案竞争上岗;员工不是被动执行者,而是拥有"现场决策权、用人权和分配权"三权的创业者和动态合伙人。"单"指用户价值/需求,"单"是抢来的,既不是上级分配的,也不是狭义的、封闭固化的订单,而是引领并动态优化的。"合一"指员工的价值实现与所创造的用户价值合一,通过"人单酬"闭环运行机制,每个人的酬来自用户评价、用户付薪,而不是上级评价、企业付薪;传统企业付薪是事后评价考核的结果,而用户付薪是事先算赢,对赌分享得超利。

"人单合一"的本质即是人与订单合二为一,每个员工都围绕订单开展工作,根据市场目标创造、获取、执行有价值的订单;每个员工都应直接面对用户需求,为用户创造价值,并在为用户创造价值的过程中实现自身价值、企业价值和股东价值。"人单合一"顺应了互联网物联网时代"零距离""去中心化""去中介化"的特征,员工不是从属于岗位,而是因用户而存在,有"单"才有"人",因而"人单合一"是动态优化的,是从企业、员工和用户三大维度进行战略定位、组织结构、运营流程和资源配置领域的系统性持续动态变革,其特征可以概括为"竞争上岗、按单聚散;高单聚高人、高人树高单"。

(2)"人单合一"模式下的三化理念。"人单合一"模式颠覆了企业、员工和用户三者之间的关系:传统模式下,用户听员工的,员工听企业的;"人单合一"模式下,企业听员工的,员工听用户的。"人单合一"模式将企业变成一个开放的平台,让员工变成用户价值驱动的创客,把用户、员工以及利益相关方都汇聚在一个平台上,形成共创共赢共享的生态系统,促使整个商业模式重建。

2013年，海尔在探索发展"人单合一"模式时提出"企业平台化、员工创客化、用户个性化"的三化理念。

企业平台化，即是致力于内去科层、外破边界，成为整合全球资源的平台而不是科层制的管理控制系统。

员工创客化，即员工从被动接受指令的雇用执行者，转变为主动为用户创造价值的创客和动态合伙人；利用信任和赋能机制充分激活员工潜能，促使员工在为用户创造价值的同时实现自己的价值，成为共创、共享、共赢的创客。

用户个性化，即用户从购买者转变为全流程最佳体验的参与者，从顾客转化为交互用户资源。通过持续零距离用户交互，使企业可以迅速利用用户知识实现迭代式创新，满足用户个性化需求；通过用户体验价值和使用价值的创造，驱动海尔企业价值的实现。

海尔的工作是创造一个让每个人都把自身价值充分发挥出来的平台，实现员工的"自创业"，也即是员工自己寻求机会，变成一个自组织，这个组织没有领导，由用户驱动，以充分激发员工创造力。

11.2.4.2 "人单合一"模式下的组织结构特征

互联网物联网时代背景下，海尔集团在网络化战略发展阶段，以"人单合一"模式创新逐步推动完成了组织结构由传统封闭的科层管控型组织，转型为开放的共创共赢的投资驱动平台、用户付薪平台与网状创客平台，企业宗旨从"长期利润最大化"改变为"追求成为小微股东之一"，目前，在海尔的创业生态圈网状平台上不存在科层组织结构下的行政职位级别，只有三类人，这三类人没有职位高低，差别只是所掌握的、创造的用户资源不同。

第一类是平台主，平台主不是一个官员或者上级领导，而是一个服务员，负责给创业生态圈浇水施肥，其任务是以行业引领为目标，搭建开放的人力资源体系，创新用户驱动机制，布局创业小微架构，驱动创业小微，动态优化实现引领目标。

第二类是小微主，小微主实质上就是一个创业团队，这个创业团队在平台上茁壮成长，任务是对内创建并联生态圈，对外创建社群用户体验圈，两个圈融合形成共创共赢生态圈，创造用户最佳体验。

第三类是由原来的企业员工变成的创客，创客是小微企业里面的创业者，创客和用户连在一起，吸引一流资源和利益攸关方以对赌方式融入进来，形成一个个社群，构成创业的基本单元，也就是小微生态圈。

2019年以来，物联网时代下用户对单一产品的需求转型升级为对智慧生活解决方案的需求，在以小微为基本单元的分布式组织基础上，海尔集团发展出了新的组织形态——链群，推动海尔形成物联网时代以链群生态价值驱动企业价值的共创共赢生态系统。链群，是一种自适应的非线性网络组织形态，其出现是为了满足基于用户交互而产生的更多的用户需求。海尔集团的链群有两种类型：一种是用户体验链群，侧重于市场端，通过一些触点网络直接面向用户社群，与用户交互，得到用户新的体验升级的需求；另一种是创单链群，负责用户需求的具体落实，通过不断迭代用户解决方案满足用户体验需求。

创单链群和体验链群即时结合，快速满足用户需求，以开放组合的形式（各节点小微与外部资源方合作）解决用户复杂多变的需求，创造更高的用户价值。海尔集团通过"小微众创"的链群非线性管理机制，确保了大共享平台的员工持续创新，以及生态利益攸关方共创共赢。

网络化、平台化组织结构相对于传统组织结构下管理模式的最大不同在于平台、创客小微、创客的自创新、自驱动以及自运转。所有人形成一个组织，齐心协力来创造用户最佳体验。海尔刚刚开始时有 2 000 多个小微，根据海尔集团官网资料，现已有 4 000 多个小微，并且有很多在工商局注册成真正的公司，海尔只是它的股东之一而已，这些小微在海尔这个平台上运行，协同达到用户最佳体验的目标。

11.3 "人单合一"模式下 SBU 的发展创新：自主经营体制度

互联网物联网时代海尔集团的经营战略转变和业务流程再造引起组织结构和商业模式的转变，创新发展的海尔"人单合一"的模式，继而指引海尔集团的战略转型和业务经营方向。在"人单合一"模式下，海尔集团的三大控制体系依然发挥重要作用：目标控制体系，运用市场机制，目标先成为市场目标，然后成为有竞争力的目标；日清控制体系，每天工作日清，有市场与用户制约下的自主管理，有闸口日清，日清围绕订单清；有效激励机制，实现市场链工资、市场目标工资、与订单挂钩的薪酬体系。自主经营体是海尔集团"人单合一"模式管理的核心和组织载体，其本质即是战略经营单元（strategic business unit，SBU）的创新发展。海尔的自主经营体，经历了 OEC 质量管控、BPR 流程再造打下的坚实基础，到 SBU 形成发展为"人单合一"模式下的基本创新单元。

11.3.1 SBU 产生的基础：OEC 管理模式和 BPR 市场链流程再造

1994~1998 年，海尔集团开始推行"日清日高管理法"（overall every control and clear，OEC），OEC 管理模式是一种全面质量管理法，其内涵是：全方位对每个人每一天所做的每一件事进行控制和清理，做到"日事日毕，日清日高"。"日事日毕"指的是每天的工作每天完成，解决的是基础管理问题；"日清日高"指的是每天的工作质量都有一点点提高，解决的是发展速度问题。OEC 管理，强调将企业工作落实到每个人每一天的每一项工作上，并及时检查调整，按照"总账不漏项，事事有人管，人人都管事"的要求，建立"三本账"：全局管理工作总账、各单位各部门管理工作分类账、职工个人管理工作明细账。以三本账为工具分解任务明确职责，提高员工个人工作管理的能力，实现"日事日毕，日清日高"，最终实现企业整体目标。OEC 将产品质量保证体系导入企业，实现了"人人都管事，事事有人管"，但缺陷有二：一是没有建立在信息化基础上；二是没有把市场引入企业内部。

1998~2003 年，海尔集团在 OEC 管理的基础上，推行"市场链流程再造"（business process reengineering，BPR），大大提高了海尔集团的效率。BPR 将市场引入企业内部，以市场为导向，以"信息化、扁平化、网络化"三化为原则，进行组织框架再造，把物流、商流、订单信息流等资源整合起来，实现了"三个零"：即信息流的零距离；物流的零库存；资金流的零运营成本。

11.3.2 SBU 战略管理单元运行机制的初步形成：自主经营体

2003~2012 年，在 BPR 业务流程再造和市场链扁平式组织机构变迁的过程中，海尔集团开始推行"战略经营单元"，即最初的自主经营体制度。SBU 以"主体、主线、主旨"三主为原则，把每个人从管理客体变为主体，从管理者变为经营者；所有员工围绕从客户得到订单到使客户满足这一条闭环主线；主旨即是使每个人都成为 SBU，成为经营者。SBU 的本质就是变客为主，海尔员工必须以经营者角色沿着确保客户满意的主线展开业务流程，实现"人单合一，速决速胜"。SBU 的推行，意味着企业和市场边界的弱化，员工直接面对客户，与此同时，员工之间不再以行政部门划界，员工之间的关系取决于客户订单规定的业务流程。海尔集团的 SBU 运行机制如下。

（1）明确市场目标——确定所要创造的订单。
（2）提供平台资源——确定所需的资源保障。
（3）型号流程分解——分解到各个型号经理业务流程。
（4）个人收入考核——将个人收入与各个型号经营成果挂钩。

知识链接：如何成为 SBU。

SBU 的四要素是：第一，市场目标，就是把用户资源抢到手的速度；第二，市场订单，要创造有价值的订单；第三，市场效果，执行订单满足顾客需求；第四，市场报酬，根据市场效果大小获得相应报酬，从市场挣工资，而不是企业发工资。SBU 四要素之间的关系是，有竞争力的市场目标转化为市场订单，完成市场订单得到市场效果，市场效果决定市场报酬。

海尔的 SBU 根据决策层次和发挥作用，分为三个层次：第一层是战略级 SBU（S 级 SBU），是事业本部部长及以上高级管理人员；第二层是事业级 SBU（B 级 SBU），是事业部部长级管理者；第三层是单元级 SBU（U 级 SBU），是事业部部长级以下的员工。上一级 SBU 要为下一级 SBU 提供市场空间和资源平台，包括帮助下级诊断现状、提供标杆信息、分析问题解决渠道、设计和整合支持流程等。每一级 SBU 在企业和上一级 SBU 为自己提供的平台上创新经营。

此期间的自主经营体制度，实现了传统正三角组织架构向倒三角组织架构的转型：将提供决策权的领导从组织架构顶层转移到底层，倒逼领导层成为提供资源的平台；将最接近于市场一线的员工组成自主经营体，直接面向市场，满足用户需求。[1]

11.3.3 SBU 的创新发展：自主经营体制度的完善和生态链小微群

海尔集团进入国际化全球化战略阶段以来，全面推进"人单合一"管理，致力于让每个员工成为用户价值创造的主体，继续创新发展 SBU 使之成为适应互联网物联网时代的自主经营体制度。2012～2013 年将一线的自主经营体同后台节点，例如研发、物流、供应链等资源并联形成利益共同体。这种并联的利益共同体可以快速有效地响应市场，满足用户提出的个性化需求，由此促进了企业经营利润的增长。2013～2018 年，海尔集团扩展了利益共同体的权限，满足条件的并联利益共同体可以单独注册成为小微公司，每个小微公司有"三权"：独立自主的决策权、用人权和薪酬权。根据小微性质，海尔 100% 的持股根据会计准则并表，并根据小微发展方向及集团战略规划确定是否需要回流母公司；非海尔 100% 持股的小微根据股东协议和每年董事会确定当年利润分配方案，以权益法核算归母净利润。2019 年以来，海尔的自主经营体有了新的发展，引入生态链小微群概念，简称链群。

自主经营体制度是对事业部制度的扬弃，自主经营体具有现场决策权、自主用人权和自主分配权，以实现"自主"；每个员工都必须进入经营体，包括财务、人力等职能部门，要提供资源把自己由后台变为前台；每个自主经营体都必须面对市场创造用户价值，要能够赚足经营费用并缴足企业利润，剩余的超利分成；企业原来的市场、研发、生产等部门转变为跨流程协同的自主经营团队，相互协同；企业原来的财务、人力等职能部门变成为自主经营体提供资源和专业服务的支持平台；企业原来的领导者，转变为制定战略方向和发现市场机会，同时为经营体提供资源和支持，帮助经营体达成目标。

以与用户距离的远近为标准，海尔的自主经营体可分为三类：一级经营体、二级经营体（平台经营体）、三级经营体（战略经营体）。一级经营体与用户的距离最近，三级经营体与用户的距离最远，每个自主经营体都以用户创造价值为中心，直接与市场需求对接。

一级经营体又可具体分为三类经营体，即市场经营体、型号经营体和线体经营体：市场经营体负责满足用户的长尾需求，为用户创造价值；型号经营体负责

---

[1] "人单合一"模式研究院，http://www.haierresearch.com/.

创新研发新产品，为用户提供个性化的服务；线体经营体负责在运输途中保证产品的质量，并且送货上门，为用户提供及时、高效的服务。

二级经营体（平台经营体）又辅助一级经营体的工作，为其提供资源以及专业服务。

三级经营体（战略经营体）通过分析市场变化动态制定战略决策，以便精准应对抓住商机，同时辅助一级和二级经营体，为它们提供资源支持。

不同层级、不同类别自主经营体之间，通过契约关系实现相互承诺和资源提供。三个级别的经营体之间通过服务合同实现资源提供，一级经营体向二级、三级经营体发出指令，二级、三级经营体则负责执行，一旦无法执行，就说明二级、三级经营体的平台机制出现问题，其他的经营体可以帮助解决这些问题，由此便形成了"抢单"。一级经营体中的三个类别经营体之间通过"包销定制"契约实现连接，市场经营体与型号经营体之间是"包销"，销售前通过契约关系相互承诺该型号在市场的销售量；型号经营体、市场经营体与线体经营体之间通过"定制"契约实现连接，生产前就通过契约关系相互承诺定制该型号的数量。

互联网物联网时代企业所处社会经济环境变化的复杂性及波动性，需要企业以流程基础组织来取代传统科层组织形式，以满足现代企业竞争的需要，形成流程企业（process enterprise）。自主经营体是自主经营、自驱动、自运转、自创新的自组织，以创造并满足用户需求为同一目标、以端到端对用户承诺的市场契约为纽带、以共创价值并分享价值为导向，通过为用户创造价值实现自我价值，是具有具体市场目标的项目经营团队。海尔集团的以自主经营体为基本创新单元构建的网络组织架构，是以市场为中心及以流程驱动的更扁平、更动态、自主适应的组织结构，将企业原来所有部门按照线体、型号、市场划分为数千个自主经营体（小微），继而发展为以链群合约的形式组成以用户为导向的利益共同体。海尔集团自主经营体制度的形成和模式细化，使企业集团的一切组织工作均围绕着"战略"展开，这与钱德勒的"以战略决定组织"的思想以及卡普兰的"战略中心型组织"不谋而合。自主经营体制度的实施，不仅可以实现自主经营体在企业内部的相互协调，获得战略匹配利益；而且有利于企业统一管理和制定经营战略，优化企业资源分配，将企业资源分配到最有成长潜力和盈利能力的部门，获得全局收益；链群合约的自适应非线性网络下，还可以整合全球资源，最大化生态效益。

11.4 "人单合一"模式下的绩效管理和管理会计报告创新

企业整体经营情况一般会通过传统三张表反映，即资产负债表、利润表和现金流量表。海尔集团创造性地将"人单合一"模式与管理会计思想相融合，

"人单合一"模式下的管理会计系统构建了以"战略损益表、日清表、人单酬表"三张表为核心的自主经营体核算和管理会计报表体系,以实现"人单合一"模式下自主经营体中员工绩效与订单获取、订单设计、发送产品、货款回收等直接挂钩,形成使每个员工都负责不同任务的闭合供应市场需求链,从而达到企业全面应对市场需求的目标。第一张表——战略损益表,表明了创造用户价值的正确方向;第二张表——日清表,将价值创造精确到绩效完成的流程时效;第三张表——人单酬表,体现了员工自我经营的结果,决定了自主经营体和员工的薪酬。这三张表在改变企业预算管理体系、绩效评价体系和薪酬体系的同时,形成了自主经营体层面的管理会计报告创新形式,并基于此发展形成后续海尔管理会计工具创新:第四张表——共赢增值表。

11.4.1 管理会计报告创新应用形式:战略损益表、日清表和人单酬表

"人单合一"模式下管理会计设计出每个自主经营体的三张表,即每个自主经营体的战略损益表、保证事前算赢的日清表、每个员工的人单酬表。三张表互为表里,相互联系,以"我的用户我创造,我的增值我分享"为宗旨,共同成为实现"人单合一"模式的基础。战略损益表是纲,自主经营体依据战略损益表制定战略决策,将任务细化分配给每一个员工,决定了战略方向;日清表作为桥梁,是对战略落地执行的纠偏过程,上接战略损益表,下接人单酬表,负责监管自主经营体的工作并纠正差错;人单酬表是最终呈现出的经营结果,反映的是自主经营体以及员工的工作绩效。我国《管理会计应用指引第801号——管理会计报告》中指出,企业管理会计报告,指企业运用管理会计方法,是根据财务和业务的基础信息加工整理形成的,满足企业价值管理和决策支持需要的内部报告。企业管理会计报告的对象是对管理会计信息有需求的各个层级、各个环节的管理者,按照企业管理会计报告使用者所处的管理层级可分为战略层管理会计报告、经营层管理会计报告和业务层管理会计报告。可见,战略损益表、日清表和人单酬表是海尔基于自身组织机构特点和业务流程采用的特色管理会计报告形式。

11.4.1.1 每个自主经营体的战略损益表:战略绩效管理创新,事前算赢,具有战略地图的性质

战略损益表以用户为导向,将企业的一张总体损益表细化为数千个自主经营体各有一张损益表,包括用户价值(战略交互)、人力资源、流程(预实零差)和闭环优化四个方面的内容。传统财务报表的损益表,是以收入减成本费用计算利润,只关注经营数据的损益结果,不关注员工的过程、行为是否符合组织战略和长远利益。图11-1描述了海尔战略损益表模型,"人单合一"模式下的战略损益表关注的是战略绩效,不仅关注经营的结果,更关注结果的驱动因素——经

营过程和长远竞争力，其不但包含了经营绩效，还体现出自主经营体如何通过创造用户价值实现自身价值。战略损益表的四个内容，具有战略地图的意义。基于用户价值要回答四个问题：用户价值是什么？谁来创造用户价值？创造用户价值的流程是什么？该流程是否实现了闭环优化？对这四个问题的回答构成了战略损益表的四个基本内容：交互用户是战略制定环节，要求明确的是战略定位、战略目标、战略路径、资源需求和战略保障；人力资源是战略执行的人才管理；流程（预实零差）是战略执行，海尔强调的是预算和计划管理，注重事前算赢，预实相符；闭环优化强调的是公司人单酬成果兑现和差异分析，人单酬没有达标，要从战略、人力资源和流程三个方面找原因，制定改进措施，寻求企业平台资源的支持。

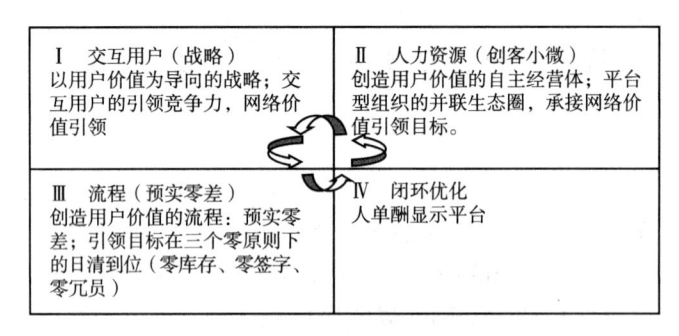

Ⅰ 交互用户（战略） 以用户价值为导向的战略；交互用户的引领竞争力，网络价值引领	Ⅱ 人力资源（创客小微） 创造用户价值的自主经营体；平台型组织的并联生态圈，承接网络价值引领目标。
Ⅲ 流程（预实零差） 创造用户价值的流程：预实零差；引领目标在三个零原则下的日清到位（零库存、零签字、零冗员）	Ⅳ 闭环优化 人单酬显示平台

图 11-1　海尔的战略损益表

战略损益表中的收入项与传统财务报表的收入项不同，是指符合战略方向、主动交互满足用户需求实现的收入，不符合"差异化引领"产品战略的收入，不属于战略绩效，不能计入战略损益表。例如，有些自主经营体为了完成目标，把库存毛利低的"CD"类型号产品（与之对应的"AB"类型号是指既给用户创造价值又给企业带来高增值的产品）通过降价促销卖给消费者，这样尽管收入有所增加，但并不是真正给用户提供满意的产品服务，不计入战略收入。

11.4.1.2　保证事前算赢的日清表：战略执行沟通平台

日清表上接战略损益表，下接人单酬表，立足于预实零差距，其任务是关闭业务执行时的差距，把关闭差距的工作形成每天的工作预算，每天进行日清，把工作落实到每一天，保证目标落地，持续改进绩效，实现"事后绩效评价"到"实时绩效改进"的改变。

日清表是对海尔 OEC 管理模式的延续，通过信息化手段对每日经营绩效进行日清。日清表首先显示经营体现状，具体包括财务数据和经营人的现状；其次明确 161 事前预算内容，即上周工作绩效挂定、本周工作预算锁定、6 周工作预算排定；再其次，进行日清分解，将 161 预算分解到每天的工作预算，并显示出每天的工作预算、实际及差距，每天进行日清，找到执行中的差距，做出纠偏计划,保证目标完成;最后,评价一周工作绩效,显示绩效结果并与个人损益挂钩,制定新的预算。

11.4.1.3 每个员工的人单酬表:激励相容的机制创新

企业战略和组织模式的颠覆式转变,引发了薪酬驱动方式的根本性变革。"人单合一"模式下,海尔公司实行基于价值创造的用户付薪人单酬整体薪酬体系,以用户体验增值为检验,源于海尔战略损益表,引导员工的行为,导向用户付薪、人人创客、共赢共享;导向创造生态价值,实现物联网生态品牌引领。具体来说包括以下三个方面:一是创造和分享,我的用户我创造,我的增值我分享;二是三个"一流",一流的人、一流的单(用户资源)、一流的酬;三是"三高",高效率、高增值、高薪酬。人单酬薪酬体系的表现形式即人单酬表,海尔人单酬机制下,每个员工都会有一张自己的人单酬表。

从"发工资"到"自主挣薪",从"固定酬"到"绩效人单酬",人单酬表中个人薪酬的多少是由为用户创造多少价值来实现的,自主经营体根据业绩完成情况及确定薪酬,把员工报酬和其为用户创造的价值紧密结合,是员工和自我经营体经营的最终成果,体现了员工自主运营自负盈亏的原则导向,体现了"人单合一"的合一理念。

表11-1列示了海尔集团人单酬表的基本格式,员工收入由收入项和损失项的差额决定,收入项包括两项:基本收入和增值收入。基本收入根据工作量和工作难度确定,增值收入包括员工对系统优化建议、流程推进优化建议等。损失项包括违反岗位职责、客户投诉等。人单酬表的重点是"单",单不是内部自定的,是由市场竞争力决定的,人要有能力承接单,单产生的价值和薪酬挂钩,因此,人单酬表激励原则是高效率、高增值、高薪酬,具体表现为:第一,根据有竞争力的单(目标)确定有竞争力的薪酬标准,自主经营体实际创造的价值越大,挣出的可供分享的薪酬资源就越大;第二,驱动经营体创造未来机会;第三,经营体成员有权决定整合一流的人才加入经营体,有权决定让不合格的人退出,经营体有分享增值收益的自主权。

表11-1　　　　　　　　　海尔人单酬简表

序号	项目定义	单位	标准系数	标准单价	标准量	当前累计实际		
						实际量	标准量	标准金额
1	期初余额							
	订单收入项							
2	流量优化、完善、管理项目	人						
	发现流量问题并书面预警	笔						
	增值收入项							
	收入							

续表

序号	项目定义	单位	标准系数	标准单价	标准量	当前累计实际		
						实际量	标准量	标准金额
3	交通费用：包括班车、出租费	项						
	电话费：包括办公电话费	项						
	办公费：个人办公用品费	项						
	费用项							
	雷区违规：审查发现违反岗位职责及雷区事项	笔						
	客户满意度：有效投诉	笔						
	损失项							
	损失							
4	当前损益							
5	人单酬余额							

作为"人单合一"的支持平台，海尔的信息化平台由关注产品功能转为关注用户价值，将人与市场需求对接起来，使每一个订单、每一个客户都有专门的负责人为其提供服务，从而将信息化平台打造成集"人""单""酬"于一体的综合型平台，海尔集团的员工在信息化平台可以自主查询自己的"人单酬"以及工作绩效状况，随时跟踪单（目标）的执行绩效。

11.4.2 人单酬机制下的预算体系创新和绩效管理创新

海尔薪酬体系实现的人单酬整体预酬体系，来源于海尔的战略损益表，其考核包括对创造用户资源、自主经营体的经营能力、预算执行、持续优化四个方面的考核，在改革员工薪酬体系的同时，实现了企业预算体系创新和绩效管理创新。

11.4.2.1 人单酬机制下的预算体系创新

在全球化战略发展阶段，海尔集团即在战略发展目标引导下建立了集团预算管理委员会领导下的多层级、多维度、全面参与的全面预算管理组织体系，集团预算组织可以分为集团、FU、BU、PL、工厂和区域五大层面。FU 承担集团管控和业务支持与服务；BU 是承接战略、分解目标、统筹资源和分析考核的预算经营体；BU 本部各部门和下属 PL 是 BU 预算的编制单位，BU 在 PL 之上建立资源调配机制，根据集团战略和自身预算执行差距关闭计划，在 PL 间调整资源分配情况，将分散在 PL 的营销、研发等资源集中起来，在 BU 层面进行统筹以提高资源使用效率；PL 本部各部门和下属工厂是 PL 预算编制单位。海尔的预算管理体系，在明确界定各级各类组织在业务流程中的角色的基础上，理顺业务流程端到端的责权利关系，区分 FU 的集团管控和业务支持职能，加强 FU 的预算意识和责任考核，加强 BU 和区域组织的预算管理职能。集团预算目标逐层分解到 BU、PL 和区域，最终分解到产品、区域和渠道，工厂和工贸层级是最基层的预算，逐层向上汇总到 PL、BU、FU、集团，由集团负责编制集团总部汇总预算。

"人单合一"模式下，海尔集团的全面预算体系是自上而下与自下而上相结合的全员预算体系：自上而下指的是，集团在战略引领下，根据每个产业不同的发展阶段确定不同的战略承接目标（有卡尺），细化到渠道到商圈，集团预估每个产业预算；自下而上指的是，小微（自主经营体）基于到网格 GDP、市场容量等锁定引领目标，根据具体区域资源配置、团队能力等确定可落地的承接目标，提出自己需要的预算。自上而下和自下而上二个维度的预算目标相匹配，确定最终的预算目标。

人单酬机制在改变薪酬体系的同时实现了自预算机制，即员工事前薪酬预测、事中薪酬跟踪和事后绩效挂钩，形成了员工参与的精细化预算管理模式——事前算赢的全面预算，其创新特点主体体现在以下两个方面。

（1）承接战略的预算机制：员工主动抢单（目标）。传统的预算目标确定过程中，由于员工个人目标与企业目标不一致带来的道德风险与逆向选择问题，导致预算上级和下级之间的博弈。"人单合一"的目标（单）来源于市场，自主经营体和小微通过市场确定目标，激励员工主动抢单，争夺第一竞争力目标。对于企业来说，不能改变的是市场的单，能改变的是企业内部团体组成、机制和业务流程。海尔"人单合一"模式实现的从"委托代理契约"到"员工与用户契约"的改变，创新了委托代理理论，将市场和用户作为委托人，自主经营体（小微）作为代理人，自主经营体根据市场目标和用户需求"竞出"能完成单（目标）的合格团队和员工，通过创造用户价值继而分享价值获得市场付薪。在这样的预算体系和机制下，单（目标）由一线员工承诺，自主经营体协调制定资源配置计划，促使资源流向最优项目，这种员工与用户的契约是动态的，企业能够根据市场动态变化及时调整内部组织和资源，满足市场和用户需求。

（2）全员主动参与的预算体系：每个员工事前算赢。"人单合一"模式的人单酬机制下，海尔预算管理重心转换为事前管理和控制，为实现战略目标进行有效资源配置。预算管理的资源审批，从传统的上级资源分配，变成自主经营体根据自己价值创造能力大小挣资源，自主经营体在紧密融合个人价值与企业价值的经营原则下，基于组织战略自主设定目标、自主决策经营计划、自主支配资源，全程参与企业预算和管理。

11.4.2.2 人单酬机制下的绩效管理创新

"人单合一"模式下，企业通过人单酬表实现了组织绩效和个人绩效的有机连接，以"人单合一"机制激发员工的创新力，员工从原来的被动接受组织的指令转变为每个人都是自己 CEO 的经营者，并形成直面市场的自组织，即自主经营体。每个自主经营体都是一个自主经营、对绩效负责的利润中心，实现了从部门到利润中心的演变，使个个经营体都在算绩效，人人都在做预算，原来的职能部门也变为利润中心的构成要素，对职能技术人员也有了盈利考核要求。以研发服务人员为例，设计产品前，研发人员要确定评审该产品的盈利预算，建立型号损益表全程跟踪该产品盈利情况；从立项开始一直到新产品推出市场，这个型号损益表一直在动态变化；研发人员报酬与所开发型号产品的动态盈利情况直接挂钩，例如，产品开发有期限限制，新产品推出市场后要在规定期限内达到保本点，超过保本点以后可以提成，超过目标利润销售量，提成比例提高。从而激励所开发产品最大限度地满足市场需求，为用户创造价值的同时为自己创造价值。而对于一个型号的开发究竟由哪个开发团队进行，也是竞标抢单的结果，企业内部市场的充分竞争，有效保证了在产品利润、成本、上市时间、质量等方面最具竞争力的开发团队能够抢单。

自主经营体人单酬机制下预算管理工具使用的创新，通过同时达成的绩效管理创新，从自主经营体的"抢单（目标）"开始，到整个产品和服务的生命周期完成，实现了整个企业共享资源（如市场信息、产品信息、人才信息等）的跨部门协作，激励全体员工共同完成预算目标和预算执行。传统企业绩效考核机制是自上而下的，领导制定目标，层层分解，导致的结果往往员工和企业的讨价还价。人单酬机制下，为了确保自主经营体员工与市场直接对接，自主经营体的单（目标）来源于市场，由经营体通过内部"竞单"主动抢来，抢单的动力来自经营体根据自身能力对单（市场目标）的事先全面预算和市场洞察。从上级"压目标"到员工自主"抢目标"，员工对目标的认同与承诺是达成目标的关键和核心动力，每个自主经营体对应一个细分市场，对这个市场的用户和绩效负责，通过达到目标的不同完成率对应不同的薪酬等级，激励自主经营体团队主动抢更高的目标。与此同时，绩效目标不是简单地固定于按同比增幅确定，而是按相对业绩原则由市场确定，根据市场容量和外部行业标杆的领先业绩水平，确定第一竞争力的目标，实现了绩效目标确定由从"固定目标"到"相对绩效目标"的转变。

11.4.2.3 管理控制闭环系统的形成：人、单、酬、预算的有效整合

人单酬机制设计以激励相容为原则，通过赋予员工剩余分享权与剩余控制权，有利于调动员工积极性、发挥员工创新能力，实现客户、员工、企业"共赢"。人、单、酬之间是互动协同的："单"是目标和用户，是机制的起点，首先根据用户需求、市场行情和外部标杆业绩确定有第一竞争力的目标；其次通过各自主经营体的"竞单"竞出主动抢目标且能承接目标的一流团队，实现"人单合一"；最后通过提供有竞争力的薪酬机制，按照"单"实现的价值大小兑现薪酬，实现"单酬合一"；通过自主经营体内部根据每个成员为团队创造的价值大小分配个人薪酬，实现"人酬合一"。

预算在人、单、酬有效整合运转中起到衔接的重要作用，每个自主经营体为

实现其目标要主动制定详细的预算方案，同时根据外部环境变化动态调整经营计划，使预算真正成为每个员工自觉的行为。这样，通过将目标的选择权、预算权、用人权和分配权下放给自主经营体，单（目标）、人（团队）、酬（绩效考核与激励）和预算之间形成一个完整的、有效的管理控制闭环系统。

11.5 海尔管理会计工具创新：共赢增值表

物联网时代以来，海尔集团基于物联网技术，构建了由小微业务单元、用户和其他利益相关方组成的商业生态圈，初步完成了从传统制造模式向用户关系模式的转型。用户关系模式由自主管理的员工企业家所经营的"小微企业"组成，以用户为中心的共赢生态圈平台里，价值是由企业、用户和其他利益相关方共同创造的，利益相关者共享利益和价值，实现共赢和增值。为了更好度量这种价值创造活动，需要一套新的绩效指标来监测各商业生态圈的价值创造能力，海尔历经四次迭代而形成的4.0版共赢增值表（WWVA），包括价值动因和单位价值度量，结合了传统损益表的财务要素和用户数之类的运营要素，可以有效分析每个小微用户及海尔子公司的盈利能力。

11.5.1 共赢增值表简介

共赢增值表是基于"人单合一"模式、以用户为中心的物联网生态价值衡量模式，是在海尔将传统损益表创新为战略损益表后，进一步发展出的适应"人单合一"2.0时代的管理会计工具创新。共赢增值表一出现即成为海尔转型为物联网企业的驱动工具，驱动海尔的管理控制体系转变为开放的小微价值创造生态体系。表11-2列示了共赢增值表的基本构成项目，共赢增值表结合财务和非财务数据来监控和驱动企业、利益攸关方、用户的增值，目标在于从六个方面评价和驱动各小微企业：用户资源、资源方、生态平台价值（含增值分享）、收入（生态收入）、成本和边际收益。共赢增值表还进一步展示了价值增值如何在用户、小微链群、资源方和海尔集团等利益攸关各方所构成的生态平台之间进行分配共享。

表11-2　　　　　　　　　共赢增值表 V4.0

项目		计算公式
1. 用户资源	1.1 交易用户	
	1.2 交互用户	
	1.3 单用户价值贡献	(3.1.2 生态利润 + 3.2 增值分享) ÷ 1.1 交易用户
	1.4 终身用户	

续表

项目		计算公式
2. 资源方	2.1 交互资源方	
	2.2 活跃资源方	
3. 生态平台价值总量	生态平台价值总量	3.1 利润 + 3.2 增值分享
	3.1 利润	3.1.1 传统利润 + 3.1.2 生态利润
	3.1.1 传统利润	4.1 传统收入 − 5.1 传统成本
	3.1.2 生态利润	4.2 生态收入 − 5.2 生态成本
	3.2 增值分享	
	3.2.1 链群分享	
	3.2.2 支持平台	
	3.2.3 共创攸关方	
	3.2.3.1 资源方分享	
	3.2.3.2 用户分享	
	3.2.3.3 资本分享	
4. 收入	收入	4.1 传统收入 + 4.2 生态收入
	4.1 传统收入	
	4.2 生态收入	
	4.3 单用户收入	(4.1 传统收入 + 4.2 生态收入) ÷ 1.1 交易用户
5. 成本	成本	5.1 传统成本 + 5.2 生态成本
	5.1 传统成本	
	5.2 生态成本	
	5.3 边际成本	(5.1 传统成本 + 5.2 生态成本) ÷ 1.1 交易用户
6. 边际收益	边际收益	4.3 单用户收入 − 5.3 边际成本

资料来源：《海尔共赢增值表研究：共赢增值表——物联网时代的财务工具》。

11.5.1.1 用户资源

共赢增值表将用户资源作为企业最重要的一项资产列示，用户资源可以分为三类：交易用户、交互用户和终身用户。交易用户是在平台上有过交易的用户，这是平台最基础的用户资源；交互用户是在平台上购买过产品或服务后，持续参与交互的用户数量，这些用户多次进行交易且全方位参与用户体验迭代流程设计和生态系统设计，也是带来多重价值的关键用户资源；终身用户是持续参与平台交互，帮助平台持续迭代进而丰富社群生态的用户，是指转换到生态系统的活跃用户，不断改进系统的用户体验，长期参与整个平台的演化之中。在用户资源项目下单独列示单用户价值贡献，用来衡量平台上每个用户产生的价值贡献，评价该平台用户资源的利用效率。

需要注意的是，不能将用户资源简单地等同于用户流量，用户资源中交互用户向终身用户的演进表现为用户黏性，用户黏性体现了物联网时代下社群共创资源的变现效率。物联网经济的目的就是通过社群平台上多元化、个性化的创新应用，来实现能够交互和具有黏性的用户价值。用户资源的演进即为用户乘数效应，体现了生态圈的吸聚力。

11.5.1.2 资源方

小微链群需要联系起技术提供商、服务提供商和产品提供商等不同资源方，不同资源方通过链群在平台上实现销售和服务，满足用户多样需求，共同创造价值。共赢增值表中的资源方按照活跃度划分为交互资源方和活跃资源方两类：交互资源方指的是该平台连接的所有资源方；活跃资源方指的是能持续参与共创的资源方。

11.5.1.3 生态平台价值总量

生态平台价值总量是指聚焦用户体验增值的各方共创实现的物联网生态圈的价值总量，主要表述整个生态系统所实现的价值增值，以及如何将这些价值增值在平台的不同参与者之间进行分配共享。这一项是共赢增值表的核心项目，区分了该平台上传统业务的利润实现和生态业务的价值实现，集中展示了该生态系统中的"共赢"和"增值"部分，基于此，生态平台价值总量包含利润和增值分享两部分。

（1）利润，分为传统利润和生态利润。传统利润等于传统收入减去传统成本，生态利润等于生态收入减去生态成本。

（2）增值分享，是指生态圈内的链群，通过创造出颠覆传统行业盈利能力的增值额和盈利模式，吸引利益各方持续抢入，最终生态圈利益各方按创造的价值增值共赢共享。只有通过增值共享，才能实现企业财务价值、链群生态价值、链群共创价值以及单用户价值的不断提升。

增值分享包括三大类：链群分享；支持平台分享；共创攸关方分享。其中，链群分享是链群共创获得的价值分享，含创客及生态平台等；支持平台是帮助链群实现价值创造和传递的支持平台获得的价值分享；共创攸关方分享是各利益攸关方在平台上获得的价值分享。共创攸关方分享又包括资源方分享、用户分享和资本分享，资源方分享是各合作资源方（即供应商或品牌合作商等）在平台上获得的价值分享，用户分享是参与平台、产品、服务共创、设计的用户取得的价值分享；资本分享是按"[可分享利润+（期末估值－期初估值）]×股权比例"计算的社会化资本方获得的价值分享。

增值分享是生态系统三要素"互生、共生、重生"的基础，不断创造更多价值并实现分享就是"互生、共生、重生"的内在含义。增值分享还是开放体系的基础，只有增值分享才可以充分激发人的潜能，吸引一流资源与人才，从而实现真正的开放。所以增值分享是核心的核心，是物联网引爆的引擎。只有各利益攸关方实现共赢的目标，才能进一步吸引更多的资源提供者和用户到这个平台。共赢增值表增值分享部分为企业管理提供了最直接的依据，报表使用者可以直观地查看和衡量。

11.5.1.4 收入

收入包括来源于硬件（产品和服务）的传统收入和来源于生态系统的生态收入两部分。传统收入是指聚焦用户交互与体验的持续迭代，通过销售电器或网器、提供服务等经营业务所形成的收入。生态收入是指通过聚焦创物联网生态品牌的引领目标，小微和各合作方在社群生态平台上通过价值共创持续迭代所形成的收入。

生态收入分为三类：一是社群平台收入，是指聚焦用户体验迭代形成的新场景服务实现的收入；二是基于体验交互产生的服务或产品收入，是指在平台上基于用户最佳体验产生的，并持续迭代的商品或服务的共享经济收入；三是基于用户体验下迭代的产品或服务收入，是指转型做平台，基于高用户体验下的价值交互，并持续迭代产生的产品或服务的体验经济收入。

生态收入的增加，体现了从传统的以销售硬件为主，向共创共赢生态圈的转型。物联网时代，企业应更注重为用户和资源方搭建一个可以充分交互的平台，进而获取利益。生态收入和传统收入的比例，也反映了企业营造的生态平台在企业经营过程中的价值创造力。

11.5.1.5 成本

成本是为实现用户价值所投入的资源成本，包括来源于硬件的传统成本以及生态系统的生态成本。传统成本是聚焦用户交互与体验的持续迭代，通过销售电器和网器、提供服务等经营业务所形成的成本。生态成本是指社群生态平台持续迭代升级过程中投入的资源成本。同时，对获客成本及服务现有用户的成本进行列示。获客成本是指获取新用户投入的成本；服务现有用户成本是指服务现有用户投入的平台建设成本、交互投入成本等。

边际成本是指每个交易用户所产生的成本。成本一定的条件下，越多的用户共享资源，企业花费的边际成本就会越小，这也是共创共赢理念的一种体现。

11.5.1.6 边际收益

边际收益是指每一位用户所创造的利润。这一部分主要报告单个活跃用户的平均边际收益，即单用户收入减去边际成本。生态圈越丰富，用户资源越大，边际收益递增。其目标是不断扩展生态系统，鼓励用户购买更多的服务，从而提高单个用户的边际收益。

边际收益体现了平台的创造能力，平台的吸引力越大，吸引的优质资源提供者也就越多，从而为平台上的各利益攸关方提供更大的价值。这样，就会产生一个良好的物联网价值链，有效满足用户需求，保证资源提供方收益，最终实现平台共创共赢的理念。

11.5.2 共赢增值表背后的管理会计工具整合与创新

一张共赢增值表，体现了海尔在物联网时代"人单合一"模式的继承和发展，体现了海尔共创共赢的发展理念，体现了海尔企业边界逐渐弱化的发展特征，由此也形成了共赢增值表背后的管理会计工具整合与创新逻辑。

11.5.2.1 价值链整合应用的创新

共赢增值表跳出了企业边界，从更广阔的视角对不同利益体所构成的生态平台的价值创造和共享过程进行科学有效的展示和计量。美国管理会计师协会（IMA）认为，海尔制定"共赢增值表"的初衷，是希望从传统的一次性销售交易模式转向用户零售模式，用户零售模式通过开放式共享平台，其中包括其他供应商所提供的服务，致力于让客户成为公司的长期持续用户，即终身用户。从价值链的角度来看，共赢增值表整合了纵向价值链、横向价值链和内部价值链的价值创造过程：海尔物联网时代的组织结构——链群，以无边界网络生态链小微群的形式，一方面面向用户端"抢单"；另一方面根据抢来的单整合所需资源协作研发、生产和提供服务，这些资源可以是海尔集团内部的支持资源，也可以是企业外部其他供应商提供的资源服务。

11.5.2.2 管理会计报告创新

海尔的共赢增值表，是在传统损益表升级为战略损益表，继而演进为"人单合一"2.0模式下共赢增值表的管理会计报告进化过程，整张报表体现了下述特征。

（1）共赢增值表不仅包括传统损益计算的利润形成过程，而且包括整个生态价值在内的价值增值过程，不再用单一的货币形式进行报告，做到财务数据与非财务数据的有机结合，计量单位更加多样。

（2）传统的会计报表以企业为会计主体，虽然管理会计主体是多层次多维度的，可以是集团公司、子公司、分公司、车间、班组，也可以是职能部门、责任单位，但终归没有脱离企业的边界，然而共赢增值表的应用跳出了传统会计主体束缚与企业边界限制，围绕着用户需求聚集起众多资源方和共创攸关方，站在整个生态平台的角度核算所有利益参与者可以共享的价值，不仅核算传统财务报表的收入、成本和利润等指标，而且核算出小微经营体与各合作方在生态平台上分享的价值，适应了物联网时代的业务和财务需求，将传统会计主体扩展为平台主体。

（3）用户资源作为企业核心资产进入共赢增值表。利润实际上是客户需求被满足的表现，客户资源是企业最重要的资产之一，传统的会计报告体系报告的是企业的实物资产，用户资源因其难以计量的特性一直未能进入企业会计报告体系。共赢增值表将用户资源视为最重要的核心资产之一，并区分不同交互度的用户类别分别列示，用详细数字记录了不同层次的用户数量，衡量了整个平台由交易用户升级到交互用户，最终演变成终身用户的过程，清晰地展现了生态平台所拥有的用户资源。

11.5.2.3 管理者绩效评价与管理的发展创新

为了充分利用管理层薪酬激励导向创造用户价值、创造生态价值，为管理层创新提供动力，海尔对管理人员的薪酬体系采取与纵横匹配表、共赢增值表挂钩的用户付薪人单酬整体薪酬体系，采用工具为二维点阵模型。二维点阵纵向体现战略承接和员工升级发展的链群合约，与链群/小微升级引爆、平台引领挂钩；横向体现市场目标竞争力全球引领、生态成果。薪酬竞争力根据"战略承接""市场引领目标竞争力""小微引爆、平台引领""生态成果"等要素综合确定，这些要素综合反映在共赢增值表的价值创造上，成为管理者薪酬确定的重要依据。

11.5.2.4 责任中心的发展创新

我国《管理会计应用指引第404号——内部转移定价》中将责任中心定义为企业内部独立提供产品（或服务）、资金等的责任主体。责任中心的设置，本着权责利一致的原则，承担经济责任的同时享有对等权利。责任中心的经营权来源于公司上级权限的下放，按照上级对于下级下放权限的程度一般分为成本中心、利润中心和投资中心三种。责任中心的经济责任、权利不同，从而相应的绩效考核指标也存在很大差异。海尔在实践中逐步形成的基于SBU的自主经营体和小微，被赋予了极大的自主经营权，这种自主经营权远远超过了传统的责任中心：一方面，随着海尔企业边界的不断外化和市场机制的不断内化，很大一部分自主经营体在形成小微并逐步发展壮大成具有注册为独立法人的资格；另一方面，在"人单合一"机制下，海尔每一个员工都成为直面市场、独立经营的个体，与市场零距离，由市场支付收入，形成"人人都有一个市场，人人都是一个市场"的格局。这些已经远远超过了传统管理会计中对于责任中心的界定。

从责任中心的绩效指标来看，传统的责任中心以成本费用、收入、利润、投资收益为主要考核指标。海尔的经营体以用户价值为中心，围绕用户需求和用户体验，借助互联网便捷性和自身灵活性，以完成竞来的单（目标）所需资源为主线，连接起众多的内部节点小微和合适的外部资源提供商，建立起一个共创共赢平台和生态系统，实现物联网时代的价值创造。共赢增值表超越了传统收益指标的绩效考核，围绕着整个生态平台的价值创造、流动和分配过程，将价值增值清晰地区分为硬件或产品本身的价值增值，即传统利润实现，以及生态系统的价值增值，不但反映了两类价值增值的来源和流动过程，而且反映了将价值增值在链群、平台、资源方、用户和资本投资者之间进行的合理分配。

11.6 物联网时代海尔"人单合一"创新发展绩效

海尔智家股份有限公司是海尔集团旗下最早上市的股份公司，也是海尔集团的源公司，其营业收入、净利润是海尔集团最主要的来源。本案例用以验证海尔"人单合一"创新管理模式绩效数据来自海尔智家 2012～2020 年度报告。表 11 – 3 列示了 2012～2120 年度海尔智家部分会计业绩指标及环比增长率，2012 年以来，随着海尔进入网络化战略发展阶段，"人单合一"模式下组织结构的变化、管理会计工具创新以及因而带来的管控模式变化，促使企业多年来保持了良好的发展态势：海尔智家资产总额自 496.88 亿元增加至 2 034.6 亿元，年复合增长率达到 34.39%，年度营业收入自 798.56 亿元增至 2 097.2 亿元，年复合增长率达到 18.07%；归母净利润自 32.69 亿元增加至 88.77 亿元，年复合增长率达到 19.06%。虽然 2015 年度由于整体行业"遇冷"影响业绩出现下降，但总体而言公司业绩呈高速稳定增长态势。在激烈的家电行业竞争中，海尔智家在集团公司网络化发展战略和差异化竞争战略的引领下，以"人单合一"的经营模式取得瞩目的经营业绩。持续的良好经营业绩来自"人单合一"模式带来的企业发展活力，海尔智家自 2012 年以来公司盈利能力和行业竞争力均稳中有升。与此同时，海尔智家的代理成本随"人单合一"的逐渐深入和完善呈下降趋势，[1] 如表 11 – 3 所示，海尔智家管理费用占营业收入的比重在 2015 年度、2016 年度达到高点之后开始逐步下降。

表 11 – 3　2012～2020 年度海尔智家部分会计业绩指标及环比增值趋势

项目		2012 年	2013 年	2014 年	2015 年	2016 年	2017 年	2018 年	2019 年	2020 年
资产	金额（亿元）	496.88	610.16	750.06	759.61	1 312.60	1 514.60	1 667	1 874.50	2 034.60
	环比增长（%）		22.80	22.90	1.30	72.80	15.40	10.10	12.40	8.50
营业收入	金额（亿元）	798.56	864.88	887.75	897.48	1 190.70	1 592.50	1 833.20	2 007.60	2 097.20
	环比增长（%）		8.30	2.60	1.10	32.67	33.70	15.10	9.50	4.50
净利润	金额（亿元）	43.61	55.51	66.92	59.22	66.91	90.52	97.71	123.30	113.20
	环比增长（%）		27.30	20.55	—	13	35.30	7.90	26.20	—
归母净利	金额（亿元）	32.69	41.68	49.92	43.00	50.37	69.26	74.40	82.06	88.77
	环比增长（%）		27.50	19.80	—	17.10	37.50	7.40	10.30	8.20

---

[1] 委托代理相关研究中，通常以企业管理费用占营业收入的比重来衡量公司代理成本高低。

续表

项目		2012年	2013年	2014年	2015年	2016年	2017年	2018年	2019年	2020年
管理费用	金额（亿元）	51.89	54.43	59.95	65.49	83.82	71.65	83.24	110.10	100.50
	环比增长（%）		4.89	10.14	9.24	28	—	16.17	32.26	—
	占营收（%）	6.49	6.29	6.75	7.30	7.04	4.50	4.54	5.48	4.79
研发投入（亿元）		—	20.93	24	24.61	32.49	45.89	53.98	67.11	72.20
研发投入占营收比重（%）		—	2.40	2.70	2.70	2.70	2.88	2.94	3.34	3.44
研发资本化率（%）		—	0	2.80	4.80	1.90	5.55	5.88	6.62	4.98
加权平均净资产收益率（%）		33.78	32.84	27.58	16.22	20.41	23.59	21	19.12	17.67

注：2016年兼并GEA，公司资产规模大幅上涨。
资料来源：根据海尔智家2012～2020年度报告计算整理。

11.6.1 公司的盈利能力

海尔智家自进入家电行业以来，一直秉承的是差异化发展战略，表11-4列示了2012～2020年海尔智家综合毛利率和核心业务毛利率。自2012年以来，海尔智家各核心业务毛利率稳中有升，相对于已经进入低毛利时代的家电行业平均毛利率，海尔总体上保持相对较高的毛利率，产品盈利能力较强。

表11-4　2012～2020年海尔智家综合毛利率及核心业务毛利率　　单位：%

项目	2012年	2013年	2014年	2015年	2016年	2017年	2018年	2019年	2020年
综合毛利率	25.24	25.32	27.52	27.96	31.02	30.99	29	29.83	29.68
空调	27.31	28.48	30.36	28.24	32.29	31.79	31.72	31.22	27.41
电冰箱	30.66	29.95	32.09	32.54	33.08	32.11	30.36	32.27	32.45
厨卫电器	—	—	42.28	43.65	41.16	39.76	30.97	31.13	31.70
洗衣机	29.50	29.14	33.16	34.33	34.64	35.58	33.92	32.72	33.12
水家电	—	—	—	—	—	—	—	45.85	45.73
装备部品	10.84	14.57	24.52	13.28	6.18	6.31	12.87	10.23	10.12
渠道综合服务及其他	7.63	10.82	7.03	9.99	12.98	10.23	8.19		

资料来源：根据2012～2020年年度海尔智家报告整理计算。

11.6.2 公司的行业竞争力

表 11-5 列示了 2014~2020 年海尔智家主要核心产品的国内零售市场份额。海尔智家在 2014~2020 年，冰箱、洗衣机、热水器、家用空调等核心产品的零售额在中国家电市场上占比整体呈上升态势，冰箱、洗衣机一直保持全国排名第一的地位，大型家用电器在全球销售量多年蝉联全球第一，行业竞争优势地位凸显。

表 11-5　　　　2014~2020 年海尔智家核心产品零售市场份额　　　　单位：%

项目	2014年	2015年	2016年	2017年	2018年 线下	2018年 线上	2019年 线下	2019年 线上	2020年 线下	2020年 线上
冰箱	23.56	24.08	25.11	31.83	35.40	31.70	36.70	34.50	39	36
洗衣机	26.74	25.84	26.77	29.89	33.60	34.40	36.30	36.30	40.20	39.90
热水器	17.19	17.64	18.41	—	18.10	22.20	20.50	23.60	23.90	27.30
空调	11.91	11.46	10.09	—	11.45	—	12.20	8.80	14.70	11.20
大型家用电器全球销售	10.20	9.80	10.30	10.60	—	—	—	—	—	—

资料来源：根据 2012~2020 年度海尔智家报告以及中怡康数据整理。

11.6.3 公司的创新投入情况

海尔智家的差异化市场竞争策略来自能够满足用户需求的高质量产品和服务，高质量的产品和服务表现为高于行业平均水平的产品毛利率，而高毛利率的维持则取决于企业以不断迭代更新的产品和服务，满足不断变化的用户需求，创新对于海尔智家的发展有着举足轻重的作用。如表 11-3 所示，海尔智家的研发投入占营业收入的比重虽然总体不高，但整体呈稳定增加态势，且金额自 2013 年的 20.93 亿元增长至 2020 年的 72.2 亿元；与此同时，海尔研发技术人员规模也呈高速增长态势，表 11-6 列示了 2012~2020 年海尔智家员工构成比例变动情况，在"人单合一"和信息化发展背景下，网络化发展战略的引领促使人人直接面对市场，销售人员相对减少的同时，海尔智家研发技术人员占全体员工的比重从 2012 年的 11.34% 增长至 2020 年的 18.14%，凸显了技术创新对公司发展的重要性。

表 11-6　　　　2012~2020 年海尔智家员工比例构成变动

	生产 人数	生产 占比(%)	销售 人数	销售 占比(%)	技术（研发）人数	技术（研发）占比(%)	财务 人数	财务 占比(%)	行政 人数	行政 占比(%)	合计
2012	31 819	54.88	18 268	31.50	6 579	11.34	531	0.92	780	1.35	57 977
2013	35 134	63	11 601	20.80	7 657	13.73	638	1.14	732	1.31	55 762
2014	33 181	61.10	11 898	21.92	7 908	14.57	625	1.15	674	1.24	54 286

续表

	生产		销售		技术（研发）		财务		行政		合计
	人数	占比（%）	人数	占比（%）	人数	占比（%）	人数	占比（%）	人数	占比（%）	
2015	38 987	61.10	12 883	20.19	10 097	15.83	874	1.37	961	1.51	63 802
2016	48 466	65	13 195	17.69	10 293	13.80	998	1.34	1 446	1.94	74 570
2017	48 882	63.60	14 175	18.43	11 301	14.70	1 028	1.34	1 510	1.96	76 896
2018	50 897	58.20	17 565	20.09	14 941	17.09	1 327	1.52	2 717	3.11	87 447
2019	59 581	59.70	19 818	19.87	16 679	16.72	1 509	1.51	2 170	2.18	99 757
2020	58 444	58.85	18 754	18.89	18 014	18.14	1 647	1.65	2 440	2.46	99 299

资料来源：根据 2012~2020 年度海尔智家报告计算整理。

11.7　本章小结

海尔集团现阶段的发展目标是创建一个包含所有用户、利益攸关方和其他公司资源增值钟摆下的"共赢"平台。海尔的业务模式颠覆了传统企业和电商以交易获取产品收入的模式，代之以与用户交互各方共创共赢，共享增值，进而产生生态收入的模式。海尔的组织结构，颠覆传统的科层制形成自主经营体，并继而发展为以用户体验迭代为中心的无边界网络生态小微链群（简称"链群"）。在海尔发展战略引领下，"人单合一"模式不仅是商业模式的创新，组织管理和结构的创新，同样影响着作为组织管理控制系统不可或缺组成部分的管理会计系统创新。本章案例描述和探讨了随着"人单合一"模式的不断发展完善，海尔集团在战略管理、价值链管理、绩效管理、预算管理等管理会计应用领域中创新发展的管理会计工具方法。然而，学习和研究本章案例时，需要注意的是，海尔的管理会计工具方法创新，还是一个在实践中有待检验的模式，应该注意以下三个有待解决的问题。

（1）关于企业边界的问题。以科斯为代表的经典交易成本理论，实质上阐明的是企业和市场的边界问题，海尔集团实践中探索发展的"人单合一"模式在企业引入市场竞争的同时，淡化了企业边界，这是对经典交易成本理论的颠覆，还是其他？有待实践和时间的检验。

（2）关于全员激励、效率与公平的问题。海尔集团的"人单合一"2.0模式旨在共创共赢，人单酬的竞单抢单机制，在调动全员活力的同时，凸显了每一个员工（创客）、创客小微、平台的能力差距，强者恒强、弱者恒弱的矛盾随之产生，那些"人单酬"总是居末的创客、创客小微、平台，或许会产生自暴自弃的心理。在经营形势大好的时候，每个创客、创客小微、平台都会有单，但是当经营转入"慢车道"的时候，有一些就会抢不到单。任何经营模式和管理方式都是有利有弊，没有永远管用的经营模式和管理方式。任何创新都不是一帆风顺和一步到位的，都会经历挫折。在解决一个经营、管理问题的时候，也会伴随出现另一个经营、管理问题。这个问题需要实践和时间的检验。

（3）"人单合一"的可复制性问题。现有的公开研究，大多数认为海尔模式可复制，事实上海尔2016年收购美国通用电气（GEA）家电业务后，没有进行大规模人员调整，只是采用"人单合一"模式对其进行改造，并取得明显成效。2017当年即取得了过去10年来的最好业绩，可以说GEA是对海尔人单模式复制的成功案例。然而，这样的复制可以推广吗？如果可以推广，又需要哪些前提条件呢？这依然是一个有待实践和时间检验的问题。

参考文献

［1］ 财政部. 管理会计应用指引第100号——战略管理.
［2］ 财政部. 管理会计应用指引第200号——预算管理.
［3］ 财政部. 管理会计应用指引第404号——内部转移定价.
［4］ 财政部. 管理会计应用指引第600号——绩效管理.
［5］ 财政部. 管理会计应用指引第801号——管理会计报告.
［6］ 海尔集团官网，https：//www.haier.com.
［7］ "人单合一"模式研究院，http：//www.haierresearch.com.
［8］ 青岛海尔股份有限公司2012~2018年度报告.
［9］ 海尔智家股份有限公司2019~2020年度报告.
［10］ 马智勇，徐玉德. 海尔共赢增值表的价值驱动分析［J］. 财务与会计，2019（22）.
［11］ IMA&复旦大学管理学院. 海尔共赢增值表研究：共赢增值表——物联网时代的财务工具［R］. 2020.
［12］ 谭丽霞. 未来已来 从海尔生物看新型组织价值创造与衡量［J］. 中国管理会计，2019（4）.

讨论与思考

1. 讨论SBU、自主经营体、链群之间的区别与联系。
2. 人单酬机制的起点是单，什么是单？"竞单"的本质是什么？
3. 作为一个管理会计工具，共赢增值表实现了哪些对现代管理会计工具方法的创新发展？
4. 海尔集团的管理创新经验具有可复制性吗？